Début d'une série de documents
en couleur

Fascicule XXXIV

MÉMOIRES ET TRAVAUX
PUBLIÉS PAR DES PROFESSEURS
DES FACULTÉS CATHOLIQUES DE LILLE

HISTOIRE
DE LA
PROPRIÉTÉ ECCLÉSIASTIQUE
EN FRANCE

PAR
Émile LESNE
RECTEUR DES FACULTÉS CATHOLIQUES DE LILLE

TOME II

La propriété ecclésiastique et les droits régaliens
A L'ÉPOQUE CAROLINGIENNE

Fascicule 3

LA DISPERSION DES DROITS RÉGALIENS
A LA FIN DE L'ÉPOQUE CAROLINGIENNE

LILLE
FACULTÉS CATHOLIQUES
Économat, Boulevard Vauban, 60
1928

MÉMOIRES ET TRAVAUX

DES FACULTÉS CATHOLIQUES DE LILLE

Fasc. I. — E. Lesne : **La hiérarchie épiscopale,** *provinces, métropolitains, primats en Gaule et Germanie.* depuis la réforme de saint Boniface jusqu'à la mort d'Hincmar (742-882), xv-350 p. — 1905.............. **16 fr.**

Fasc. II. — A. Delplanque : **Saint François de Sales,** *humaniste et écrivain latin,* xii-176 p. — 1907.............................. **14 »**

Fasc. III. — H. Dehove : **Essai critique sur le Réalisme thomiste** *comparé à l'Idéalisme kantien,* xi-235 p. — 1907..................... **16 »**

Fasc. IV — A. Delplanque : **Fénelon et la doctrine de l'amour pur,** *d'après sa correspondance avec ses principaux amis,* xxvi-470 p. — 1907 *épuisé*

Fasc. V. — A. Delplanque : **Contribution à une édition critique de la correspondance de Fénelon** *et Lettres et documents inédits,* 162 p. — 1907 *épuisé*

Fasc. VI. — E. Lesne : **Histoire de la propriété ecclésiastique en France, t. Ier,** *époques romaine et mérovingienne,* ii-496 p. — 1910.......... *épuisé*

Fasc. VII. — E. Lesne : **L'origine des menses** *dans le temporel des églises et des monastères de France au IXe siècle,* ii-165 p. — 1910.......... **40 fr.**

Fasc. VIII. — G. Delépine : **Recherches sur le calcaire carbonifère de la Belgique,** 419 p. — 1911.............................. *épuisé*

Fasc. IX. — J. Peter : **L'Abbaye de Liessies,** *en Hainaut, depuis ses origines jusqu'après la réforme de Louis de Blois* (764-1566), xxiv-429 p. — 1912.. *épuisé*

Fasc. X. — G. Duriez : **Les Apocryphes** *dans le drame religieux en Allemagne au Moyen-Age,* 112 p. — 1914.......................... **12 fr.**

Fasc. XI. — G. Duriez : **La Théologie** *dans le drame religieux en Allemagne au Moyen-Age*— 646 p. — 1914.......................... **50 fr.**

Fasc. XII. — P. Viard : **Histoire de la Dîme ecclésiastique en France au XVIe siècle,** 176 p. — 1914.............................. *épuisé*

Fasc. XIII. — P. Viard : **L'administration préfectorale dans le département de la Côte-d'Or sous le Consulat et le premier Empire,** 390 p.—1914 *épuisé*

Fasc. XIV. — G. Tournoux : **Notes sur le texte de Novalis** (*Heinrich von Ofterdingen. — Die Lehrlinge zu Sais. — Die Christenheit oder Europa*), ix-46 p. — 1914.. *épuisé*

Fasc. XV. — A. Leman : **Recueil des Instructions générales aux nonces ordinaires de France de 1624 à 1634,** iv-219 p. — 1920.......... **16 fr.**

Fasc. XVI. — A. Leman : **Urbain VIII et la rivalité de la France et de la maison d'Autriche de 1631 à 1635,** xx-622 p. — 1920.......... **50 »**

Fasc. XVII. — G. Tournoux : **La langue de Novalis** *dans Henri d'Ofterdingen, les Disciples à Sais et l'Essai sur la chrétienté*, xxxvi-431 p. 1920 .... **40 fr.**

Fasc. XVIII. — G. Tournoux : **Les mots étrangers dans l'œuvre poétique de Henri Heine,** 130 p. — 1920 .... *épuisé*

Fasc. XIX. — E. Lesne : **Histoire de la propriété ecclésiastique en France, t II :** La propriété ecclésiastique et les droits régaliens à l'époque carolingienne, fasc. 1 : *Les étapes de la sécularisation des biens d'église du VIII*e *au X*e *siècle*, xii-294 p. — 1922 .... **35 fr.**

Fasc. XX. — E. Thamiry : **De l'influence :** *étude psychologique, métaphysique, pédagogique*— 368 p. — 1922 .... *épuisé*

Fasc. XXI. — E. Thamiry : **La méthode d'influence de Saint François de Sales** : *son apologétique conquérante*, 150 p. — 1922 .... *épuisé*

Fasc. XXII. — F. Boulenger : **Essai critique sur la syntaxe de l'empereur Julien,** xxii-264 p. — 1923 .... **40 fr.**

Fasc. XXIII. — F. Boulenger : **Remarques critiques sur le texte de l'empereur Julien,** x-73 p. — 1923 .... **14** »

Fasc. XXIV. — O. Liévin : **Les solutions alcalines d'iode,** 148 p. — 1923 **20** »

Fasc. XXV. — G. Bardy : **Recherches sur l'histoire du texte et des versions latines du** *De principiis* **d'Origène.** xii-218 p. — 1923 .... **35** »

Fasc. XXVI. — D. Raquet : **Contribution à l'étude analytique des métaux alcalino-terreux,** 124 p. — 1923 .... **20** »

Fasc XXVII. — A. Delattre : **Essai sur l'anatomie comparée et la mécanique fonctionnelle de l'axis des mammifères,** 128 p. — 1924 .... **20** »

Fasc. XXVIII. — H. Boulangé : **Recherches sur l'appareil copulateur des Hyménoptères et spécialement des Chalastogastres,** 444 p.— 3 planches. — 1924 .... **80** »

Fasc. XXIX. — J. Coppin : **Étude sur la grammaire et le vocabulaire de Montaigne, d'après les variantes des « Essais »,** 112 p. — 1925 .... **16** »

Fasc. XXX. — E. Lesne : **Histoire de la propriété ecclésiastique en France,t. II,** fasc. 2 : *Le droit du roi sur les églises et les biens d'église, VIII*e*-X*e *siècles*, viii-508 p. — 1926 .... **70** »

Fasc. XXXI. — J. Coppin : **Montaigne, traducteur de Raymond Sebon,** 272 p. — 1925 .... **40** »

Fasc. XXXII. — **Mélanges de Philologie et d'Histoire** publiés à l'occasion du cinquantenaire de la Faculté des Lettres de l'Université Catholique de Lille, iv-320 p.— 3 planches. — 1927 .... **50** »

Fasc. XXXIII. — A. Carpentier : **La flore wealdienne de Féron-Glageon (Nord),** 161 p., 25 planches. — 1927 .... **100** »

Fasc. XXXIV. — E. Lesne : **Histoire de la propriété ecclésiastique en France, t. II,** fasc. 3 : *La dispersion des droits régaliens à la fin de l'époque carolingienne*, VI-184 p. — 1928 .... **30** »

Les fascicules disponibles de la collection peuvent être demandés directement à l'Économat des Facultés Catholiques, boulevard Vauban 60 Lille.

Desclée, de Brouwer & Cie, 41, rue du Metz, Lille. — 4.341

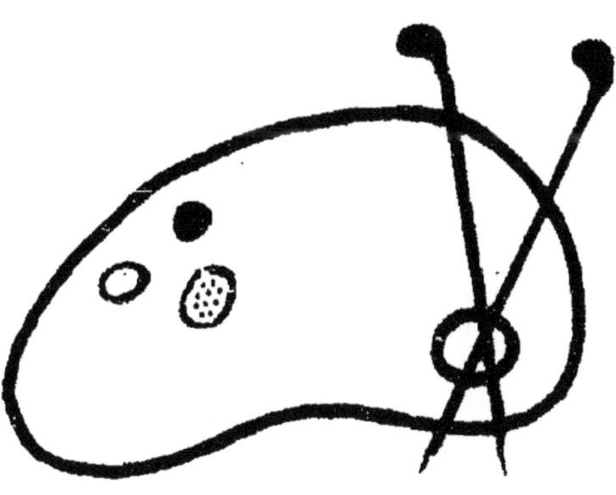

Fin d'une série de documents
en couleur

HISTOIRE

DE LA

PROPRIÉTÉ ECCLÉSIASTIQUE

EN FRANCE

Tome II. — Fascicule 3

Fascicule XXXIV

MÉMOIRES ET TRAVAUX
PUBLIÉS PAR DES PROFESSEURS
DES FACULTÉS CATHOLIQUES DE LILLE

HISTOIRE
DE LA
PROPRIÉTÉ ECCLÉSIASTIQUE
EN FRANCE

PAR

Émile LESNE
RECTEUR DES FACULTÉS CATHOLIQUES DE LILLE

TOME II
La propriété ecclésiastique et les droits régaliens
A L'ÉPOQUE CAROLINGIENNE

Fascicule 3
LA DISPERSION
DES DROITS RÉGALIENS
A LA FIN DE L'ÉPOQUE CAROLINGIENNE

LILLE
FACULTÉS CATHOLIQUES
Économat, Boulevard Vauban, 60
1928

Fascicule XXXV

MÉMOIRES ET TRAVAUX

publiés par des professeurs des

FACULTÉS CATHOLIQUES DE LILLE

HISTOIRE

DE LA

PROPRIÉTÉ ECCLÉSIASTIQUE

EN FRANCE

PAR

Émile LESNE

A LA FIN DE L'ÉPOQUE CAROLINGIENNE

INTRODUCTION

Après avoir décrit méthodiquement l'ensemble des usages et des règles que les Carolingiens appliquent à la propriété d'église au temps où ils sont obéis partout, nous abordons l'époque où le pouvoir souverain s'affaiblit et se partage. Les rois cessent de promulguer des Capitulaires qui ne seraient plus appliqués. La législation carolingienne tombe en désuétude, et avec elle sont abolies les dispositions qui réglementaient l'usage fait par les rois des biens d'église. La protection qu'ils étendaient sur toutes les églises s'est limitée effectivement à un petit nombre ; l'exploitation qu'ils faisaient de leurs églises s'est réduite dans la même proportion. Nous examinerons dans quelle mesure cette dissolution laisse subsister les droits régaliens que s'était arrogés sur les églises le pouvoir souverain et par qui ces droits sont dès lors exercés.

Limitée à l'enjeu si considérable que représentent les églises et leurs biens dans le conflit d'appétits et d'intérêts déchaînés au Xe siècle en France par la carence du pouvoir central, cette étude fera apparaître comment peu à peu, sur les ruines de l'édifice carolingien, le régime seigneurial s'organise, pour une part encore, aux dépens des églises et, d'autre part à leur avantage, puisqu'elles-mêmes se constituent en seigneurie. Elle montrera aussi comment le mouvement de réforme qui se dessinait déjà au IXe siècle, se précise et s'accentue, préludant au grand effort qui sera fait au siècle suivant pour libérer les églises de l'envahissement du pouvoir séculier, dont l'avènement des Carolingiens avait donné le signal et dont la législation des Capitulaires avait fait une règle.

Nous marquons ainsi le terme où aboutit, à la fin de l'époque carolingienne, la politique de sécularisation des églises et des biens d'église. Un premier fascicule en a retracé le développement, le second en étudiait les principes et les formes. Celui-ci déterminera quelle attitude prennent vis-à-vis de la propriété ecclésiastique les trois éléments d'ordre qui se maintiennent ou se dégagent au sein d'une société anarchique, à savoir : la royauté diminuée mais qui représente encore un idéal respecté, les grandes maisons souveraines partiellement ses héritières, et enfin l'Église elle-même qui à certains égards déjà s'émancipe du joug, défend et organise son temporel pour résister aux convoitises dont il ne cesse pas d'être l'objet.

LA PROPRIÉTÉ ECCLÉSIASTIQUE
ET LES DROITS RÉGALIENS
A L'ÉPOQUE CAROLINGIENNE

III

LA DISPERSION DES DROITS RÉGALIENS A LA FIN DE L'ÉPOQUE CAROLINGIENNE

CHAPITRE PREMIER

Abbayes royales et seigneuriales

Les droits du roi sur les églises réputées royales au IXe siècle se sont réduits au cours du Xe. Ceux que garde le pouvoir séculier, il les partage dès lors en fait avec les grandes maisons souveraines, qui posent à cette époque les fondements d'un établissement à peu près indépendant de la royauté et se nantissent de la plupart des *regalia* [1]. Les prérogatives royales ne s'appliquent plus dans leur intégralité qu'à une portion des anciennes églises royales sises dans une région déterminée et leur nombre va sans cesse décroissant à mesure qu'approche l'époque de l'avènement définitif au trône de la maison capétienne ; ailleurs, le droit royal subit d'abord un affaiblisse-

1. Voir sur la formation des dynasties de comtes et de ducs qui vont se saisir des abbayes et évêchés Pöschl, *Bischofsgut und Mensa episcopalis*, III, 79 et suiv. Cet érudit confond à tort (p. 87) les maisons qui usurpent le *regnum* dans une région déterminée (Bretagne, Provence, Bourgogne Transjurane) avec celles qui se rendent peu à peu indépendantes du pouvoir du roi qu'elles reconnaissent encore théoriquement.

ment progressif, une sorte de dégradation qui, dans la plupart des cas, lui donne un caractère purement théorique ; finalement il s'évanouit. Les seigneurs laïques ne recueillent pas au reste tout ce qui échappe à la royauté. La féodalité ecclésiastique naissante a saisi sa part ; l'Église, qui se taille ainsi sa place dans l'organisme social nouveau, tend aussi à s'émanciper vis-à-vis des pouvoirs séculiers et obtient, dès le Xe siècle, à cet égard, des succès qui présagent et préparent ceux des hardis réformateurs de l'âge suivant.

C'est dans les monastères que le pouvoir royal est, semble-t-il, le plus gravement atteint, que s'étend le plus largement la mainmise des grandes maisons seigneuriales. D'autre part, l'esprit réformiste à cet âge exerce presque exclusivement son action sur l'institut monastique. Vis-à-vis de maintes abbayes le pouvoir royal a fait place, au cours du Xe siècle, à celui du seigneur laïque ou ecclésiastique, puis avec l'assentiment, souvent sur l'initiative même du seigneur de l'abbaye, celle-ci s'affranchit, dans une mesure qui varie, du pouvoir séculier.

I. — Abbayes demeurées au pouvoir des rois

Le nombre des abbayes dont disposent encore effectivement les derniers Carolingiens apparaît fort limité au Xe siècle. Dans la contrée où leur influence s'est le plus longtemps maintenue, on voit Louis IV à Laon enlever, en 951, l'abbaye Notre-Dame à sa mère pour l'attribuer à sa femme, Gerberge [1]. Les fils d'Herbert de Vermandois ont restitué à ce roi Saint-Crépin de Soissons usurpé précédemment par eux ; Louis en confie la garde à Renaud [2]. Au voisinage de la Loire, les derniers Carolingiens confèrent encore l'abbaye de Saint-Benoît de Fleury, dont les Capétiens recueilleront après eux la disposition [3]. Dans les pays du Nord, c'était encore à titre de

1. Flodoard, *Ann.* 951 : « abbatiam sanctae Mariae quam ipsa Lauduni tenebat, recepit et Gerbergae uxori suae dedit » (p. 132) ; cf. Richer, *Hist.*, II, 101, *SS*, III, 609.

2. 944 : « Castrum... Montiniacum... quod erat ex abbatia Sancti Crispini, quam dudum (Ludowicus rex) receperat, reddentibus eam sibi filiis Heriberti († 949), et Ragenoldo dederat » (p. 91). Les fils d'Herbert ont rendu l'*abbatia*, mais ont gardé un *castrum* qui en faisait partie. Au cours de l'année 944, les seigneurs de Vermandois pillent l'*abbatia* de Saint-Crépin qu'ils avaient rendue, tandis que l'abbé laïque Renaud pille l'*abbatia* de Saint-Médard que détiennent ses adversaires (p. 93, cf. *Hist.* IV, *SS.*, XIII, 583).

3. Lothaire donne l'abbaye à Amaubert, puis à Oilbod (cf. fasc. 2, *Le droit du roi*, 125, n. 3), bien que Fleury soit sis dans le duché des ducs de *Francia* (cf. F. Lot, *Les derniers Carol.*, 171). A la mort d'Oilbod, Abbon est élu « Hugone annuente rege » (*Mir. S. Bened.*, III, 1, éd. de Certain, 127 ; cf. *Vita Abbonis*, 7, Migne, CXXXIX,

bénéfice royal que le comte de Flandre, Arnoul, tenait Saint-Bavon et sans doute Saint-Pierre au mont Blandin et Saint-Bertin ; Louis IV lui attribue en outre l'*abbatia* de Saint-Omer [1]. Après la mort d'Arnoul, le roi Lothaire a reconquis les abbayes de Saint-Vaast d'Arras et de Saint-Amand ; il aurait disposé de l'*abbatia* de Saint-Amand en faveur de Rathier, évêque déposé de Vérone [2]. Albert de Vermandois déclare remettre aux mains du roi Louis IV l'abbaye d'Homblières [3]. En Bourgogne, Louis IV cède, en 949, le monastère Saint-Martin d'Autun à l'abbé Humbert, car, dit-il, ce lieu doit être donné par la main royale [4]. A la date de 936, il estime que l'abbaye de Saint-Germain d'Auxerre est encore à sa disposition, car à la prière de son fidèle Hugues, duc et abbé du monastère, il interdit à tout évêque de solliciter cette abbaye de la majesté royale [5]. En 940, à la prière d'Hugues, il cède à Alard, à sa femme et à leurs héritiers les abbayes de Faverney et d'Enfonvelle [6]. En Aquitaine, l'abbé de Saint-Martial de Limoges, Aimric aurait été établi soit par Louis IV, soit par Lothaire [7].

393). Les moines ont eu sans doute besoin de s'appuyer sur le roi de la nouvelle dynastie pour échapper à l'usurpateur qui s'est emparé de l'abbaye, probablement à la mort d'Oilbod et qu'a combattu Gerbert (*Ep.* 69, 86-88, 95, 142 et 143, éd. Havet, p. 65-127) ; cf. Lot., op. cit., 188, n. 4.

1. *Mir. s. Bavonis*, 7. L'évêque de Tournai-Noyon, Transmar écrit au marquis Arnoul « ad quem idem locus ex regio pertinebat beneficio » (*SS*, XV, 593). C'est sans doute au même titre qu'il tenait Saint-Pierre, Saint-Bertin, Saint-Amand qu'il fit réformer dans le même temps (cf. Sackur, *Die Cluniacenser*, I, 127-133). Dans son diplôme du 7 janv. 962 pour Saint-Bertin, Lothaire donne à son *fidelissimus* Arnoul la qualité de « marchio abbasque ex cenobio monasterii Sithiu » (Halphen, *Rec. actes Loth.*, 15, p. 34). Suivant Lambert de Saint-Omer, « Ludovicus rex Francorum abbaciam sancti Audomari comiti Arnulfo tradidit » (*Series abbat. s. Bert.*, *SS*, XIII, 390). L'*abbatia* de Saint-Omer paraît être ajoutée au bénéfice que constituait pour lui Saint-Bertin.

2. *Ann. Eln. min.*, 966 : « Lotharius rex Atrebatum, Duacum, abbatiam sancti Amandi... invadit » (*SS*, V, 19) ; *Gesta ep. Camer.*, I, 100 : « Arnulfo sene... mortuo, mox irruens Lotharius rex, possessiones illius, abbatias scilicet sancti Amandi, sanctique Vedasti cum castello... invasit » (VII, 442). S'il faut en croire Folquin, Rathier acheta au roi Lothaire l'*abbatia* de Saint-Amand ; Rathier affirme de son côté qu'elle lui fut offerte et qu'il l'a refusée. (cf. fasc. 2, 146, n. 4).

3. Cf. fasc. 2, p. 24.

4. 10 nov. 949 : « quia idem locus manu regia erat dandus » (Lauer, *Rec. actes Louis IV*, 33, p. 79).

5. Dipl. du 26 juill. : « nullus episcopus ipsam abbaciam a regia celsitudine exquirere... presumat » (Quantin, *Cart. de l'Yonne*, 72, I, 140).

6. Dipl. du 14 févr., Lauer, 12, p. 36.

7. Suivant Adémar de Chabannes, Aimric gouverna l'abbaye pendant la vacance de 31 ans qui suivit la mort de l'abbé Aimon, « habitu... laicali per tot annos principatum loci tenuit solo nomine abbas. » Il aurait promis au roi Lothaire d'embrasser la vie monastique « quando a rege abbas constitutus est » (*Comm. abb. Lemov.*, éd. Duplès Agier, *Chron. de S. Martial*, 4) ; « in fine monachus extitit quia rex Ludovicus, timens ejus tirannidem, honorem sancti Martialis ei commiserat, sacramento tamen jurare fecit ut monacus esset futurus » (*Chron.*, III, 29, éd. Chavanon, 150). Adémar attribue tantôt à Louis IV, tantôt à Lothaire la nomination d'Aimric. M. Lot (*Les derniers Carol.*, 174, n. 3) estime qu'il faut sans doute la rapporter à

Il semble qu'en 942 Louis IV ait donné à Guillaume Tête d'étoupe, comte de Poitou, l'abbaye de Saint-Hilaire [1]. La même année, le comte Roger et Eble ont prié le roi de conférer au serviteur de Dieu Martin l'abbaye de Saint-Jean d'Angély [2]. De même, en 958, Lothaire déclare faire largesse de Saint-Michel de Cuxa à l'abbé du lieu [3] et, à la prière du comte Boson, livrer aux moines de Cluny l'*abbatia* de Saint-Amantius, sise au pays de Saint-Paul-Trois-Châteaux [4].

Très réduit aussi est le nombre des abbayes dont disposent dans le même temps les derniers rois du royaume de Bourgogne et Provence. Conrad et Rodolfe III retiennent en leur *indominicatum* Saint-Maurice d'Agaune et aussi Saint-André le Bas à Vienne, où ils sont recteurs en qualité d'héritiers des rois de Provence [5]. Outre ces abbayes dont ils gardent pour eux-mêmes l'*abbatia*, les souverains bourguignons sont maîtres encore de Saint-Pierre de Montjoux, que Rodolfe III attribue, en 1026, à la reine Ermenjart, de Romainmotier, que Conrad donne en toute propriété à sa sœur Adélaïde [6]. Il croyait aussi pouvoir disposer, comme le roi de *Francia* Lothaire, de Saint-Amantius [7].

Il s'en faut d'ailleurs que toutes les abbayes qui sont dites au pouvoir du roi et qu'à ce titre il confère à un abbé régulier, à une communauté, ou qu'il cède en bénéfice à un séculier, à un laïque, soient alors et restent par la suite effectivement à

Louis IV. Lothaire exerce encore certainement quelque autorité sur Saint-Martial au temps du successeur d'Aimric, l'abbé Guigues, car venu à Limoges en 985, il ordonne à cet abbé de reconstruire les murs du *castrum* monastique (p. 5). Cf. Ch. de Lasteyrie, *L'abbaye de Saint-Martial*, 63.

1. Le 5 janv. 942, Louis IV, de passage à Poitiers, confirma la mense conventuelle de Saint-Hilaire à la prière de Guillaume et de son frère Eble (Lauer, 18, p. 46). Le titre d'abbé n'est pas donné à Guillaume, mais il le prend à partir de cette date dans un grand nombre d'actes relatifs à l'administration des biens du monastère (Redet, *Doc. S. Hilaire*, p. 25-30). Aussi M. Richard (*Hist. comtes Poitou*, I, 82) pense que le roi a donné l'abbaye au comte pendant qu'il séjournait à Poitiers.

2. 7 janv. : « quatenus abbatiam... cuidam servo Dei, nomine Martino, causa emendandi,... conferre dignaremur » (Lauer, 19, p. 48-9). Le monastère sera sous la défense du roi et de ses successeurs.

3. 9 févr. : « quasdam res, scilicet monasterium in honore sancti Michaelis cuidam abbati ipsius loci largiremus » (Halphen, *Rec. actes Lothaire*, 11, p. 23).

4. 23 nov., 12, p. 26. Les moines de Cluny se sont fait donner aussi l'abbaye par Conrad, roi de Bourgogne (15 sept. 958, *Ch. de Cluny*, 1052, II, 146), prenant ainsi leurs sûretés vis-à-vis des deux souverains.

5. Cf. fasc. 2, p. 180-1

6. Cf. fasc. 2, p. 169, n. 7. Même après avoir donné le monastère à sa sœur, Conrad croit pouvoir disposer, de concert avec sa femme et son fils, de biens « sancti Petri Romaninse seu illorum » (*Mon. hist. Patriae, Chartae*, I, 210). Ce roi estime que les biens de Romainmotier appartiennent aussi à sa famille (seu illorum). Cf. R. Poupardin, *Le roy. de Bourgogne*, 331, n. 6.

7. Cf. n. 4.

la disposition du souverain. L'attribution faite à Arnoul des abbayes du comté de Flandre marque pour l'avenir la perte qu'en fait la royauté. La conquête a pu rendre un moment à Lothaire Saint-Amand et Saint-Vaast ; ces abbayes sont soustraites ensuite pour longtemps au pouvoir royal. Louis IV dépouille à jamais son fisc en faveur d'Alard et de ses héritiers du droit de propriété qu'il exerçait sur les deux abbayes bourguignonnes de Faverney et d'Enfonvelle. Cluny est devenu propriétaire de Saint-Amantius, de Romainmotier, qui échappent par conséquent au pouvoir royal. Lorsque Louis IV se défend d'attribuer jamais Saint-Germain d'Auxerre aux évêques, cette abbaye est aux mains du duc de Bourgogne, Hugues-le-noir, dont le roi déclare écouter la requête ; elle n'est plus sous la dépendance effective du monarque. L'abbaye d'Homblières lui a été rendue par Albert de Vermandois, mais, déclare le pape Agapit, aucun séculier ne la possèdera plus, ni le roi ni aucun prince n'en disposera à prix d'argent [1] ; autonome et libre, celle-ci est bien plutôt sous la souveraineté de la maison de Vermandois qu'au pouvoir des Carolingiens [2]. Quand Lothaire proclame que le lieu de Saint-Martin d'Autun doit être donné par sa main, la royauté fait peut-être elle-même l'aveu de ses pertes. A cette date, on distinguait, semble-t-il, les abbayes dont le roi carolingien avait encore la collation et celles qui étaient usurpées par le pouvoir seigneurial [3].

En dehors des quelques abbayes que le roi retient encore solidement en sa main, son droit s'amincit, s'atténue et devient purement théorique avant de disparaître entièrement, pour faire place le plus souvent à un *dominium* seigneurial qui le recouvre peu à peu. Le droit du roi est rappelé, alors même qu'il s'évanouit. Au dire du comte de Flandre, Arnoul, Saint-Pierre au mont Blandin est placé sous sa *dicio* et pourtant

1. Bulle d'Agapit II, 955 : « praefatam abbatiam nemo unquam saecularium possideat... Si quis vero pro hac adipiscenda pecuniam... regi aut cuilibet principi dederit » (Colliette, *Mém. hist. Vermandois*, I, 564).

2. Suivant la bulle d'Agapit, le fondateur Ybert la tenait « jure beneficii ». Ybert qui remet le monastère à Albert de Vermandois, lequel le cède au roi, est évidemment vassal d'Albert ; c'est de lui qu'il tient Homblières en bénéfice et la maison de Vermandois exerce sur l'abbaye déclarée autonome un droit de suzeraineté. On voit en effet ce grand seigneur confirmer les contrats d'échange passés par les abbés et moines d'Homblières (Chartes d'Albert, c. 950, Coll. Moreau, VIII, 7 ; 954, Colliette, I, 565 ; 982, p. 572).

3. Ce lieu, qui doit être donné par la main royale, n'est vraisemblablement pas distingué seulement de ceux qui, appartenant à un évêché, à une abbaye, ne sont pas à collation royale ; Louis IV oppose plutôt ici la *manus* royale à toute autre *manus*, celle du seigneur ecclésiastique ou laïque s'exerçant sur des monastères qui n'ont jamais eu, ou qui n'ont plus désormais le caractère de monastères royaux.

c'est avec la permission du roi Louis, ajoute-t-il, qu'il reconstitue le temporel du monastère[1]; le roi a consenti à l'échange des biens de l'abbaye que tient Arnoul[2], et Lothaire continuera de délivrer à Saint-Pierre des diplômes d'immunité[3].

Alors que le roi a cessé de disposer effectivement d'une abbaye, on proclame encore que le monastère n'est soumis à personne d'autre que lui. En 968, Lothaire délivrant un privilège à la demande de Soniarius, abbé de Saint-Paul maritime et de Saint-Félix de Jecsal dans la Marche d'Espagne, déclare que ces monastères ne relèvent que du roi de France et ne sont assujettis qu'au pouvoir royal[4]. Le fondateur de Sarlat décide lui-même que le monastère sera soumis au roi, mais seulement en vue de la défense[5]. Un moine faussaire de Montiérender fait dire, dans le même temps, à un ancien roi que le lieu est sous la providence des souverains et qu'ils devront intervenir si quelqu'un ravit des biens aux moines[6]. En vertu de l'idée ancienne qui associe le patronage royal à l'autonomie d'un établissement, on entend par de telles formules fonder et maintenir non pas le droit royal, mais l'indépendance monastique.

C'est au même titre que l'intervention du roi continue d'être réclamée pour ratifier par un diplôme solennel soit la réforme accomplie dans un monastère seigneurial, soit la cession faite d'un monastère à un abbé et à sa communauté. C'est ainsi que Lothaire confirme la restauration du monastère Saint-Bavon par le comte Arnoul[7]. Le même roi est prié de donner Saint-Michel de Cuxa à l'abbé du lieu, de confirmer la cession faite à Cluny du monastère de Saint-Amantius par son véritable propriétaire. Louis IV écoute le comte Roger, qui lui a demandé de céder l'abbaye de Saint-Jean d'Angély au serviteur de Dieu Martin[8]. Le roi Raoul, à la prière d'Adémar, vicomte de Turenne, qui tenait le monastère de Tulle,

1. Charte d'Arnoul, 939-41 : « monasterium esse sub mea dicione... Permissu tandem regis Ludovici... reddens » (Van Lokeren, 18, p. 24).

2. « dedit... cum consensu Ludovico rege de abbatia quam tenet » (p. 26).

3. Halphen et Lot, 16, 21, 22, p. 36, 43, 45.

4. 17 mai : « ad nullum principem nisi ad solum regem Franciae respicientes... ; nisi solum regali subdita sint potestati » (Halphen, 31, p. 76).

5. Charte de Bernard, comte d'Angoulême et Périgueux, c. 937 : « sint autem et ipsi monachi in subjectione regis ad locum salvum faciendum et non ad aliquid persolvendum nisi solas orationes » (*Gall. Christ.*, II, Instr., col. 495).

6. « Quia idem locus sub providentia nostra... est habitus... Si autem iniqua quaelibet persona aliquam ex his abstulerit, regis qui tunc temporis fuerit, adeant presentiam » (M. Prou, *Un dipl. faux de Charles le Chauve*, 34).

7. Halphen et Lot, 1, p. 2.

8. plus haut, p. 4, n. 2, 3 et 4.

l'avait soumis, en vue d'une réforme, aux moines de Saint-Savin. Mais cet assujettissement n'a pas servi la cause de la religion ; aussi le roi décide que le monastère sera affranchi de tout autre empire que celui de la règle ; il sera placé, comme autrefois, sous la seule protection du roi, non sous sa domination [1]. Charles le Simple décide que l'abbé et les moines d'Aurillac ne seront soumis au pouvoir d'aucun juge, sauf celui du comte Géraud, fondateur du monastère, et de sa sœur ; ils demeureront sous la sauvegarde du mainbour royal [2]. De même, lorsque le comte de Toulouse, Raimond Pons, eut fondé Saint-Pons, Louis IV stipula qu'aucun juge n'y exercerait juridiction, que le monastère ne dépendrait que de Raimond et de l'abbé du lieu et jouirait à jamais du mainbour du roi [3].

Telle est désormais toute la portée du patronage que les rois continuent d'octroyer en forme solennelle. Ce n'est plus qu'un titre en faveur de l'indépendance des moines. Il s'accorde à la vérité à Saint-Martin de Tulle et à Saint-Pons avec les droits du souverain local ; il n'en confère plus aucun à la royauté. Au temps où elle était forte, celle-ci avait converti le mainbour royal exercé sur les monastères en un véritable droit de propriété. Au Xe siècle, le concept de monastère royal se rappetisse et s'anémie ; la protection royale devient une vague sauvegarde d'ordre purement théorique. Quand un monastère possède des diplômes qui confirment ses biens et privilèges, le placent sous le mainbour royal, ces préceptes ne suffisent aucunement à faire foi que le droit du souverain sur l'abbaye se soit maintenu intégralement [4]. Encore au

1. Dipl. de Raoul, 13 déc. 933 : « precibus... Ademari qui locum ipsum eatenus tenuerat..., Aimoni locum ad restaurandum commendaveram atque coenobio sancti Savini subjectum feceram... ; decernimus ut antiquo more solius regis tuitione, non autem *dominatione tueatur... ; nullius dominationi nisi tantum sanctae regulae* subjaceant... » (*HF*, IX, 578).

2. 2 juin 899 : « sine ullius *judicis potestate, nisi* ipsius Geraldi et sororis suae, sub nostro mundeburdo securi permaneant » (*H F*, IX, 478).

3. 4 avril 939 : « sub nullius judicis potestate nisi ipsius Raimundi et abbatis ejusdem loci, sub nostro mundiburdo tuti permaneant ». (*H L*, V, Pr., 73, col. 184).

4. On a vu (p. préc., n. 3), que Lothaire confirme l'immunité de Saint-Pierre au mont-Blandin placé sous la *dicio* d'Arnoul. Louis IV et Lothaire déclarent confirmer et donner à l'abbé et aux moines de Tournus l'*abbatia* de ce monastère et les placer sous la protection royale. (8 nov. 941, Lauer, 16, p. 41 ; 7 nov. 956, Halphen, 10, p. 20). Ils se contentent de reproduire la teneur du diplôme par lequel Charles le Chauve avait conféré l'*abbatia* de Tournus aux moines fugitifs de Saint-Philibert de Noirmoutier. On n'en peut conclure que l'élection de l'abbé dépend de leur bon vouloir et qu'ils lui confèrent l'abbaye. Le seul incident électoral dont nous ayons connaissance à Tournus pour cette époque nous montre un candidat à l'abbatiat qui s'adresse non pas au roi, mais à Gilbert, comte d'Autun et de Chalon, et lui achète l'abbaye. Les moines refusent d'ailleurs de le reconnaître, se retirent en Auvergne pour lui échapper et finalement rentrent à Tournus sous un abbé de leur choix (*Chron. de*

XIe siècle, dans des régions où l'autorité royale a cessé depuis longtemps de s'exercer, des grands seigneurs déclarent qu'ils tiennent du roi en fief leurs monastères, comme le reste de leur honneur, et que ces établissements sont placés sous sa *tuitio* [1]. Il n'y a plus là qu'un simple vestige de l'ancien droit royal ; c'est assez pour permettre à la royauté de travailler plus tard à ressaisir ses prérogatives, mais l'exercice en a été interrompu. Le *dominium* dont jouissaient les rois sur les monastères, c'est-à-dire la faculté d'en disposer comme d'un bien fiscal, d'en céder la propriété, d'en attribuer l'abbaye à un abbé régulier ou à un recteur séculier, de la retenir dans leur *indominicatum*, d'en convertir les revenus à leurs besoins propres ou à ceux de leurs fidèles, n'est plus conservé par la royauté au temps des derniers Carolingiens que sur un très petit nombre d'établissements [2].

Ce qui subsista partout dans les anciennes abbayes royales, perdues en fait en *Francia* pour la royauté, c'est l'idée que la liberté, l'indépendance monastique était attachée à l'exercice

Tournus, éd. Poupardin, 30-4, p. 91-5). Lothaire délivre un diplôme d'immunité et de défense à Saint-Germain d'Auxerre, à la prière du duc de Bourgogne Henri, (Halphen, 35, p. 87), confirme à la communauté de Saint-Riquier les biens qu'ajoute à leur mense le duc Hugues Capet (36, p. 88) ; ces abbayes sont aux mains de ducs qui les tiennent pour partie intégrante de leur duché et les transmettent avec cet *honor* ; la chancellerie royale n'a plus qu'à exaucer les vœux présentés par les grands seigneurs et à confirmer leurs actes. Rodolfe III décide que le monastère de Talloires, édifié sur un fisc royal par la reine Ermenjart, « in nostra tuitione et Irmingardis reginae et successorum regum remaneat » (*Cart. de Savigny*, 638, p. 318), mais Ermenjart a fait don du monastère aux moines de Savigny (639, p. 318). Otton III prend de même sous sa défense le monastère de Payerne (*DD reg. Germ.*, 27, I, 427), donné par sa fondatrice, la reine Berthe, à Maieul, abbé de Cluny et à l'église romaine (Charte de fondat., Poupardin, *Le roy. de Bourgogne*, App. 5, p. 410-1).

1. Pons, comte de Toulouse, fait donation, en 1053, à Hugues et aux moines de Cluny de l'*abbatia* du monastère de Moissac, « quam ego et parentes mei seu praedecessores mei comites Tolosani, de manibus regum Francorum visi fuimus in fevi jure habere et homagio possidero » (*H L*, V, Pr., 235, col. 470). Il tient en fief cette abbaye du roi, comme tout le reste de son *honor* comtal. Il place la cession qu'il fait du monastère à Cluny sous la sauvegarde du pape et du roi de France, « ad quorum tuitionem locus praefatus Moysiacus pertinet » (col. 741).

2. A notre connaissance, les derniers Carolingiens, dans la région de la Marne où ils conservent un noyau de possessions directes, ne retiennent certainement que les abbayes de Saint-Crépin de Soissons et de Notre-Dame de Laon. M. Lauer (*Louis IV*, 253) n'adjuge au domaine royal que ces deux abbayes. M. Lot (*Les derniers Carol.*, 183) ne signale que l'abbaye laonnaise. Comme ils se maintiennent à Compiègne, on peut conjecturer que les Carolingiens disposaient encore alors du monastère fondé par Charles le Chauve, Saint-Corneille de Compiègne. Mais il est très remarquable que Notre-Dame de Soissons, dont si longtemps l'abbaye a été attribuée à des princesses carolingiennes, soit tenue par la reine Gerberge, femme de Louis IV, en bénéfice d'Albert de Vermandois (Charte de Gerberge, 25 avril 959, *H F*, IX, 665). En dehors de cette région, les Carolingiens ne disposent que de Fleury-sur-Loire en Orléanais, de Saint-Martin d'Autun en Bourgogne. Partout ailleurs, il ne subsiste du droit royal qu'un concept vague, qui ne procure au roi l'exercice d'aucun droit utile.

de l'autorité monarchique. La persistance d'un tel concept aidera plus tard la royauté à regagner le terrain perdu. Saint-Maur, sous les derniers Carolingiens, est bien la propriété des ducs de *Francia* ; au XIe siècle, Eudes de Saint-Maur fait dire à Hugues Capet devenu roi que cet établissement a toujours été une église royale [1]. Henri I, confirmant au comte de Corbeil les droits que sa maison exerce sur Saint-Maur, déclare que cette abbaye n'en est pas moins apostolique et royale [2]. Un monastère soumis à l'autorité d'un souverain régional est considéré encore comme abbaye royale, s'il jouit d'un régime privilégié de liberté. En 972, l'évêque d'Angers, Néfingus, délivrant une charte au monastère Saint-Aubin à la prière du comte d'Anjou Geoffroi et de l'abbé Aubert, déclare que Saint-Aubin, où s'exerce pourtant la souveraineté angevine, est au nombre des abbayes royales [3].

La substitution des Capétiens à l'ancienne dynastie, à la fin du Xe siècle, fit recouvrer à la royauté ses droits sur un premier lot d'abbayes seigneuriales. Toutes celles qui l'étaient devenues déjà au profit de la maison des ducs de France s'ajoutèrent aux abbayes royales, restées aux mains des derniers Carolingiens, que purent recueillir leurs successeurs. Les établissements parisiens de Saint-Denis et de Saint-Germain-des-Prés, le monastère de Saint-Riquier au Nord, Saint-Maur-des-Fossés, Saint-Aignan d'Orléans, Saint-Martin de Tours et Marmoutier dans la région de la Loire [4] reprirent rang parmi les monastères dont le roi cédait ou retenait pour lui l'*abbatia*. Par la suite, la monarchie rétablira son droit sur les abbayes soit directement, en faisant valoir ses prétentions en dépit des libertés du monastère ou du *dominium* exercé par le souverain régional, soit en recueillant les abbayes avec les autres possessions des grandes maisons que le roi exproprie ou dont il hérite, en dépouillant la haute féodalité, comme elle l'avait jadis dépouillé lui-même.

2. — Comment les abbayes sont devenues seigneuriales

Toutes les abbayes seigneuriales ne sont pas d'anciennes abbayes royales. Les grands seigneurs et les prélats des Xe et

1. *Vita Burcardi*, 2 : « Cui rex ait : Cum omnibus constet precessorum nostrorum temporibus regalem semper fuisse abbatiam, quomodo valet fieri ut a nostra regali potestate separetur » (éd. de la Ronciere, 8).

2. 20 juin 1058 : « usque in evum apostolicalis atque regalis abbatia existat » (Tardif, 272, p. 169).

3. « Est namque una ex regalibus abbatiis » (*Cart. S. Aubin*, 20, I, 35).

4. Sur les droits exercés sur ces monastères par les ducs de *Francia* voir plus loin, p. 15, n. 4 et p. 16, n. 2.

XIe siècles construisent, dotent ou restaurent des monastères, comme l'avaient fait leurs ancêtres, mais tandis que dans les temps précédents, le souci d'assurer les destinées d'un établissement en faisait faire cession au roi, il conduit désormais le fondateur à ne s'en dessaisir qu'en faveur soit de l'abbé et de la communauté qu'il y établit et qui ne dépendront d'aucun séculier [1], soit de l'abbé d'un autre monastère qu'il charge d'y régler et d'y maintenir la stricte observance [2], soit enfin du siège romain qui sera le gardien de la liberté et de la régularité des moines [3]. Si les fondateurs n'ont pas à cœur au même degré les intérêts du monastère, ils en gardent pour eux-mêmes et leurs héritiers la propriété [4] ou l'attribuent à une autre église [5]. Il y a déjà, à cet égard, perte pour la

1. Bernard, comte de Périgueux, qui restaure, vers 937, Saint-Sauveur de Sarlat, déclare qu'il a craint de retenir la propriété du monastère « sub jure meo » ; en conséquence « praedictum locum cum omni abbatia ad eum pertinentia in potestate sancti Salvatoris de mea dominatione transposui » (*Gall. Christ.*, II, Instr., col. 495). C'est sans doute aussi le cas pour Paray, fondé en 973 par Lambert, comte de Chalon, qui charge l'abbé de Cluny d'organiser le monastère, mais n'a pas songé, semble-t-il, à le soumettre à Cluny, qui n'en prend possession que plus tard (cf. Sackur, *Die Cluniac.*, I, 241-2).

2. En 937, Gotescalc, évêque du Puy, restaurant Saint-Chaffre, ancien monastère royal, tenu par ses prédécesseurs en bénéfice, a prié Arnoul, abbé de Saint-Géraud, « ut praedictum locum in sui dominio susciperet et fratres ibi regulariter... viventes delegaret » (*H L*, V, Pr., 70, col. 180). En 951, l'évêque de Mende, Étienne, rétablissant Sainte-Énimie, a adressé à l'abbé de Saint-Chaffre la même prière ; il stipule que le monastère sera à perpétuité « in potestate et dominio seu subjectione... cœnobii sancti Theofredi » (91, col. 211). Étienne, vicomte de Gévaudan, donne aux moines de Saint-Chaffre les biens nécessaires à la fondation du monastère de Langogne (*Cart. S. Chaffre*, 376, p. 130) ; Gibo leur attribue ce qu'il possède à Confolens « ad monasterium construendum quod foret semper in subjectione monasterii » (55, p. 49). Les fondateurs de plusieurs monastères se sont adressés aux moines de Vabre qu'ils ont constitués propriétaires (chartes de 926, 943, c. 984, *H L*, II, 207, col. 413 ; V, 78, col. 193 ; 137, col. 298). Tel est l'objet des donations faites à Cluny de Fleury par Elisiard (*Vita Odonis*, III, 8, Mabillon, *A S*, V, 180), de Saint-Marcel de Chalon par le comte Geoffroy (Charte de Thibaut, p. 750), de Lérins par le pape Benoît VII (22 avril 978, p. 748), de Sauxillanges par l'évêque de Clermont, Étienne (c. 950, *Ch. de Cluny*, 792, I, 743), de Nizy par l'archevêque de Lyon, Amblard (9 août 978, 1450, II, 504), de Paray par le fils du comte Lambert, Hugues (mai ? 999, 2484, III, 564).

3. L'exemple en est donné en Gaule (863-8) par le comte Gérard, qui cède à l'église romaine les monastères qu'il fonde à Pothières et à Vézelay. En 881, l'impératrice Richarde donne à Saint-Pierre le monastère qu'elle construit à Andlau. Géraud lui offre, en 884, celui qu'il fonde à Aurillac. En 910, Guillaume-le-Pieux remet aux saints Apôtres sa fondation de Cluny ; Ebbon leur donne Bourgdieu, en 917 ; le comte Raimond Saint-Pons de Tomières, en 937, etc. (cf. P. Fabre, *Étude sur le liber censuum*, 40-57).

4. Les comtes du Poitou gardent ainsi les monastères qu'ils fondent à Maillezais et à Bourgueil ; cf. *Petri Malleacensis relatio*, II, 3 : « Burgulensis ecclesiae curam ad eumdem principem ceu Malliacensis quippe a se et a genitrice fundatae, jure fundatoris pertinere » (Migne, CXLVI, 1265).

5. En 987, Pons, comte d'Albi, donne le monastère de Saint-Eugène, qu'il a établi à Vieux, aux chanoines de Sainte-Cécile d'Albi (*H L*, V, 142, col. 305). Les évêques qui, au Xe siècle, fondent des monastères, les attribuent le plus souvent à

royauté, qui ne recueille plus des droits qui jadis lui étaient en pareil cas dévolus très ordinairement. Par là aussi s'enracine le concept de l'abbaye seigneuriale. Même quand le grand seigneur renonce à en user comme d'une propriété ordinaire, il exerce sur les établissements créés aux frais de sa maison les droits souverains qui jadis appartenaient au roi ; l'abbaye des monastères fondés par lui ou ses ancêtres figure parmi celles dont se compose la seigneurie. De même que jadis les monastères du fisc ont déterminé la condition faite à tous les monastères royaux, l'origine patrimoniale de quelques-unes des abbayes tenues aux mains du seigneur consolidait sur elles son *dominium*.

Quand la féodalité naissante se saisit d'abbayes, ce n'est pas à la royauté seule qu'elle les arrache. Parmi celles dont disposent les grands seigneurs, il en est qui appartenaient autrefois à un évêché ou à un autre monastère. L'abbaye de Saint-Marcel de Chalon a été perdue par l'évêché au profit des comtes qui, au IXe siècle, en cèdent la propriété aux moines de Cluny [1]. Montiérender a été ravi aux évêques de Toul par Herbert II, comte de Troyes et de Meaux [2]. En 904, l'abbé de Sorèze a vendu le monastère de Saramon qui dépendait de son abbaye à Garcias, comte de Gascogne. A la mort de celui-ci,

leur chapitre ou à leurs successeurs. Il en est ainsi du monastère Saint-Pierre du Puy, fondé vers 975 par l'évêque Guy et donné par lui aux chanoines de son église épiscopale (*Chron.*, *H L*, V, 17).

1. Bien que fondé par le roi Gontran, Saint-Marcel était devenu au IXe siècle un monastère épiscopal. Il a passé, *peut-être par la voie du bénéfice tenu de l'évêque*, aux mains des comtes de Chalon. Dès 924, on voit la comtesse Ermenjart et son fils Gilbert de Vergy céder en mainferme des terres de Saint-Marcel (Canat de Chizy, *Cart. S. Marcel*, 27, p. 28). En juin 960, l'évêque Frotgarius disposait d'un bien du monastère « per assensum Rotberti comitis qui... abbatiam tenebat sancti Marcelli » (*Gall. Christ.*, IV, Instr., col. 226). Le comte Lambert souscrit et approuve. Saint-Marcel est encore à cette date une propriété de l'évêché, puisque la cession est faite par l'évêque ; l'abbaye était tenue par le vicomte Robert de Dijon (cf. F. Lot, *Comtes de Dijon et de Chalon*, dans *Les derniers Carol.*, App. V, 326), soit de l'évêque, soit, comme le conjecture M. Lot (p. 327, n. 1) du comte Lambert, son fils, devenu comte de Chalon. Par la suite, l'abbaye passe certainement aux mains des comtes. Le comte d'Anjou, Geoffroi Grisegonelle, qui après la mort du comte Lambert a épousé sa veuve Adélaïde, fit don en effet du monastère à Maieul (commendationem sive donationem fecit), afin que les abbés de Cluny « perpetualiter haberent et possiderent » (Charte de Thibaut de Chalon, Mabillon, *A S*, V, 750). La donation en toute propriété a été faite avec l'approbation du duc Henri, mais il n'est fait aucune mention des droits de l'évêché, périmés sans doute à cette date. Le comte Hugues, évêque d'Auxerre, qui recueille ensuite le comté de Chalon, confirma cette donation *en faveur d'Odilon* (monasterii donum tradidit) ; son neveu et successeur Thibaut la ratifia à son tour (loc. cit.). En 988-9, le vicomte de Chalon, Robert renonce en faveur de Saint-Marcel où *préside Odilon* à de mauvaises coutumes qu'il percevait. (*Cart. S. Marcel*, 8, p. 14).

2. *Vita Gerardi Tull. episc.*, 21 : « totam abbatiam Dervensem abstulit et possedit » (*SS*, IV, 503). L'hagiographe ajoute que son fils Étienne l'usurpa et la tint comme lui.

Saramon devait revenir à l'ancien propriétaire ; mais les successeurs de Garcias ont retenu en leurs mains le monastère pendant plus d'un siècle [1].

La plupart sans doute des abbayes seigneuriales avaient précédemment dépendu du roi. Pour un certain nombre, la perte que subit la royauté n'est point d'ailleurs totale. Le roi maintient sur l'abbaye seigneuriale un *dominium* théorique, comme il réserve sa suzeraineté sur les grands fiefs qui se constituent. Il en résulte une sorte de partage des droits souverains sur une même abbaye entre le roi et le grand feudataire. Hugues Capet, à la prière de son frère, le duc de Bourgogne Henri, confirme les libertés des moines de Saint-Germain d'Auxerre : « Nous plaçons, déclare-t-il, la protection de leur abbaye en la main des rois et au besoin des ducs de ce royaume, afin qu'aucun prince n'ose s'en saisir, par violence, ou même la solliciter [2]. » Louis IV, en réservant au comte de Toulouse la justice sur le monastère de Saint-Pons, place aussi les moines sous son mainbour royal [3]. Otton I décide que le monastère de Quedlinbourg sera sous la *potestas* et la *defensio* du roi aussi longtemps que la couronne restera dans sa maison. Le roi qui appartiendrait à une autre famille exercerait sur les moines la puissance royale ; mais le chef de sa propre maison serait en pareil cas l'avoué du monastère [4]. Les moines estiment qu'un partage d'autorité entre le roi et le seigneur s'accorde avec leurs intérêts. Aux termes d'un faux diplôme composé à la fin du Xe siècle par un moine de Montiérender, le prince au comté duquel est sis le monastère en entendra les causes, mais l'abbé pourra les porter aussi devant le roi et le lieu est sous la providence du monarque qui veillera sur ses propriétés [5].

1. Charte de Walafridus, oct. 904, *Gall. Christ*, I, Instr. col. 170 ; cf. *H L*, III, 70 ; IV, n. 88, p. 463. Saramon ne fut restitué que par le comte Sanche à l'abbé de Sorèze, Raimond, promu en 1071 (n. 100, p. 512).

2. 11 oct 994 : « Cujus abbatiae tutationem sub manu regum aut forte ducum ejus regni constituimus ita ut nullus principum eam invadere nec etiam audeat rogare » (Quantin, *Cart. Yonne*, 82, I, 158). Les ducs de ce royaume pourraient s'entendre de toute la haute aristocratie du royaume ; mais il s'agit plutôt de la protection des ducs de Bourgogne associée à celle des rois. La forme plurielle « regum aut ducum » est destinée à promettre l'intervention des successeurs comme du prince régnant ; l'abbaye sera protégée en tous temps par le roi et par le duc.

3. Cf. plus haut, p. 7, n. 3.

4. 13 sept. 936, *DD reg. Germ.*, 1, I, 90.

5. Faux dipl. de Charles le Chauve, 24 janv. 858 : « Princeps autem, in cujus comitatu consistunt, pro Dei amore et remedio anime sue, causas eorum libenter audiat et in quantum potuerit, adjuvare festinet ». — « Abbas... pro necessitate sua nostram presentiam licite adeat et causas.., nobis familiariter ostendat » (M. Prou, *Un faux dipl. de Charles le Chauve*, 34) ; cf. plus haut, p. 6, n. 6.

Les rois ont peut-être consenti quelquefois eux-mêmes à se dépouiller partiellement de leurs droits sur telle abbaye royale. Parfois même, ils auraient expressément cédé à une maison seigneuriale le *dominium* qui leur appartenait. C'est ainsi que les comtes de Mons auraient obtenu des rois Germains domination sur l'abbaye de Sainte-Waudru [1], que le duc de Lorraine régissait, en 947, par l'ordre du roi Otton l'abbaye de Stavelot gouvernée par l'abbé régulier Odilon [2]. A en croire les rédacteurs de chartes rédigées au début du XIIe siècle à Saint-Aubin, Geoffroi Grisegonelle serait entré en possession de cette abbaye par le don de Lothaire et de Hugues Capet [3].

Le plus souvent sans doute, c'est une usurpation qui a substitué au pouvoir du roi celui d'une maison seigneuriale. Celle-ci ne s'est pas toujours d'ailleurs violemment emparée des abbayes qu'elle détient. L'usurpation a été maintes fois insensible et pacifique. C'est par la voie du bénéfice tenu du roi que peu à peu nombre de monastères ont perdu la condition d'église royale. On a vu que l'hérédité du bénéfice fait de l'abbaye une propriété patrimoniale [4]. Longtemps continuée aux mains des membres d'une même famille, la jouissance d'une abbaye reçue jadis du roi en bénéfice à titre d'abbé laïque engendre aussi peu à peu le *dominium* seigneurial. En 892, Baudouin de Flandre ne pensait pouvoir acquérir l'abbaye de Saint-Bertin que par le don du roi. Quand, en 900, elle fut tombée en ses mains, elle passa successivement à titre d'héritage paternel en la possession de ses fils, Adalolphe et Arnoul. C'est dans ces conditions que le comte Arnoul tient de Louis IV en bénéfice les abbayes du comté de Flandre [5]. Guillaume Tête d'étoupe a reçu sans doute du même

1. *Gisleberti chron.*, : « petiit ab ipso imperatore ut abbatiae illius dominationem ei concederet, ita quod post electionem ipsa abbatissa de manu ipsius comitis et suorum successorum dignitatis hujus bona susciperet » (*SS*, XXI, 406).

2. Charte d'Evérard, 2 mars 947 : « adii celsitudinem ducis nostri Cuonradi qui tunc temporis abbatiam Stabulensem jussu domni regis Ottonis regebat, deprecans quod concederet michi de terra sancti Petri... que de beneficio (suo ?) erat... cum consensu abbatis Odilonis qui illo monasterio praeesse dinoscitur et consensu Erenfridi advocati » (Halkin, Roland, *Rec. ch. Stavelot*, 68, p. 158). L'abbé Odilon procède à l'échange « de voluntate regis ». Le roi germain reste haut suzerain de l'abbaye ; le duc de Lorraine la tient de lui en bénéfice ; mais c'est le *dominium* de l'abbaye qui est reçu du roi sans doute en bénéfice, non l'*abbatia* mise aux mains d'un abbé régulier, C'est vraisemblablement dans les mêmes conditions, par concession du roi de Germanie, que Frédéric I, duc de Haute-Lorraine, tenait ses abbayes (cf. Parisot, *Les Origines de la H. Lorr.*, 448-9).

3. *Cart. S. Aubin*, II, 408-9. Cf. L. Halphen, *Le comté d'Anjou*, n. 2 de la p. 81.

4. Cf. fasc. 2, *Le droit du roi*, 142-3.

5. Cf. fasc. 2, p. 142 et plus haut, p. 3, n. 1.

roi l'abbaye de Saint-Hilaire, que ses successeurs au comté de Poitiers tiennent désormais à titre héréditaire [1]. Guillaume le Pieux, comte d'Auvergne, abbé de Saint-Julien de Brioude déclare, en 898, qu'il y remplit l'office abbatial par le don du roi [2]. A sa mort, en 917, son neveu et successeur, Guillaume le Jeune hérite de l'abbaye en même temps que du comté. La transmission de l'une et de l'autre s'est faite vraisemblablement de l'aveu du roi ; mais l'abbaye était, comme le comté, portion de l'héritage [3]. Charles le Simple tient que le comte abbé Gilbert a reçu de sa largesse le gouvernement de Saint-Maximin de Trèves ; cette abbaye, comme les autres abbayes du comte Régnier, a été pourtant recueillie par son fils à titre d'héritage [4]. Celle de Saint-Martin de Tours est comprise parmi les *honores* dont Robert a obtenu la survivance pour son fils, Hugues le Grand [5]. C'est par le don du roi [6] que les ancêtres d'Hugues Capet tinrent les abbayes qui, au Xe siècle, sont devenues partie intégrante du patrimoine de la maison.

Nanti d'abbayes qui constituent avec le reste de ses honneurs laïques son *beneficium* héréditaire, le grand seigneur garde souvent, au Xe siècle et parfois plus longtemps encore, le titre et les fonctions d'abbé laïque. Les fils d'Herbert de Vermandois ont fait rédiger des actes où Albert prend la qualité d'abbé de Saint-Quentin, Herbert II celle d'abbé de Saint-Médard de Soissons ; ils disposent en cette qualité des

1. plus haut, p. 4, n. 1.

2. Dans une charte datée du mois de mai l'année où mourut le roi Eudes (898), Guillaume le Pieux confirme une donation faite à Saint-Julien, « ubi ego, regio dono, abbatiali videor fungi officio ut ipse locus tutior sit in omnibus » *(Liber de honor.*, éd. Doniol, 309, p. 968 ; Bruel, *Essai sur la chronol. du cart. de Brioude*, dans la *Bibl. éc. chartes*, 1866, n° 77). Guillaume prend le titre d'abbé de Saint-Julien à partir d'août 893 ou 894 (Doniol, 208, p. 273 ; Bruel, 58).

3. Le Guillaume abbé ou recteur signalé par les chartes de Saint-Julien à une date postérieure à la mort de Guillaume le Pieux en 917 (11 avril 919 — avril 920, Doniol, 324, 121, 318, 66 ; Bruel, 126-9) est évidemment Guillaume le Jeune, neveu et successeur du précédent comte abbé.

4. Dipl. du 1 janv. 912 confirmant aux moines, à la prière du comte abbé qui n'est pas nommé, mais ne peut être que Gilbert, les biens « quas ipse cum praefatum locum ad regendum largiremur... ibi reddiderit » *(H F*, IX, 514). Suivant Sigehard, l'*abbatia* de Saint-Maximin, après avoir été tenue par l'abbé laïque Megingaudus, « potestatibus et usibus hujus regni ducum... subjacuit » et le duc Gilbert a soustrait de nombreux domaines à la jouissance des moines, « suis satellitibus disperciens » *(Mirac. S. Maxim.*, 11, *SS*, IV, 231).

5. Cf. fasc. 2, p. 142.

6. Dans une charte datée du mois de décembre, l'année où mourut l'empereur Charles (877), Eudes s'intitule « per largitionem domni Karoli imperatoris comes necnon et rector abbatiae beati Martini majoris monasterii » (Martène, *Hist. abb. Marmoutier*, Pr. I, f° 26, B. N. man. lat. 12878).

biens de l'abbaye [1]. Ainsi en usent les comtes de Poitiers, Guillaume Tête d'étoupe et Fiérabras, abbés de Saint-Hilaire [2] ; les comtes d'Auvergne, Guillaume le Pieux et Guillaume le Jeune, abbés de Saint-Julien ; les comtes d'Anjou, Foulques le Bon, abbé de Saint-Aubin et de Saint-Lézin, Geoffroi Grisegonelle, abbé des biens de Sainte-Geneviève [3] ; les ducs de France, abbés de Saint-Aignan, de Saint-Germain-des-Prés, de Saint-Martin de Tours, de Marmoutier, de Saint-Denis [4].

De bonne heure d'ailleurs, ces grands seigneurs qui portent le titre d'abbés de tel monastère incorporé dans leur bénéfice, ne le prennent pas dans tel autre placé vis-à-vis d'eux dans

1. Charte d'Albert, abbé de Saint-Quentin, 958-9, Lot, *Les derniers Carol.*, pièces just., 7, p. 407 ; 954, Hemeraeus, *Augusta Verom.*, 30 ; 986, p. 32 ; 7 sept. 978, en faveur des moines de Saint-Vincent de Laon, B N, *Coll. Moreau*, XII, 31 ; d'Herbert, comte et abbé, 26 mars 963, Lot, 2, p. 397.

2 En juin 954-5, Guillaume Tête d'étoupe prend le titre de comte et abbé de Saint-Hilaire (Redet, *Doc. S. Hilaire*, 23, p. 27) ; en mars 967, Guillaume Fiérabras celui de duc des Aquitains et d'abbé de Saint-Hilaire (32, p. 57).

3. Pour Saint-Julien de Brioude, cf. p. précéd., n. 2 ; Saint-Aubin, Saint-Lézin, cf fasc 2, p. 161. En mars 960, Geoffroi Grisegonelle, qui s'intitule « rerum sanctae Genofefae rector », donne aux moines de Saint-Julien des biens de cette *cella* qu'il avait attribués en bénéfice à l'un de ses fidèles (Tarbé, *Examen critique*, dans la *R. rétrosp.* 2e série, IX, 34).

4. Robert est signalé avec la qualité d'abbé de Saint-Aignan dans un diplôme d'Eudes pour ce monastère (*H F*, IX, 462). Le trésorier Létaldus, « qui ministerium luminis monasterii sancti Aniani per largitionem domni Roberti regis habeo », cède à cens aux moines de Micy une terre « per jussionem... senioris mei regis Roberti qui senior et abbas e.t totius monasteri » (B N, *Coll. Moreau*, XX, 115). Le transcripteur de cette charte l'a rapportée aux environs de l'an 1025 ; il s'agirait ici de Robert le Pieux ; les rois Capétiens auraient gardé encore à cette date le titre d'abbé de Saint-Aignan. Peut-être le roi Robert ici mentionné est-il le premier du nom, le frère d'Eudes. Robert, Hugues le Grand, Hugues Capet sont dits abbés de Saint-Germain (*Ann. S. Germ. Paris.*, 915, 921, 931, 988, *SS*, III, 167-8 ; *Aimoini contin.*: « usque ad tempora Roberti (le pieux) regis,... statuentes decanos monachis, sibi nomen abbatis usurpaverunt », *H F*, XI, 274) ; Robert est « gregis sancti Martini abbas, sed et comes » (22 mai 899, Mabille, *Inv. norm.*, 8, *Bibl. éc. chartes*, XXX, 440 ; 1 mars 904, 10, p. 446) ; « gregis atque rerum... beati Martini abbas » (30 mai 914, Mabille, Introd. aux *Chroniques d'Anjou* de Marchegay, P. just., 5, p. XCVIII) ; Hugues le Grand est « *rector abbatiae sancti Martini* » (26 mars 931, 7, p. CII). Robert est abbé de Saint-Martin et de Marmoutier (13 nov. 912, 12, p. 452) ; Raoul décide le 7 oct. 932 que les deux monastères auront un même abbé, à la prière de Hugues le Grand « abbas utriusque monasterii » (Martène, *Hist. de Marmoutier*, I, 191 ; Preuves, B. N., lat. 12.878, f° 40). Au mois de mai 937, Hugues le Grand cède des biens en précaire en qualité d'abbé de Marmoutier (f° 42). Le 10 avril 970, il cède à cens un bien « ex rebus portariae sancti Martini majoris monasterii », à la prière de son vassal Haymon, qui tenait la porterie «per nostrae largitionis donum» (E. Cartier, *Mél. hist.*, 19). Saint-Martin de Tours n'a jamais eu d'autre abbé que le roi de France successeur d'Hugues Capet (cf. Vaucelle, *La coll. S. Martin*, 81). Il en serait de même pour Saint-Denis, suivant M. F. Lot (*Études sur Hugues Capet*, 226, n. 1). Nous verrons plus loin (p. 20, n. 5) qu'entre 994 et 996, Hugues Capet et Robert ont rétabli à Saint-Denis la succession des abbés réguliers. A titre de successeurs des ducs d'Aquitaine, les rois de France gardaient la qualité d'abbés de Saint-Hilaire de Poitiers et Louis XIII a prêté encore serment à ce titre dans l'église Saint-Hilaire (Richard, *Hist. comtes de Poitou*, I, 82, n. 3).

une dépendance non moins étroite et dont ils se considèrent comme propriétaires et souverains, comme l'était précédemment le roi. Un abbé de profession monastique ou un recteur séculier les tient de leur libéralité. Les seigneurs du Vermandois, abbés à Saint-Quentin, à Saint-Médard, ne le sont ni à Notre-Dame de Soissons, ni à Homblières et ils cèdent ces monastères en bénéfice [1]. Les ducs de France réglementent l'administration de Saint-Riquier, où pourtant un abbé est établi sous eux, comme ils le feraient dans les monastères dont ils gardent l'*abbatia* [2]. Des maisons souveraines ont peut-être fait fi des fonctions abbatiales pour s'établir exclusivement sur le terrain de la propriété et de la souveraineté. Le duc de Haute-Lorraine, Frédéric I a mis Saint-Mihiel sous son *dominium* et il est le *senior* des moines et de leur abbé régulier [3] ; il exerce domination sur Saint-Martin de Metz que gouverne l'abbé Bérard [4]. De Moyenmoutier et de Saint-Dié, dont il dispose aussi, il n'a certainement pas retenu l'*abbatia* en ses mains, s'il l'a jamais occupée [5].

1. C'est d'Albert de Vermandois que Gerberge, femme de Louis IV, tient en bénéfice Notre-Dame de Soissons (Charte d'Albert, 25 avril 959, *H F*, IX, 665). Ybert tenait d'Albert le monastère d'Homblières en bénéfice (plus haut, p. 5, n. 2).

2. Après la mort de l'abbé Carloman (880), Saint-Riquier, suivant Hariulf, eut pour abbés Héribertus, Hédénoldus, Hugues (l'abbé ?) et Gérard (*Chron. Centul.* III, 20, éd. F. Lot, 140). Vraisemblablement, il faut placer à leur suite les comtes, de Montreuil Helgaud († 926) et son fils Erluin († 945), qu'Hariulf intercale parmi les comtes abbés du IXe siècle, après l'abbé Rodolfe (III, 10, p. 117). L'abbaye est sans doute après la mort d'Erluin en la main d'Arnoul le Vieux, comte de Flandre, qui fait transporter le corps de saint Riquier à Montreuil, puis à Saint-Bertin (« agente comitis Arnulfi potentia », 22 p. 152). Après la mort d'Arnoul le Vieux, l'abbaye passe aux ducs de France. En 974, le roi Lothaire confirme à la mense conventuelle, à la prière du duc Hugues, les *villae* ajoutées par le duc aux *stipendia* des moines (Halphen, *Rec. actes Loth.*, 36, p. 89). Le duc des Francs qui remanie la mense des moines a évidemment autorité sur eux et néanmoins il n'est pas dit leur abbé. Hariulf connaît en effet deux abbés, le clerc Gerbert, puis Fulchéricus (21, 22, p. 149-51) qui précédèrent l'abbé réformateur Engelard, établi par Hugues Capet à Saint-Riquier (24, p. 157) et qui sont par conséquent des contemporains d'Arnoul le Vieux et d'Hugues le Grand. Maître de l'abbaye, l'un ou l'autre l'a cédée sans doute en bénéfice à ces deux abbés. Hugues Capet, soucieux de réformer la communauté, en donne le gouvernement au moine de Corbie Engelard (23, p. 154) et fait opérer, en 980, la translation du corps du saint de Saint-Bertin à Saint-Riquier (24, p. 155-7).

3. Chron. de Saint-Mihiel : « domino suo.. eam subjugavit » (éd. Lesort, 11) ; Charte du 8 sept. 962 : « Ego Fridericus... dux Lothariensium et senior monachorum sancti Michaelis et familiae ejusdem potestatis » (27, p. 120). En 972, l'abbé de Saint-Mihiel, Eudes cède un bien à cens avec le consentement de l'avoué duc « senioreque nostro », Frédéric (30, p. 131). M. Parisot (*Les origines de la H. Lorraine*, 242) croit pouvoir ranger Saint-Mihiel parmi les biens patrimoniaux de la maison ducale.

4. Une charte du 24 févr. 965, suspecte, mais dont M. Parisot estime qu'on peut admettre les renseignements (*Les orig.*, 250 et App. IV, p. 491), signale le consentement donné par Frédéric I, « qui eidem monasterio dominari videtur, » à un échange fait par l'abbé Bérard (*Hist. de Metz*, III, Pr., p. 66).

5. Suivant l'abbé Jérôme, l'abbaye de Moyenmoutier, jadis royale, est devenue

Tôt ou tard, dans presque tous les cas, le grand seigneur qui retenait la qualité d'abbé l'abdiqua pour prendre, vis-à-vis de l'abbaye cédée par lui à un autre, l'attitude d'un souverain. Guillaume II le Jeune s'est démis de l'*abbatia* de Saint-Julien de Brioude en faveur de son frère Acfred et d'autre part quand celui-ci devient comte d'Auvergne après la mort de Guillaume, c'est dès lors le vicomte de Brioude qui exerce à Saint-Julien les fonctions d'abbé. Mais si les titulaires du comté d'Auvergne ont désormais renoncé à la charge d'abbé de Saint-Julien [1], ils exercent sur l'abbaye autorité et droits de souverain et c'est eux vraisemblablement qui la confèrent au recteur [2]. Tandis que Foulques le Bon, comte

ducale dès la fin du IXe siècle *(L'abbaye de Moyenmoutier*, 163). Les abbés Amard et Gilbert s'y succèdent sous l'autorité du duc Frédéric (164-5). L'abbaye était encore royale en 896, puisqu'à cette date Zwentibold l'attribua en bénéfice au comte Hillin *(Lib. de s. Hild. succ.*, 6, *S S*, IV, 89 ; Richer, *Gesta Senon eccl.*, II, 7, *S S*, XXV, 273). M. Parisot estime que l'abbé Gilbert est le frère de Frédéric et que celui-ci lui succéda comme abbé de Moyenmoutier (*Les orig. de la H. Lorr.*, 253), qu'en définitive, avant la réforme, Frédéric I est par le don de l'empereur, Otton I, abbé laïque des deux monastères (p. 258). Le *Libellus* distingue nettement Amard, Gilbert qui, comme Hillin, appartiennent à la série des comtes abbés, du duc Frédéric à qui appartient en ce temps la *dispositio* du monastère (7, *S S*, IV, 89). Il y exerce autorité alors que Gilbert en est abbé, car le réformateur Adalbert ne s'adresse au duc que « comitis Gisliberti fretus adminiculo », d'accord avec le comte abbé. Adalbert reçoit, en place du comte abbé, le gouvernement du monastère par la libéralité du duc (a quo loci gubernatione donatus). Vraisemblablement le duc de Lorraine a étendu son pouvoir sur Moyenmoutier de la même manière que sur Saint-Mihiel ; c'est lui qui a investi de l'abbaye son frère Gilbert et qui, plus tard, d'accord avec cet abbé laïque, lui substitue un abbé régulier. De toutes manières, si Frédéric tenait l'*abbatia*, il s'en est dépouillé en l'attribuant à un abbé réformateur. Les deux abbayes ont été données ensuite par les Ottons à l'évêché de Toul ; mais Frédéric et ses successeurs continuent d'en exercer l'avouerie (Parisot, p. 263).

1. Acfred est abbé aux dates de mars 922, 11 oct. 926, (Doniol 30 et 315, Bruel 134 et 150,) c'est-à-dire antérieurement à la mort de Guillaume le Jeune survenue en 927 (Flodoard, *Ann.*, 38). C'est précisément à partir d'octobre 927, au temps par conséquent où Acfred hérite de Guillaume le Jeune, que Dalmacius, vicomte de Brioude, apparaît avec le titre d'abbé de Saint-Julien (Doniol 58, Bruel 159) qu'il garde encore en mai 982-3 (Doniol 299, Bruel 247). L'abbatiat est tenu ensuite par Arnoul (c. 1000, Doniol 92, Bruel 255), puis par Eurardus (c. 1011, Doniol 149, Bruel 260).

2. C'est évidemment Guillaume le Jeune qui a fait Acfred abbé de Saint-Julien en sa place et comme Dalmacius prend cette qualité à l'heure où Acfred devient comte d'Auvergne, il faut admettre que celui-ci lui a attribué la charge jugée désormais incompatible avec la dignité comtale. Après la mort d'Acfred, le roi Raoul attribua à Raimond Pons, comte de Toulouse, le comté d'Auvergne *(H L*, III, 111) ; le 28 août 936, le duc des Aquitains, Raimond donne son consentement à la fondation par les chanoines de Saint-Julien du prieuré de Chanteuges, de concert avec le vicomte abbé Dalmacius, l'évêque Arnaud et divers grands personnages (Doniol 337, Bruel 176). L'historien du Languedoc, dom Vaissete (p. 117) en conclut que Raimond étendait sa domination sur l'Auvergne ; il en résulte aussi qu'il exerçait, en qualité de souverain du pays, *dominium* sur Saint-Julien. Après la mort de Raimond (950-1), Louis IV attribua le comté d'Auvergne au comte de Poitiers, Guillaume Tête d'étoupes (Richard, *Les comtes du Poitou*, I, 86). Le vicomte abbé Dalmacius figure parmi les personnages qui se recommandèrent à lui, en juin 952, au plaid tenu « in curte Eniziaco » (Bruel, *Chartes de Cluny*, 825, I, 781). De nombreuses chartes de Saint-

d'Anjou, garde en ses mains l'*abbatia* de Saint-Aubin [1], elle passe sous Geoffroi Grisegonelle à des abbés qui la tiennent de lui [2]. Geoffroy, restaurant en 966 le monastère, accorde aux religieux le droit de choisir leur abbé [3] ; en fait il le désigne lui-même avec leur agrément, à titre de souverain [4].

Quelquefois, tout en gardant l'*abbatia* pour eux-mêmes, les seigneurs en détachent des monastères sujets qu'ils cèdent en bénéfice à un autre abbé laïque ou dont ils remettent le gouvernement à un régulier. Sur ces monastères ils exercent dès lors le droit du souverain, tandis qu'ils restent abbés de l'établissement qui précédemment en retenait la propriété. Ainsi Guillaume Fiérabras affranchit Noaillé de Saint-Hilaire de Poitiers et autorise les religieux à choisir leur abbé [5]. Le fils de Guillaume le Grand a obtenu de son père jouissance des biens de la *cella* de Noaillé [6]. C'est sans doute par le don des ducs de France, abbés de Saint-Martin, que Guy joint à son abbaye de Saint-Aubin Cormery et Villeloin qui précédemment dépendaient du monastère de Saint-Martin et dont il jouit longtemps comme d'un bénéfice [7].

On voit aussi le comte abbé partager les fonctions abba-

Julien signalent en effet à partir d'août 955 (Doniol 139, Bruel 201) le comte Guillaume comme présidant à Saint-Julien avec l'abbé, le prévôt, le doyen. Cette formule qui marque nettement l'autorité exercée par le comte d'Auvergne à Saint-Julien conjointement avec celle de l'abbé et des officiers capitulaires, s'applique au temps des abbés Dalmacius, Arnulfus, Eurardus et par conséquent aux successeurs de Tête d'étoupe, Fiérabras et Guillaume le Grand.

1. Foulques prend le titre de comte abbé en 924, en 929-30, Bertrand de Broussillon, *Cart. S. Aubin*, 35, I, 59 ; 177, p. 203.

2. Une charte de Geoffroi de 960-4 signale l'abbé de Saint-Aubin Buchardus (281, p. 320). Guy, frère du comte Geoffroi s'intitule abbé de Saint-Aubin, ainsi que de Cormery, Villeloin et Ferrières dans une charte de 966-73 (38, I, p. 62). Le 19 juin 966, le comte Geoffroi et l'abbé Guy rétablissent à Saint-Aubin l'observance monastique et y instituent un abbé régulier Widboldus (2, p. 6). L'abbé Guy a institué semblablement avec l'agrément du comte un abbé régulier à Villeloin, en 965 (*Gallia christ.*, XIV, 61). Quoiqu'ayant fait profession monastique, Guy avoue n'en avoir pas gardé l'observance (*Cart. S. Aubin*, 38, p. 62). Vraisemblablement, comme le conjecture M. Voigt (*Die Karol. Klosterpolitik*, 206), Saint-Aubin a en même temps un abbé non régulier, Guy et un abbé régulier, Widboldus, l'un et l'autre pourvus par le comte Geoffroi.

3. Charte de Geoffroi, 19 juin 966, *Cart. S. Aubin*, 2, I. 6 ; cf. Tresvaux, *Hist. de l'égl. d'Angers*, I, 117 ; Halphen, *Le comté d'Anjou*, 82.

4. En 970, il désigne l'abbé Aubert sous réserve de l'agrément des moines et de leur droit d'élire son successeur (21, I, 39) ; en 977, il nomme Gontier aux mêmes conditions (22, p. 40).

5. 20 avril 991, Redet, *Doc. S. Hilaire*, I, 62.

6. Le 30 sept. 1028, il déclare s'en dessaisir en faveur de Saint-Hilaire (cf. Richard, *Hist. des comtes de Poitou*, I, 219).

7. Charte de Guy, 966-73, restituant aux « loca in meo regimine consistentia » les biens qu'il leur a enlevés « per nefas » (*Cart. S. Aubin*, 38, I, 62-3).

tiales avec un autre abbé, religieux celui-là, qui administre au spirituel la communauté tandis que le comte retient la gestion temporelle et la jouissance de la mense abbatiale. Ainsi le comte de Flandre, Arnoul, après avoir fait réformer par Gérard de Brogne son abbaye de Saint-Bertin, a chargé du gouvernement d'abord deux simples moines, puis des abbés proprement dits [1]. Il continuait pourtant de porter le titre d'abbé. A une date postérieure à la réforme, le roi Lothaire n'en connaît pas d'autre qu'Arnoul, à la prière duquel il délivre le diplôme qui place le monastère sous sa protection [2]. En insérant cette pièce, Folquin observe que le comte Arnoul était, sous l'abbé Régénoldus, administrateur pour le temporel, mais comme la chancellerie de Lothaire, il le désigne aussi du titre d'abbé [3]. Dans le même temps, les rois abbés admettent semblablement à côté d'eux un abbé qui les supplée [4].

Le comte abbé qui résigne l'*abbatia* ou la partage avec un

1. Folquin, *Chartul. Sith.*, II, 77 : « abbas et comes Arnulfus... Gerardum... ad se advocavit ut cœnobium... ad regulae honorem stabiliret et ut perversam consuetudinem ne scilicet de caetero saeculares viri abbatum officium usurparent, funditus evelleret » (Guérard, *Cart. S. Bertin*, 144). Le biographe de Gérard déclare taire « quam strenue etiam beati Bertini cœnobio aliquandiu praefuerit » (*Vita*, 20, *S S*, XV, 671). Suivant Folquin, il n'a pas exercé à Saint-Bertin les fonctions abbatiales ; le gouvernement de la communauté fut remis d'abord à deux moines tirés l'un de Saint-Epvre, l'autre de Saint-Pierre, « comite jubente et Gerardo abbate consentiente » (*Chartul. Sith.*, II, 77, p. 145), puis à un abbé proprement dit, le neveu de Gérard, Guy. Celui-ci commit des écarts de jeunesse ; « apud comitem incusatus, abbatia est fraudatus et sancti Bavonis monasterio est destinatus » (p. 146). Le comte Arnoul lui donna pour successeur à Saint-Bertin un religieux zélé, son propre neveu, Hildebrand : « nepoti suo eumdem monasterium contradidit ad regendum » (78, p. 146). Lorsque Arnoul eut appelé Hildebrand à venir réformer Saint-Vaast, il établit à sa prière et avec le consentement des moines un nouvel abbé Régénoldus à Saint-Bertin (« committeret gubernandum..., in abbatis sublimavit honorem », 79, p. 148) ; puis, la charge du gouvernement de la communauté étant de nouveau vacante, il la rendit à Hildebrand « ei iterato hunc commendavit locum » (80, p. 154).

2. 7 janv. 962 : « venerabilis Arnulfus marchio abbasque ex cenobio monasterii Sithiu... ubi... prenominatus abbas... preesse videtur » (L. Halphen, F. Lot, *Rec. actes Lothaire*, 15, p. 34).

3. II, 79 : « Sub quo (Regenoldo), Arnulfus comes et Sithiensis ecclesiae quantum ad temporale administrator privilegium immunitatis... impetravit » (p. 149). Arnoul « quondam comes Flandrarum et abbas » est mort, dit-il, la troisième année après le retour d'Hildebrand, son neveu « abbatis nostri » (80, p. 154). Folquin signale un peu plus haut la venue à Sithiu d'Arnoul « comes et abbas » et de son fils Baudouin.

4. On a vu, fasc. 2, p. 181, n. 1, que Conrad le Pacifique, roi de Bourgogne, prend le titre de *rector* du monastère de Saint-Maurice dont l'*abbatia* est retenue au patrimoine de la famille depuis le temps du comte Conrad. Néanmoins, un « abbas a parte Chuonradi regis » passe un acte d'échange (*Mon. hist. patriae, Chartae*, II, 44, col. 62) et il s'agit sans doute d'Evrard signalé par une autre charte comme « abbacie sancti Mauricii humilis minister » (45, col. 63). Sous Rodolfe III, Bouchard, qui porte parfois le simple titre de prévôt (32, col. 58 ; 41, col. 60) est qualifié aussi d'abbé (75, col. 84). Cf. Poupardin, *Le roy. de Bourgogne*, 329. De même, bien que Conrad soit recteur de Saint-André-le-Bas, le monastère est placé « sub regimine patris Eymoini » (*Cart. S. André* 239, anno 975 ?, éd. Chevalier, 183)

abbé religieux retient, au moins à titre provisoire et en partie, les biens affectés antérieurement aux usages du recteur séculier. Arnoul a rendu à l'abbé de Saint-Bertin, Hildebrand la *villa* d'Arques qui était assignée au service des abbés et que le comte retenait dans son *indominicatum* parce qu'il avait reçu l'abbaye à titre d'héritage paternel[1]. Lorsque le vicomte de Turenne qui tenait le monastère de Tulle en eut fait entreprendre la réforme, il garda pourtant, du consentement du nouvel abbé, une part de l'abbaye que les moines recouvreront à sa mort [2]. Dans ces arrangements qui dédoublent la personne de l'abbé ou laissent aux mains de l'ancien recteur séculier une part de l'honneur abbatial, il faut voir d'ailleurs un simple stade de l'évolution qui transforme le comte abbé en seigneur des moines et de l'abbé régulier du monastère réformé.

Dès le Xe siècle en effet, le mouvement réformiste contribue en faisant disparaître le comte abbé à le transformer en souverain. Par zèle pour la cause de la discipline monastique, le grand seigneur se démet de son *abbatia*, la cède à la communauté, à un abbé régulier, au réformateur qu'il appelle, aux moines de Cluny qu'il associe à son œuvre de restauration. Hugues Capet résigne en faveur de Gualon l'abbatiat de Saint-Germain [3] ; à Saint-Riquier, au lieu de retenir soit pour lui-même, soit en faveur de bénéficiers la charge abbatiale, il la remet à un moine réformiste tiré de Corbie [4] ; il l'a rendue aussi dans Saint-Denis réformé à des abbés réguliers [5] ; il

1. « quae... ad abbatis obsequium erat deputata... quam et ipse comes, quia paterna successione abbatiam susceperat, suo usui mancipatam tenebat » (Folquin, I[1], 78, p. 146-7).

2. Dipl. de Raoul, cité p. 7, n. 1 : « partem vero abbatiae quam praedictus Ademarus abbate ipso consentiente, retinuit totam post ipsius discessum recipiant » (*H F*, IX, 578).

3. *Aimoini contin.* : « Hugo dux... nutu divino dimissa sancti Germani abbatia » (*H F*, XI, 275). L'historiographe ajoute que Gualon fut établi abbé à la prière du roi Lothaire et du duc Hugues. C'est évidemment l'initiative du duc qui lui procure l'abbaye. L'abbé Gualon est signalé dans une charte d'Hugues, archevêque de Rouen, 979-89 (Poupardin, *Chartes S. Germain*, 44, p. 73).

4. plus haut, p. 16, n. 2.

5. A. Giry estime qu'Hugues Capet a rétabli, vers 968, à Saint-Denis la succession des abbés réguliers (*La donat. de Rueil à S. Denis*, dans les *Mél. J. Havet*, 703). La réforme du monastère n'était certainement pas achevée en l'année 994, où Maieul mourut en se rendant à Saint-Denis, à l'invitation d'Hugues Capet, « ut monasterium... melius quam tunc erat ordinari posset » (*Vita Maioli*, Migne, CXLII, 958). Ces expressions permettent de supposer que la réforme était déjà commencée. Le biographe de Maieul parle plus haut (col. 953) d'un séjour de l'abbé de Cluny au monastère de Saint-Denis et de la lecture qu'il y faisait la nuit des œuvres de l'Aréopagite. Le soin de continuer la réforme fut confié après la mort de Maieul par Hugues et Robert à son successeur Odilon (*Vita Odil.*, II, 8, col. 921 ; cf. *Ademari Chron.*, III, 30, éd. Chavanon, 151 ; *Chron. s. Max.*, 996, Marchegay, *Chron. égl. d'Anjou*, 384). C'est

n'est sans doute pas étranger à la réforme que saint Maieul introduit à Marmoutier en y établissant Guillibert pour abbé [1].

Arnoul de Flandre cesse en fait d'être abbé à Saint-Bertin, Saint-Bavon, Saint-Pierre-au-mont-Blandin, Saint-Vaast, Saint-Amand, du jour où il ordonne la réforme de ces monastères et il prend désormais vis-à-vis d'eux l'attitude d'un souverain [2]. Il n'y a plus d'abbé laïque à Moyenmoutier et à Saint-Dié quand Frédéric I a fait réformer les monastères par Adalbert de Gorze ; ce religieux a reçu de sa largesse le gouvernement de Moyenmoutier [3]. Gilbert, duc de Basse-Lorraine, a été après son père Régnier abbé laïque de Stavelot, mais s'est vraisemblablement démis de la charge en faveur de

semble-t-il, alors, entre 994 et 996, que Hugues et Robert établirent Vivien, abbé de Saint-Denis (« genitor noster... nosque pariter compatientes... abbatem praefecimus », Dipl. de Robert, 17 mai 1008, Tardif, 250, p. 159) dont l'*ordinatio* est rapportée par le *Chron. S. Dion.* (*Bibl. éc. chartes*, XL, 275) à l'année 1008.

1. Suivant une charte d'Étienne de Blois (c. 1096), la restauration de Marmoutier fut l'œuvre de son aïeul Eudes I, comte de Blois et Chartres, et du frère de celui-ci, l'archevêque de Bourges, Hugues. Eudes I, le jour de l'Invention de la Sainte Croix de la 39e année de Lothaire (29e?, 3 mai 983), délivra aux religieux de Marmoutier une charte de restitution (Martène, Pr. de l'hist. de Marmoutier, B. N., lat. 12878, f° 46). Il est désigné dans une charte de 987 comme « ejusdem monasterii instructoris et defensoris » (A de Martonne, *Charte de fondation du prieuré de Tavaut*, dans la *Bibl. éc. chartes*, 1858, p. 368). Les deux frères établirent à Marmoutier Guillebertus comme abbé par les soins de saint Maieul (Mabille, *Cart. de Marmoutier pour le Dunois*, 92, p. 86 ; cf. Sackur, *Die Cluniacenser*, I, 246). Ce personnage est abbé de Marmoutier dès 987. (*Coll. Moreau*, XIV, 1). Suivant Martène (*Hist. de Marmoutier*, publiée par l'abbé Chevalier, I, 201-2), le comte de Blois a demandé à Maieul, en 982, d'envoyer à Marmoutier une colonie de religieux. Maieul est dit abbé de Marmoutier dans une charte sans date (c. 990) du chanoine Hélannus (Pr. de l'hist. de Marm., f° 47). Le duc de *Francia* qui, en 937, prenait encore le titre d'abbé de Marmoutier et de qui, en 970, est tenue la *portaria* du monastère (plus haut, p. 15, n. 4), eut sans doute part à cette réformation. A supposer qu'Hugues Capet ait cédé cette *abbatia* à Eudes, il maintenait sur elle son *dominium*.

2. Voir pour Saint-Bertin p. 19, n. 1. A Saint-Bavon, le comte Arnoul, à la prière de l'évêque de Noyon-Tournai « sanctum Gerardum Bononiensem abbatem dicti Gandensis cœnobii constituit et rectorem » (*Ann. Gand.*, 937, *S S*, II, 187). Gérard résigne sa charge en 953 « et per Arnulfum comitem Flandriae et Rodulfum Noviomensem episcopum, Hugonem Gandensis cenobii abbatem sibi substituit » (p. 188). L'ancien comte abbé donne ici visiblement l'investiture de l'abbaye, tandis que l'évêque bénit le nouvel abbé. Gérard remplit aussi après la réforme les fonctions abbatiales à Saint-Pierre-au-mont-Blandin (*Catal. abb. Bland.*, *S S*, XV, 645) ; c'est le comte Arnoul qui l'en a fait abbé : « abba Gerardus receptus est ab Arnulfo in Blandinio » (*S S*, V, 25) A Saint-Amand, « abbatiam, convocatis episcopis... ordinari fecit et omnes possessiones ipsius abbatiae ipsi restituit et insuper de suo multa contulit » (*Ann. Elnon. min.*, 952, *S S*, V, 19). Dans ses monastères, le comte Arnoul agit en souverain, il ordonne (jubente), fait réformer (ordinari fecit), rend les biens aliénés, comme jadis l'eut fait le roi. Après lui, le comte Baudouin prend soin de l'abbaye de S. Bavon que gouverne Eremboldus « marchiso Baldwino procurante abbatiam sancti Bavonis, domno etiam Eremboldo eam regente » (*Transl. s. Bavonis* I, *S S*, XV, 597).

3. Cf. plus haut, n. 5 de la p. 16. A Saint-Dié, Adalbert se fit suppléer par un certain Erchembert qui dissipa les biens du monastère. Ce personnage fut chassé par le duc Frédéric à qui il offrait de l'argent ; le duc remplaça par des chanoines la communauté qu'il avait voulu réformer (Richer, *Gesta Senon. eccles.*, II, 10, *S.S*, XXV, 275).

l'abbé régulier Odilon ; dès lors, Gilbert n'est plus que le maître de l'abbaye, le *senior* des moines. Après lui, le duc Conrad exerce dans les mêmes conditions les droits souverains sur l'abbaye gouvernée par l'abbé Odilon [1]. Le duc de Bourgogne, Henri, renonce nécessairement à l'*abbatia* de Saint-Germain d'Auxerre quand il fait réformer le monastère par saint Maieul qui y établit un abbé régulier [2]. La maison d'Anjou s'est désistée de toute prétention à retenir pour elle l'*abbatia* de Saint-Aubin, lorsqu'elle concède aux religieux le droit d'élire leur abbé [3] ; mais c'est dès lors le comte qui le nomme et l'investit de sa charge [4]. Le grand seigneur qu'on voit commander le rétablissement de l'observance, restituer les biens, remettre l'*abbatia* qu'il résigne aux mains d'un régulier, ne fait par là qu'achever l'usurpation des droits royaux sur l'ancien monastère royal. La réforme consomme et régularise ce qu'avait commencé l'*abbatia* des séculiers. Le *dominium* des rois qui avaient jadis cédé l'abbaye aux comtes abbés, est recouvert et évincé par celui des seigneurs qui abdiquant la qualité d'abbé ont pris celle de souverain.

La défaillance du pouvoir royal dans les régions où il cessait de se faire sentir a suffi aussi à faire passer les abbayes aux mains du souverain local. Que Charles le Simple et ses successeurs se soient désistés ou non de leurs droits sur les abbayes des pays cédés aux ducs normands, ceux-ci s'assujettirent tous les monastères de leur duché. Les comtes de Poitiers exercent sur les établissements religieux de leur seigneurie les droits que les rois ne sont plus en état de maintenir en Aquitaine. Les abbayes du comté sont sous leur souveraineté, comme Saint-Hilaire dont ils s'intitulent abbés [5]. L'abbaye

1. Gilbert est signalé comme abbé de Stavelot le 14 avril 915 (Halkin Roland, *Rec. ch. Stavelot*, 53, p. 126), le 25 août 922 (55, p. 132), le 2 oct. 926 (56, p. 135), le 3 juin 927 (57, p. 137). Une charte de 930-1, signale la présence « senioris nostri ducis Gisleberti » (58, p. 139). Une autre du 30 oct. c. 932 expose que le comte Albert a prié son parent, le duc Gilbert, « cujus dinoscitur fore abbatia », de lui permettre de recevoir en précaire des biens du monastère (60, p. 143). L'abbé fait peut-être ici déjà place au souverain. En tous cas, l'abbé régulier Odilon a été installé à Stavelot avant la mort de Gilbert (cf. Halkin, Roland, Introd., III). Le duc Conrad, en 947, exerçait souveraineté à Stavelot (regebat) et concédait une terre en précaire avec le consentement de l'abbé et de l'avoué (plus haut, p. 13, n. 2) ; il n'avait donc ni l'une ni l'autre de ces qualités. Le 6 août 953, l'abbé Odilon fait un échange « cum consensu Cuonradi ducis atque advocati Erenfridi » (72, p. 166).

2. *Gesta episc. Autissiod.*, 47, Migne, CXXXVIII, 271.

3. Plus haut, p. 18, n. 3.

4. Voir pour le XIe siècle les exemples d'investiture donnée par les comtes de l'abbaye cités par M. Halphen, *Les comtes d'Anjou*, 115, n. 3.

5. Le comte Eble Manzer dispose de Saint-Paul ; il cède à Rothard une terre « de dominicatione Ebbonis vasalli sui, necnon et abbatis sancti Pauli cum ejus voluntate ». Rothard remet une autre terre « ad partem sancti Pauli et praescripti comitis

de Saint-Martial de Limoges qu'un carolingien avait peut-être encore donnée à Aimric est, à la fin du Xe siècle, à la disposition des vicomtes de Limoges, sous la suzeraineté des comtes du Poitou [1]. Le duc de Haute-Lorraine, Frédéric I, explique le chroniqueur de Moyenmoutier, voyait l'abbaye proche de sa terre et privée par l'éloignement du patronage royal ; aussi lui fut-il facile de l'assujettir à son *dominium*, qu'il transmit à ses héritiers à titre de protection [2]. Le duc de Bretagne, Alain le Grand, qui cède aux évêques d'Angers, aux environs de l'an 900 le monastère Saint-Serge [3], en avait évidemment usurpé la propriété.

seu ad beneficium Ebbonis » (Besly, *Hist. comtes Poitou*, Preuves, 221 ; cf. Richard, *Hist. comtes Poitou*, I, 55). Le même Eble attribue Saint-Maixent à Aymar (Richard, *Chartes S. Maixent*, Instr. I, p. LXIV ; cf. *Hist. comtes Poitou*, loc. cit.). Vers 955, Guillaume Tête d'étoupe autorise Gilbert son fidèle et abbé de Saint-Maixent à céder à cens des biens « ex suo beneficio de abbatia sancti Maxentii » (*Chartes S. Maixent*, 27, p. 42). Tête d'étoupe aurait disposé de cette abbaye en faveur de son frère Eble : « Hic germano suo abbatiam sancti Hilarii ac sancti Maxentii... preabuit » (*Ademari chron.*, III, 25, p. 146 ; *Chron. s. Max.*, Marchegay, *Chron. égl. d'Anjou*, 376). Toutefois, ces chroniques font certainement erreur quand elles donnent à Eble la qualité d'abbé de Saint-Hilaire ; il n'a été que trésorier de l'abbaye qui demeure dans l'*indominicatum* du comte. La cella de Saint-Michel en l'Herm était tenue en bénéfice de Guillaume Fiérabras par le vicomte de Thouars, Aimery ; à sa prière, il en fit don, en 994, à Saint-Florent de Saumur (*Gall. Christ.*, II, Pr., col. 410). On ne voit pas que les comtes du Poitou aient fait don de l'abbaye de Saint-Cyprien ou soient intervenus dans l'élection des abbés ; mais au XIe siècle, ils ont certainement pris vis-à-vis des moines de Saint-Cyprien la qualité de souverains. Une charte est datée « regnante Rotberto rege, presidente Pictavis Willelmo duce » (*Cart. S. Cyprien*, 310, p. 195). Guillaume le Grand et ses successeurs accordent aux moines des privilèges, comme le faisaient jadis les rois (17, 20, p. 22-3), des exemptions, abolitions de mauvaises coutumes (19, 64, p. 23 et 58). Entre 1073 et 1087, Guy-Geoffroi-Guillaume autorise les moines à retenir près d'eux « quatuor homines de quocumque velint ministerio ita ut jam neque michi neque meis reddant aliquam consuetudinem, sed sint soluti ab omni servitio meo, ipsi et omnia sua et sui omnes domestici qui erunt de familia sua » (18, p. 22-3) — Vraisemblablement dès la restauration faite vers 934 du monastère par l'évêque de Poitiers, du consentement du roi Raoul et de Guillaume Fiérabras (3, p. 5), les comtes de Poitou exercent *dominium* sur Saint-Cyprien, dont ils sont les grands bienfaiteurs et approuvent très souvent les acquêts dus aux libéralités de leurs vassaux et sujets.

1. En 998, l'abbé Adalbaud « a Widone, vicecomite sive ab episcopo Lemovicensi eligitur abbas monasterii s. Martialis » (*Cart. d'Uzerche*, dans le *Bull. soc. de la Corrèze*, 1887, p. 404). Sous l'abbé Geoffroy, le vicomte Guy puise dans le trésor de l'abbaye de quoi payer aux Normands la rançon de sa femme (*Ademari chron.*, III, 44, éd. Chavanon, 167). Un peu plus tard, l'évêque de Limoges, Audouin fait main basse sur le trésor de Saint-Martial « quia in manu sua abbatiam habebat emptam a Widone » (III, 49, p. 71.) Les comtes de Poitiers exerçaient pourtant sur le monastère les droits du souverain. Adémar de Chabannes rapporte qu'en 1021, Guillaume le Grand, venu à Limoges pour faire élire et investir un évêque, entendit la messe à Saint-Martial « et juxta monasterium eo die regaliter hospitatus est » (III, 57, p. 183).

2. 6 : « dux Lotharingiae Fridericus, qui videns praedictam abbatiam terrae suae contiguam et a tutela regia longe remotam dominio suo, quod sibi facile fuit, eam subjugavit et dominium illud sub titulo defensionis ad posteros suos transmisit » (éd. Lesort, 11).

3. La charte d'Alain est du 26 novembre d'une année indéterminée, 906, suivant

L'usurpation se poursuit d'ailleurs dans les régions mêmes où la royauté lutte pour la défense de ses droits. A Soissons, où les Carolingiens gardent Saint-Médard, les fils d'Herbert de Vermandois ont pour un temps saisi l'abbaye de Saint-Crépin ; celle de Notre-Dame resta aux mains du comte Albert. Cette abbaye qui, si souvent, avait eu pour abbesses des princesses de la maison carolingienne est tenue de lui et non du roi son époux par la reine Gerberge [1].

Les grands seigneurs ont usé souvent de violence aux dépens soit de la royauté, soit des libertés des établissements monastiques. Arnoul de Flandre entre en possession par la force du *castrum* d'Arras, c'est-à-dire du chef fortifié du monastère de Saint-Vaast [2]. En 990, le vicomte de Béziers, Guillaume confesse qu'il a enlevé injustement et par violence le monastère de Saint-Thibéry dont il est maître en tout [3]. Vers le même temps, le comte de Toulouse, Guillaume Taillefer adjuge à sa seigneurie le monastère de Beaulieu (suae potestati addixit) ; il l'inféode au comte de Périgord, qui le cède au vicomte de Comborn. Celui-ci disposait à son gré de l'*abbatia* du monastère, qu'il avait acquise, au rapport d'un moine réformiste, par le droit de la guerre [4]. Vers 991, le fils du duc Conrad, Otton, à la faveur de la minorité d'Otton III, subjugue par la force des armes l'abbaye de Wissembourg [5].

la table chronologique des diplômes de Bréquigny. Cf. La Borderie, *Hist. de Bretagne*, III, 341.

1. Plus haut, p. 2, n. 1 et p. 16, n. 1.

2. *Ann. Eln. min.*, 932 : « Arnulfus comes adquisivit Attrabatum castrum » (*S S*, V, 19). Il s'agit du *castrum* monastique de Saint-Vaast, contigu à la cité d'Arras ; *Ann. Bland.*, 931 : « Arnulfus comes cepit castellum sancti Vedasti » (p. 24). On a vu (p. 3, n. 2) qu'après la mort d'Arnoul, le roi Lothaire a enlevé ses possessions, entre autres l'abbaye de Saint-Vaast « cum castello ». Déjà Baudouin « abbatiam... nullo concedente invaserat » (*Sigeb. chron.*, *S S*, VI, 374).

3. Guillaume, « vicecomes Biterrensis et dominus in totum de sancto Tiberio », s'en dessaisit le 28 février au cours d'un pèlerinage à Saint-Pierre de Rome : « guirpisco atque dimitto Domino Deo ipsam ecclesiam sancti Tiberii, cum ipsa villa, ubi corpus ejus requiescit, quam injuste et violenter vi abstuli et totum ejus dominium... cum omni honore ecclesiastico » (*H L*, V, Pr., 149, col. 314).

4. En 1031, les moines de Beaulieu ont porté plainte devant le concile de Limoges contre les agissements d'un abbé laïque établi par le vicomte de Comborn, lorsque Bernard eut cessé de gouverner le monastère ; ils rapportent à ce propos la mainmise du comte Guillaume et les inféodations consenties par lui et le comte de Périgord, sans d'ailleurs leur en faire grief (Mansi, XIX, 537). Nous savons par Aimoin (*Vita Abbonis*, 10, Migne, CXXXIX, 398) que Bernard avait reçu l'abbaye de Beaulieu, « quem ejus genitor jure belli armisque conquisierat victricibus ». Le vicomte de Comborn a donc donné l'abbaye d'abord à son fils Bernard, puis à un abbé laïque. Bernard était déjà abbé de Beaulieu, en 990, quand l'évêché de Cahors lui fut offert par Guillaume Taillefer (cf. *H L*, IV, n. 8, p. 45). La mainmise du comte sur le monastère est par conséquent antérieure à cette date.

5. « Wizenburgensem ecclesiam dominio suo subjugavit hostili oppressione et

Plus souvent peut-être que l'emploi de la force, c'est la protection qui a fondé la souveraineté du seigneur sur l'abbaye. Le patronage du roi avait affermi son *dominium* sur les églises et multiplié les monastères royaux. C'est par le même chemin que les seigneurs ont entrepris sur les droits du roi et l'indépendance des communautés. Dès 856, Charles le Chauve, constate que Montier la Celle est depuis longtemps sous la *tuitio* et le mainbour du comte de la cité de Troyes [1]. Un comte abbé estimait qu'il était à la fois recteur et défenseur du monastère ; il protégeait au dehors l'établissement qu'il gouvernait au dedans. Robert, recteur de la communauté et des biens de Saint-Martin de Tours, déclare que lui et son fils Hugues en sont les défenseurs et abbés [2]. C'est sous le couvert du patronage qu'au sentiment du chroniqueur de Saint-Mihiel, Frédéric I s'est assujetti ce monastère ; dès lors les ducs de Haute-Lorraine en sont les seigneurs à titre de défenseurs du lieu, patrons ou avoués [3]. Le comte Étienne, Gérard son frère et Matfroi prétendaient, sous prétexte d'avouerie, que le monastère de Saint-Epvre leur appartenait à titre d'héritage [4].

Les rois ont eux-mêmes parfois placé un monastère sous la protection d'une grande famille. En 878, l'abbé de Cuxa recommande son monastère au puissant comte Miron son *senior*, attendu qu'il voit en lui son auxiliaire, défenseur, bienfaiteur

beneficia militum ejusdem loci fratrumque deputata necessariis fautoribus suis distribuit » (Zeuss, *Trad. Wizenb.*, 311, p. 305).

1. Dipl. 10 janvier 856 : « quodque etiam monasterium sub tuitione et mundeburdo ex longo tempore constat esse comitis predicte civitatis » (Lalore, *Cart. dioc. Troyes*, VI, 195).

2. 30 mai 914 : « ex rebus sancti Martini cujus defensores et abbas esse videbamur » (Marchegay, Introd. aux *Chron. comtes d'Anjou*, P. just., 5, p. XCVIII).

3. Cf. plus haut, p. 23, n. 2. Le chroniqueur relate plus loin que Thierry a succédé à Frédéric dans le principat « et super abbatiam advocati dignitate potiretur » (9, p. 13). Les ducs « videbantur loci defensores patroni dicti vel advocati » (32, p. 30). Cette avouerie comporte aux yeux du moine historiographe domination sur l'abbaye (« dominium », 6, p. 11 ; « Teodericus cujus ditioni abbatia subdita erat », 11, p. 14). Suivant son rapport, c'est le duc qui confère l'abbaye aux abbés : « Tunc voto... fratrum...,princeps monachum sibi dilectum (Nanterus)..., honore donat prelationis, rerum amministrationem concedit » (loc. cit.). Les ducs, défenseurs et patrons ont soustrait des biens du monastère « partim sibi retinentes, partim suis militibus in beneficio tribuentes » (32, p. 30). Une charte du premier quart du XIe siècle signale une donation faite « tempore domni Nanteri abbatis et Frederici ducis, ejusdem ecclesiae advocati » (1024-33, 33, p. 138). En cette qualité, les ducs prennent et les abbés leur donnent le titre de « senior » (cf. plus haut, p. 16, n. 3).

4. Dipl. faux d'Arnoul, B M. 1850 : « monasterium... sancti Apri quod sub nomine advocatiae sui juris falso per hereditatem esse asserebant. » (*Ann. Bened.*, 35, t. III, 642). Ce diplôme faux relate des faits réels (cf. Parisot, *Le roy. de Lorraine*, 506-7). Le faussaire dévoué aux intérêts de l'église de Toul n'a vraisemblablement pas imaginé les prétentions élevées par ces seigneurs à l'avouerie d'un monastère épiscopal. Les mêmes personnages paraissent avoir prétendu aussi à l'avouerie de Saint-Pierre de Metz (op. cit., 502).

et que le roi Charles a confié les moines aux mains du comte [1]. Louis IV associait le duc de Bourgogne à la défense de Saint-Germain d'Auxerre. Otton III donne mission au comte de Namur de protéger en sa place les droits du monastère de Brogne [2]. Les moines eux-mêmes, on l'a vu, ne répugnent pas à se placer en même temps sous la défense du grand seigneur du pays et sous la protection du roi [3].

La charge du patronage d'un monastère commise effectivement à l'ancêtre ou alléguée plus tard indûment comme un titre, sera convertie par les successeurs en un *dominium* pur et simple. Aux termes d'un diplôme de Robert II et suivant le rapport qui lui a été présenté par Foulques Nerra, comte d'Anjou, le monastère de Cormery était autrefois placé sous la spéciale domination des rois. Mais en raison du déchaînement du pillage, l'abbé et les moines ont été forcés de prier le roi de leur instituer un défenseur [4]. Le roi leur donna comme tuteur et avoué Foulques le Bon, aïeul du comte, qui en ce temps était le plus proche et le plus puissant après le roi. Les successeurs de ce Foulques ont ensuite réduit l'abbaye sous leur domination [5].

En des temps de profonde insécurité pour les personnes et pour les biens, le patronage prend vis-à-vis des établissements religieux un rôle de plus en plus essentiel. La nécessité pour les moines de trouver protection armée contre les envahisseurs et maraudeurs a changé peu à peu le caractère de l'avouerie. D'office judiciaire exercé pour le compte des religieux, elle s'est transformée, au moins dans les régions où sévit surtout l'anarchie, en une institution de patronage [6], qui d'ailleurs

1. *Testam* : « commendo... domno nostro Mirone precellentissimo comiti... quia illum recognoscimus adjutorem et defensorem et datorem rerum suarum... » Le roi Charles a fait faire précepte pour nous « ad mercedem vestram et commendavit nos per epistolam suam anulo suo firmatam in manus vestras ». Aussi, l'abbé supplie le comte de défendre les moines après sa mort et de leur assurer la liberté d'élire un nouvel abbé, « in vestro monasterio qui in manus vestras est traditus » (*Marca hispan.*, 38, p. 803).

2. 992 : « ut loco nostri tueantur jura hujus ecclesie » (*D D reg. Germ.*, 92, II, 503).

3. Cf. plus haut, p. 12, n. 5.

4. 1007 : « in speciali regum dominatu... consistere antiquitus visus est, sed imminente plurium infestatione... coactus abbas... et monachi loci regiam conati sunt benignitatem quatinus illis tutor... et defensor... ex provisione institueretur regia » (Bourassé, *Cart. de Cormery*, 32, p. 64-5).

5. « quis illis vicinior et potentior post regem tunc temporis videbatur ; poster quoque illius deinceps illam abbatiam in suum redigere dominatum. » (loc. cit.).

6. Cette transformation de l'office judiciaire en une protection armée, en l'avouerie militaire, est décrite par M. Senn, *L'institution des avoueries ecclés. en France*, 81, 86 et suiv. et Pergameni, *L'avouerie ecclés. belge*, 53 et suiv. M. Senn observe (100 et suiv.) que dans le Midi de la France, où les mœurs féodales n'ont pas déchaîné

dégénère presque toujours en instrument d'oppression. Mais la protection n'a jamais cessé d'être associée soit au droit de propriété exercé par un particulier, soit au droit de souveraineté. On a vu qu'au IXe siècle, le grand personnage fondateur d'un monastère se réserve d'être, lui et ses héritiers, défenseurs de la maison [1]. Le souverain exerce d'autre part son ministère de protection sur tous les établissements religieux [2]. En passant du roi au seigneur, souverain local, le *dominium* revêt aussi, comme c'est visiblement le cas à Saint-Mihiel, le caractère d'un patronage. Adémar de Chabannes rapporte que le comte d'Angoulême, Guillaume II a cédé à deniers comptants le monastère de Saint-Cybar à l'évêque Grimoald. Depuis la fondation du monastère, ajoute-t-il, tous les comtes d'Angoulême en avaient été les avoués, défenseurs et proviseurs [3]. Ils ont acquis de cette manière la disposition de l'abbaye. L'abbé de Lézat, impuissant à empêcher le pillage des biens de son monastère, s'est adressé pour obtenir justice des larrons à l'un des seigneurs de la terre, le puissant marquis Raimond Guillaume ; il fut convenu que celui-ci jouirait, sa vie durant, de la moitié des biens qu'il ferait restituer aux moines. Soucieux de s'assurer un protecteur, ils ont fait eux-mêmes appel à sa juridiction et ont ainsi étendu son droit de souveraineté, qu'il partage d'ailleurs avec plusieurs autres seigneurs [4].

au même degré le désordre, l'avouerie ou bien n'apparait pas, ou bien garde l'ancien caractère d'office judiciaire. De très bonne heure, les établissements religieux ont eu recours à leur avoué pour obtenir une protection armée. Vers 843, l'abbé de Saint-Martin de Vertou fuyant son monastère devant l'invasion normande, demande à l'avoué du lieu « ut idem tutelae sit ». L'avoué déclare qu'il est prêt à tout quitter plutôt que de refuser à l'abbé le « debitum servitium ». Il poursuit des brigands qui emmènent les montures des moines et met la troupe en fuite (*Mirac. s. Mart.*, 9, 10, *S S rer. merov.*, III, 573-4). En 856, l'archevêque de Bourges, fondant le monastère de Végennes, stipule qu'en raison des attaques des méchants, les moines pourront se choisir un « tutor et mundiburdus » (Deloche, *Cart. de Beaulieu*, 16, p. 38). Pour le même motif, Audacher, abbé de Cormery, pourra choisir un avoué (Bourassé, *Cart. de Cormery*, 36). Le 24 janv. 858, Charles le Chauve ordonne que l'avoué désigné par les moines de Montiérender avec son consentement « nostra vice eos in omnibus adjuvet... et defendat » (*H F*, VIII, 551).

1. Cf. fasc. 2, p. 31.

2. Cf. fasc. 2, p. 40.

3. *Chron.*, III, 36 : « episcopus Grimoardus, datis muneribus a Willelmo comite sancti Eparchii monasterium expeciit et sibi vindicavit... Omnes enim comites Engolismae a temporibus Childeberti regis Francorum, quo ipse locus fundatus est, advocati ejus et defensores extitisse noscentur et provisores, habentes pro officio defensoris in beneficio villam Ranconiam » (p. 159).

4. « cuidam domino seniori ipsius terrae », est-il dit du marquis dans l'acte passé vers 1030 par l'abbé de Lézat (*H L*, V, 196, col. 398). Comte de Comminges et Carcassonne, Raimond Guillaume n'était aux yeux des moines que l'un des seigneurs de la terre. En 1073, Roger II, comte de Foix, qui appartient à la même famille fait don à Cluny de l'« abbatis electio seu monasterii ordinatio » de concert avec

Plusieurs étages apparaissent dans l'avouerie entendue au sens nouveau de patronage. Tandis qu'un ou plusieurs petits seigneurs voisins du monastère exercent sur ses domaines la police armée et la lui font payer très cher, les moines reconnaissent comme avoué supérieur le grand seigneur du pays [1]. Les avoués d'ordre inférieur tiennent leur charge en fief soit de l'abbé du monastère, soit de l'avoué supérieur, à titre de sous-avoués, soit du roi [2]. Là où le souverain local est assez fort pour exercer seul efficacement la protection des monastères soumis à son autorité, ils n'ont pas d'autres avoués que lui [3]. C'est à ce titre que les rois, d'accord avec les religieux

Raimond Guillaume, le comte Roger et deux autres seigneurs « in quibus una nobiscum constabat abbatis electio » (308, col. 599-600).

1. Cf. Senn, *L'instit. des avoueries ecclés.*, 115. Saint-Trond, au XIe siècle, a pour avoués les comtes de Duras et comme avoué supérieur le duc de Lorraine Frédéric, puis les comtes et ducs de Limbourg, enfin les ducs de Brabant (Leclère, *Les avoués de Saint-Trond*, 10, 58). A Marchiennes, en 1038, l'abbé s'est adressé au comte de Flandre, Baudouin, qui a accepté d'être l'avoué supérieur du monastère, inféodant l'avouerie à un avoué inférieur (Naz, *L'avouerie de l'abbaye de Marchiennes*, 20). On ne saurait toujours déterminer de quel ordre est l'avouerie exercée par les maisons seigneuriales. Au Xe siècle, elles saisissent l'avouerie des établissements sis à leur portée et suivant les circonstances exercent l'avouerie supérieure ou inférieure, militaire ou judiciaire. Entre 941 et 960, dans un procès intenté devant le comte Hugues à Mâcon, le comte Leotald « proclamavit in advocationem sancti Vincentii una cum canonicis » (Ragut, *Cart. S. Vincent*, 156, p. 107). Ici il remplit l'office d'un avoué judiciaire devant le tribunal du grand seigneur. Mais d'autres notices du même temps signalent des plaintes portées cette fois par les chanoines devant le tribunal du comte Léotald qui exerce ainsi la juridiction d'un avoué supérieur (292, p. 173 ; 420, p. 242). Le comte d'Anjou, Geoffroi Grisegonelle s'est fait agréer par les religieuses de Sainte-Croix de Poitiers « pro defensione terrarum nostrarum in sua potestate sitarum et etiam in regali curia vel in locis caeteris, si quilibet nostris rebus aliquam inferret calumpniam legali judicio tueretur » (Charte de l'abbesse Hermengarde, c. 970, B. N., *Coll. Moreau*, X, 215). Il s'agit bien ici de l'avouerie judiciaire exercée pour la portion des biens du monastère sise en Anjou. Geoffroy s'est fait céder deux *curtes* et des redevances à percevoir sur les terres des religieuses au pays de Loudun « pro ipsarum tuitione sedum ». Aimery I, vicomte de Thouars, se présente, le 26 avril 927, en qualité d'avoué de Saint-Maixent devant le tribunal d'Eble, comte de Poitiers (de Lasteyrie, *Et. sur les comtes de Limoges*, Pièces just., 9, p. 14).

2. Cf. Senn, 115. Le sous-avoué de Saint-Trond tient son office de l'avoué supérieur (Leclère, 10, 20) ; celui de Marchiennes du comte de Flandre (Naz, 20). Celui de Moyenmoutier (alter sub duce advocatus) n'est pas investi par l'avoué supérieur, duc de Haute Lorraine, mais par l'empereur (Dipl. d'Henri V, 1114, Calmet, *H. Lorr.*, éd. 1758, pr. IV, 535 ; cf. Parisot, *Les origines de la H. Lorr.*, 272). A Stavelot, le sous-avoué est choisi par le haut avoué mais reçoit le *bannum* du souverain, (Halkin, Roland, *Recueil ch. Stavelot*, Introd., VI).

3. Le duc de Normandie exerce seul au XIIe siècle l'avouerie de tous les monastères du duché (cf. Senn., 95) ; il en a probablement saisi le patronat dès l'origine. En Flandre et Hainaut, le comte est aussi l'avoué de plusieurs abbayes du pays (Pergameni, 57 ; Naz, *L'avouerie de l'abbaye de Saint-Amand*, 3). Saint-Amand, où l'avouerie n'est signalée qu'au XIIe siècle, a toutefois de nombreux petits avoués qui tiennent leur fief de l'abbé. Mais à titre de suzerains, les comtes de Flandre et de Hainaut interviennent pour protéger les moines contre leurs avoués, (Naz, 24-5). Albert de Vermandois, qui a restauré et réformé le monastère de Mont-Saint-Quentin, stipule qu'aucun de ses héritiers n'y pourra percevoir aucune redevance « causa consuetu-

pour battre en brèche la tyrannie des avoués, rétabliront plus tard leur prérogative entière et feront triompher l'idée que la royauté seule exerce l'avouerie des monastères royaux.

3. — Abbayes aux mains des seigneurs

Dès le Xe siècle, on voit ainsi apparaître le noyau du groupe d'abbayes qui se fixent peu à peu aux mains des chefs des grandes maisons souveraines, en vertu soit des droits du fondateur, restaurateur ou réformateur, soit du titre bénéficiaire transformé peu à peu en droit de propriété, soit de l'usurpation violente ou pacifique, soit de la souveraineté, du patronage ou avouerie étendus sur l'abbaye, de l'attraction qu'exerce en place de l'autorité royale le pouvoir seigneurial sur les églises du pays [1]. En Normandie, les ducs sont seuls maîtres des monastères du pays, relevés ou fondés par eux [2]. Les comtes de Flandre disposent de Saint-Bavon, Saint-Pierre-au-mont-Blandin, Saint-Bertin, Saint-Amand et Saint-Vaast [3]. Régnier au Long Col et Gilbert, ducs de Lorraine, ont en leur pouvoir Stavelot-Malmédy, Echternach, Saint-Servais de Maestricht, Saint-Maximin de Trèves et Saint-Ghislain [4]. Régnier II, comte de Hainaut, frère de Gilbert, exerce sans doute avec lui autorité sur Saint-Ghislain. Sur ce monastère et sur celui de Crespin, les comtes de Hainaut jouiront désormais des droits souverains [5]. Herbert de Vermandois et ses fils sont

dinis seu advocationis » (c. 980, *H F*, IX, 735). Il se désiste des profits pécuniaires attachés à l'avouerie.

1. M. F. Lot dressant le tableau des abbayes à la fin du Xe siècle (*Et. sur Hugues Capet*, App. XIV, 427-42) indique quel en est le propriétaire ou patron certain ou présumé. Cette liste complète les renseignements rapportés ci-dessous, où il n'est fait état que des données qui ont paru les plus sûres.

2. Guillaume I a relevé Jumièges et y a établi un abbé, à qui « locum cum tota villa tradidit » (Guillaume de Jumièges, *Hist.*, III, 8, Migne, CXLIX, 807). Richard I a restauré Fécamp, le Mont Saint-Michel, Saint-Ouen de Rouen (Robert de Torigny, *De immutat ordinis monach.*, 10, Migne, CCII, 1314). Fontenelle a été en son temps remis en état par l'abbé Mainard et sera reconstruit par Richard II (11, *loc. cit.*).

3. Cf. fasc. 2, p. 142 et plus haut, p. 19, n. 1 ; p. 21, n. 2 ; p. 24, n. 2.

4. On a vu (fasc. 2, p. 163) que Régnier est abbé laïque de Stavelot Malmédy, Echternach, Saint-Servais, Saint-Maximin. Son fils Gilbert a très probablement hérité de lui ces abbayes. Il a été certainement abbé de Stavelot-Malmédy (plus haut, p. 22, n. 1), de Saint-Maximin de Trèves (plus haut, p. 14, n. 4). Gilbert a cédé aussi en bénéfice à ses fidèles des biens de Saint-Ghislain (*Mirac. s. Gisleni*, 9, *S S*, XV, 583). C'est lui qui, de concert avec son frère Régnier II, comte de Hainaut, a fait réformer ce monastère (*Vita Gerardi*, 16, p. 666 ; cf. Sackur, I, 126-7) comme sans doute Stavelot (plus haut, p. 22, n. 1) et Saint-Maximin (Sackur, I, 153, II, 179).

5. On a vu n. précéd. que Régnier II coopère à la réforme de Saint-Ghislain. Les chartes du monastère signalent la domination qu'y exercent les comtes Arnoul et Godefroid qui dépossédèrent pendant quelques années du comté de Hainaut la

maîtres de Saint-Quentin, Saint-Médard et Notre-Dame de Soissons, Homblières, Mont-Saint-Quentin, Saint-Quentin en l'Ile [1]. Les ducs de Haute-Lorraine, Frédéric I et Thierry I disposent de Saint-Mihiel, Moyenmoutier, Saint-Dié, Saint-Martin de Metz [2]. Le duc de Bourgogne, Richard le Justicier est recteur de Sainte-Colombe de Sens, Saint-Symphorien d'Autun, Saint-Germain d'Auxerre [3]. Au Xe siècle, les comtes de Chalon ont autorité sur Saint-Marcel [4], les comtes d'Auvergne sur Saint-Julien de Brioude [5]. La maison de Blois dispose de Saint-Florent de Saumur [6] et à Chartres de Saint-Martin et de Saint-Lubin [7], la maison d'Anjou de Saint-Aubin, Saint-Lézin, Cormery [8]. Les comtes de Poitiers sont maîtres de Saint-Hilaire, Saint-Paul, Saint-Maixent, Saint-Michel en l'Herm, Maillezais, Bourgueil, sans doute aussi de Saint-Cyprien et partagent avec les vicomtes de Limoges les droits souverains sur Saint-Martial [9]. Les comtes de Toulouse exercent les mêmes droits à Saint-Pons de Tomiéres et sans doute à Saint-Gilles, Moissac, Psalmodi, Saint-Michel de Gaillac [10] ; les vicomtes de Béziers à Saint-

famille des Régnier (18 avril 978, Duvivier, *Recherches sur le Hainaut*, Codex dipl., 29, p. 352 ; 977-83, 30, p. 354). Une femme qui, en 1009, s'asservit au monastère de Crespin stipule que sa descendance « nullum habeat advocatum preter comitem sub cujus principatu ipse locus Crispini est constitutus ». La charte est datée du règne de l'empereur Henri, « imperante Haignocensibus comite Raignero, cujus consilio eadem tradicio facta est » (Duvivier, *Recherches sur le Hainaut*, Codex dipl., 33, p. 364). Les chartes de Saint-Ghislain signalent la *dominatio* du comte Arnoul (18 avril 978, 29, p. 352 ; 977-83, 30, p. 354).

1. Cf. plus haut, p. 15, n. 1 et p. 16, n. 1. A Mont Saint-Quentin près Péronne, Albert fait réédifier le monastère, dote l'abbaye et y établit un abbé ; il défend à ses héritiers d'y exiger aucune coutume au droit d'avouerie (p. 28, n. 3). Il donne Saint-Quentin en l'Ile au clerc Anselme pour y réformer la communauté (*Mirac. s. Quint.*, Colliette, *Mém. hist. Vermandois*, I, 570). Cf. Sackur, I, 191. C'est bien là faire acte de souveraineté.

2. Cf. plus haut, p. 16, n. 3, 4 et 5 ; p. 21, n. 3.

3. Cf. M. Chaume, *Les origines du duché de Bourgogne*, 1e p., 389.

4. Ils la donnent en effet en toute propriété aux moines de Cluny (plus haut, p. 11, n. 1).

5. Cf. plus haut, p. 14, n. 3 ; p. 17, n. 1 et 2.

6. Suivant une notice de Saint-Florent qui date des environs de l'an 990, l'abbaye se trouvait « in ditioni Odonis comitis » et exposée pour cette raison aux incursions de Foulques Nerra, qui est en guerre avec la maison de Blois (L. Halphen, *Le comté d'Anjou*, P. just., 1, p. 345).

7. A Chartres, les comtes sont entrés en possession de l'abbaye de Saint-Martin par la cession simoniaque que leur en a faite Arduin, frère de l'évêque Rainfroi et candidat à sa succession (*Vetus Agan.*, II, éd. Guérard, *Cart. S. Père*, I, 54). On voit en effet le comte Eudes autoriser successivement deux fidèles à donner à Saint-Père des biens de Saint-Martin qu'ils tiennent évidemment de lui en bénéfice (IV, 4, 7, p. 87 et 90). En 981, Foucher tenait l'*abbatia* de Saint-Lubin « per largitionem senioris mei Odonis comitis » (III, 10, p. 66).

8. Cf. plus haut, p. 18, n. 1 à 3.

9. Cf. plus haut, p. 10, n. 4 ; p. 15, n. 2 ; p. 22, n. 5 et p. 23, n. 1.

10. Raymond Pons a donné le monastère de Saint-Pons à l'église romaine, mais

Thibéry, Saint-Étienne de Cabrières, Notre-Dame du Grau et peut-être déjà à Aniane, Gellone, Saint-Benoît de Castres [1]. Roger, comte de Carcassonne, possédait Saint-Hilaire de Carcassonne, les abbayes de Caunes et de Saint-Chinian et maintes autres abbayes, sans doute Montolieu, Saint-Estève de Cabardez, la Grasse, Saint-Antonin de Frézélas, Saint-Volusien de Foix ; les abbayes du Mas d'Axil, Saint-Geniés, Lézat, Joncels sont plus tard aussi aux mains de ses successeurs [2]. Les petites dynasties de la marche d'Espagne étaient

Louis IV estime que l'établissement reste sous la juridiction du comte (plus haut, p. 7, n. 3). Guillaume Taillefer mort en 1037 avait vendu l'*abbatia* de Moissac à l'abbé Gausbert (Charte de Gausbert, 9 juin 1069, *H L*, V, Pr., 265, col. 522). Le 29 juin 1063, le comte Pons cède cette abbaye à Cluny (235, col. 470). Parmi les biens donnés en douaire à sa femme par le comte Pons le 14 sept. 1037, figure la moitié « de abacia sancti Aegidii » (*H L*, V, Pr., 211, col. 428). Sa veuve et ses fils donnent pour son âme au monastère de Cluny « abbatiam sancti Aegidii et locum omniaque sibi pertinentia », en réservant seulement pour les comtes de Toulouse le *donum abbatiae* qu'ils feront en faveur de l'abbé régulièrement élu (276, col. 542-3). Vers 1050, le comte de Maguelonne P. (qui ne peut être que le comte de Toulouse Pons, III, 317) donne à Saint-Victor de Marseille « potestatem et electionem et dominacionem » sur le monastère Saint-Pierre de Psalmodi (V, 229, col. 459). Saint-Michel de Gaillac fondé au Xe siècle par les comtes de Toulouse paraît bien relever aussi de leur maison (IV, n. 119, p. 595).

1. On a vu (plus haut, p. 24, n. 3) que le vicomte Guillaume s'est dessaisi le 28 février 990 du *dominium* usurpé par lui sur Saint-Thibéry. Dans son testament qui est sans doute postérieur à cet acte de déguerpissement, il lègue pourtant à sa femme Arsinde l'*honor* de Saint-Thibéry « ad condergendum, ad benefaciendum vel ad aedificandum » (*H L*, V, Pr., col. 319). Vers 1036, parmi les *honores* que le comte Guillaume fait serment de ne pas disputer à Pierre, comte de Carcassonne et vicomte de Béziers, figurent l'*abbadia* et le *castellum* de Saint-Thibéry (209, col. 426). Par l'acte de 990, Guillaume se dessaisissait aussi des monastères Saint-Étienne de Cabrières et Notre-Dame du Grau (col. 315-6), qui étaient peut-être des dépendances de Saint-Thibéry. Vers 1033, il fut convenu entre le vicomte Pierre et son frère Bermond qu'Aniane et Gellone seraient « in potestate Petri comitis » et que Bermond tiendrait de lui ces abbayes en fief (206, col. 416). En 1069, le vicomte Raimond Bernard et sa femme donnent en dot à leur fille l'*abbatia* de Saint-Benoît de Castres « cum totum honorem quae ad abbatiam pertinent » (290, col. 569).

2. Le 22 février 970, à Carcassonne, « imperante Rogerio comite ejusdem provinciae », on procéda à la translation des reliques de saint Hilaire dans le monastère qui lui était dedié. A cette occasion le comte fit remise de tout le revenu « quod antiquis comitibus seu a se fuerat in eodem cœnobio... impositum », déclara affranchir le monastère de tout *servitium* et accorder aux moines la liberté d'élire leur abbé (*Notitia*, *H L*, V, Pr. 119, col. 262-4). A la prière de Roger, Benoît VII décida « ut non sit licitum ab hac hora, in antea, neque comiti, neque vicecomiti, neque episcopis... monasterium aliquid de suis rebus auferre. » (c. 982, 136, col. 295). Ces décisions marquent clairement que Roger et ses prédécesseurs avant lui considéraient l'abbaye de Saint-Hilaire comme leur appartenant et l'affranchissement que lui accorde le comte est bien un acte de souveraineté. Par son testament (c. 1002), il lègue à son fils Raymond la cité de Carcassonne et le comté, à l'exception des abbayes qu'il attribue (exceptas ipsas abadias quae ego dono ad filio meo Petrone) à son autre fils Pierre, évêque de Girone (*H L*, V, Pr. 162, col. 344), abbayes qu'il ne désigne pas autrement. Toutefois « ipsa abadia de Caunas et ipsa abadia de Varnasona (Saint-Chinian) remaneat ad filio meo Raymundo » (col. 345). Les abbayes que Roger partageait alors entre ces deux fils sont vraisemblablement celles pour lesquelles Roger I, comte de Foix, prête serment vers 1034 à son oncle Pierre, évêque de Girone

sans doute déjà maîtresses, à la fin du Xe siècle, de quelques-unes au moins des abbayes qu'on les voit tenir, au XIe, sous leur *dominium* [1].

De ces maisons souveraines, quelques-unes se sont éteintes de bonne heure ou n'ont pu se maintenir au rang qu'elles avaient occupé quelque temps ; leurs abbayes ou bien s'émancipent ou bien s'en vont comme leurs honneurs laïques en d'autres mains [2]. Les chefs des grandes familles qui subsis-

(202, col. 408-9). L'acte fait mention de Saint-Hilaire, Caunes, Saint-Chinian et aussi de Montolieu (Val Siger), Saint-Estève de Cabardez, la Grasse, Saint-Antonin de Frézélas, Saint-Volusien de Foix. En 1067, l'acte de vente du comté fait figurer parmi ses dépendances Saint-Hilaire et la Grasse (280, col. 548). Le comte de Barcelone acquéreur du comté inféode à Raymond Bernard, vicomte d'Albi et Béziers, l'abbaye de Montolieu et lui promet, s'il peut en disposer, l'abbaye de Caunes que possède alors le comte de Rodez (281, col. 552-3 ; cf. 293-4, col. 574-6). En 1118, Bernard Aton, fils de Raymond Bernard, lègue en effet à l'un de ses fils les deux abbayes de Caunes et de Montolieu (462, col. 867). L'abbaye du Mas d'Azil est réservée par Pierre, évêque de Girone, avec celles de Foix et de Frézélas et les abbayes du Carcassés, dans l'acte de partage qu'il fait avec Roger de Foix (V, 201, col. 405 et 407). Le 3 mars 1054, le comte Pierre fait don à l'église de Béziers de l'*abadia* de Saint-Geniés tenue en fief par Didier « cum omni honore ad ipsam abadiam... pertinente » (239, col. 479), qui vraisemblablement fait aussi partie de ses alleux patrimoniaux. Lézat appartenait aussi, au XIe siècle, à plusieurs branches de la maison des comtes de Carcassonne (plus haut, p. 27, n. 4). L'*abbatia* de Joncels figure à côté de Caunes et de Montolieu, parmi les biens légués par Bernard Atton à l'un de ses fils.

1. Le testament d'Isarn, comte de Pailhas, du 13 sept. 953 attribue aux moines de Gerri le monastère de Saint-Privat (*H L*, V, 95, col. 216). En 1065, le comte de Roussillon, Raymond donne au monastère de Cluny « Gordiniacensem abbatiam » ; il déclare renoncer à toutes les coutumes « quas antecessores mei hucusque habuerunt in ea » (270, col. 531-2). Le *dominium* qu'il exerce sur l'abbaye de Goudargues était donc vraisemblablement possédé par les comtes du pays dès le Xe siècle. En 1085, le comte d'Ampurias s'engage vis-à-vis du comte de Roussillon, Guilabert à ne rien lui enlever de son *honor*, à savoir de ses divers comtés, de l'évêché d'Elne, des abbayes Saint-Pierre de Rodas, Saint-André, Saint-Geniés (*Marca hisp.*, 297, col. 1176, cf. 298 col. 1177). Bernard, comte de Besalu, possédait en l'an 1000 Saint-Paul de Fenouilledes dont il fit don au monastère de Cuxa : (« dono monasterium meum », 147, col. 954 ; cf. *H L*, III, 225), Saint-Geniés de Besalu, où il fixe en 1017 le siège épiscopal fondé par lui dans ses domaines (p. 249), Notre-Dame de Cubières et Saint-Étienne près du Tet qu'il lègue à sa mort (1020) à son fils Guillaume (p. 256). Saint-Martin de Lez faisait aussi partie de l'héritage, car Guillaume attribua cette abbaye à Wifred, évêque de Carcassonne (p. 260) et en 1070, le comte Bernard II en fit don à Saint-Pons de Tomières (V, Pr. 292, col. 571). Il disposait, en 1071, de Saint-Pierre de Besalu et de Saint-Étienne de Bagnols en faveur de Saint-Victor de Marseille (III, 379), en 1078 de Notre-Dame d'Arles, Saint-Paul *Vallosa*, Saint-Pierre Campredon, dont il remit l'*electio* et *dominatio* à Cluny après les avoir rachetés aux *milites* qui les retenaient en fief et en supprimant toutes les mauvaises coutumes que lui et ses prédécesseurs prélevaient sur les *honores* de ces monastères (*H L*, III, 396 ; *Marca hisp.*, 289, col. 1168). On le voit d'ailleurs venir encore en 1090 au monastère d'Arles pour y exercer juridiction (*Marca hisp.*, 304, col. 1185). L'abbaye de Cubières était, en 1079, la propriété allodiale d'un petit seigneur qui la tenait de Bernard II, « sub cujus potestate locus ille redigitur » (*H L*, V, 309, col. 601).

2. Après Herbert et ses fils, la maison de Vermandois n'est plus au premier plan ; celle des comtes d'Auvergne s'éteint après Guillaume le Pieux, Guillaume le Jeune et Acfred. Saint-Julien de Brioude passe, on l'a vu, sous la souveraineté des grands seigneurs de la maison de Toulouse ou de Poitiers qui obtiennent après Acfred le comté d'Auvergne. En Lorraine, les héritiers de Régnier et Gilbert déchoient de la

tent et progressent ont su garder leur *dominium* sur les abbayes dont disposaient leurs prédécesseurs et l'étendre de proche en proche sur d'autres églises monastiques.

Des abbayes seigneuriales les grands usent dès la fin du Xe siècle comme les rois l'avaient fait des abbayes royales. Eux aussi les donnent en toute propriété, les lèguent, les partagent entre leurs ayants droit [1]. Ces abbayes font partie de leur *comitatus*, comme les autres monastères royaux appartenaient précédemment au *regnum* ; elles en suivent les destinées, sont données, léguées ou même vendues avec l'honneur comtal [2].

Ils les cèdent en bénefice à des vassaux. En 923, Ebbon, vassal du comte de Poitou, Eble, possédait en bénéfice l'abbaye Saint-Paul de Poitiers. Eble attribue à Aymar Saint-Maixent, qui, au temps de Guillaume Tête d'étoupe, constitue le bénéfice de son fidèle Gilbert [3]. Noaillé, détaché de Saint-Hilaire est semblablement à la disposition des comtes de Poitiers [4]. Aimery, vicomte de Thouars, tenait en bénéfice de Guillaume Fiérabras la *cella* de Saint-Michel en l'Herm [5]. Albert, comte de Vermandois, maître d'Homblières, en a cédé l'*abbatia* à son fidèle Ybert [6]. Foucher tient par largesse de son seigneur

haute situation occupée par ces deux comtes et le duché amoindri passe en mains diverses. Stavelot est après la mort de Gilbert recueilli par le duc Conrad (plus haut, p. 22, n. 1).

1. Les fils d'Herbert de Vermandois se sont partagé ses abbayes avec le reste de l'héritage paternel (cf. Lauer, *Louis IV*, 139). Foulques le Bon, qui laisse le comté d'Anjou à son fils aîné, a sans doute attribué Saint-Aubin à son puiné Guy (plus haut, p. 18, n. 2). Roger, comte de Carcassonne, partage par testament ses abbayes entre ses deux fils (p. 31, n. 2). Les vicomtes de Béziers lèguent ou donnent en dot Saint-Thibéry et Castres (p. 31, n. 1). Rien n'est plus fréquent surtout, on l'a vu, que la donation faite par le grand seigneur de son abbaye, à une église épiscopale, à l'église romaine, à un autre monastère, en particulier à Cluny.

2. Il en est ainsi de Saint-Julien de Brioude et du comté d'Auvergne, de Stavelot et du duché de Lorraine (p. précéd., n. 1). Les abbayes qui appartiennent au comté de Carcassonne sont partagées, léguées, vendues avec lui (p. 16, n. 2). En 1056, Raimond, comte de Barcelone, donne à sa femme le comté et l'évêché de Girone « cum abbatiis quae ad praedictum comitatum vel episcopatum pertinent » (*Marca hisp.*, 246, col. 1109). En 1067, Raimond Bernard, vicomte de Béziers, vend le comté de *Redez* « et totas abbatias quae in jamdicto comitatu sunt vel quae ad ipsum comitatum pertinent » (*H L*, V, 280, col. 550). Lorsqu'en 1071, cession fut faite au comte de Barcelone du comté de Carcassonne, elle comprit « civitates, comitatus, episcopatus, vicecomitatus et alii honores..., cum omnibus abbatiis, monasteriis, cellis » (*H L*, V, Pr., 300, c. l. 587).

3. Plus haut, n. 5 de la p. 22.

4. Plus haut, p. 18 ; Richard, *Hist. comtes Poitou*, I, 127.

5. « quam de nobis in beneficium tenere videtur » (Charte de Guillaume, *Gall. Christ.*, II, Pr., col. 410) ; cf. Richard, I, 137.

6. Ybert la rendit au comte Albert, son seigneur (Dipl. de Louis IV, 1er oct. 949, Lauer, 32, p. 77) ; il la tenait de lui en bénéfice (plus haut, p. 5, n. 2).

Eudes I, comte de Chartres, l'abbaye de Saint-Lubin [1]. Guillaume Taillefer, comte de Toulouse, après s'être adjugé le monastère de Beaulieu, le donne en bénéfice au comte de Périgord, qui le cède au vicomte de Comborn, lequel prépose au gouvernement du monastère un laïque [2]. Le vicomte de Tartas, Arrectort a donné à son *miles* Azellus le monastère de Saint-Caprais [3].

Quand les seigneurs d'une abbaye consentent à la laisser gouverner par un régulier, c'est eux qui le mettent en possession et souvent le désignent. L'abbé de Maillezais étant mort, Guillaume Fiérabras, comte de Poitou, vint au monastère. Il se mit à délibérer en quelles mains il en ferait commende. Théodelin fut choisi par le duc ; mais il ne voulut pas agir sans le conseil et la volonté des moines et il les fit prier de consentir à l'élection. Avec leur assentiment, il fit venir l'évêque de Poitiers et établit Théodelin abbé [4].

Le grand seigneur, qui a résigné l'abbatiat laïque précédemment exercé par lui à titre héréditaire, afin de rétablir la pleine observance dans son monastère, en cède l'*abbatia* à l'abbé régulier qu'il y installe [5]. L'élection de l'abbé est, avec l'*ordinatio* du monastère, l'un des droits souverains dont les seigneurs se dessaisiront parfois en faveur des moines de Cluny, de Saint-Victor de Marseille etc. [6]. Ou bien au contraire en leur faisant don du monastère, ils se réservent le *donum abbatiae* [7].

1. *Vetus Aganon*, III, 10 et 11, Guérard, *Cart. S. Père*, 66 et 69.

2. Cf. plus haut, p. 24, n. 4.

3. « dedit domno Azello suo militi » (Grellet-Balguerie, *Cart. La Réole*, 986 ?, 2, p. 101). Le texte de la notice ajoute qu'après avoir construit le monastère, il *(ipse*, Arrectort ou plutôt son *miles)*, se rendit à Fleury sur-Loire et donna le monastère à saint Benoît. Azellus a peut-être reçu le monastère en toute propriété et pouvait en faire cession à une communauté. Il le tenait plus probablement en fief et en a néanmoins disposé en faveur de Fleury.

4. Pierre de Maillezais, *De cœnobio Malleac*, I, 7 : « princeps Pictavorum Malliacum adiit, cuique ipsum cœnobium commendaret, tractare cœpit ad fratres monasterii... direxit, obsecrans sibi et virum concedi et scriptis plene tali annuere electioni ;... praesule urbis suae vocato, Malliacensi cœnobio Theodelinum patrem praeficit » (Migne, CXLVI, 1260).

5. C'est le cas d'Arnoul de Flandre à Saint-Bertin (p. 19, n. 1), de Geoffroi Grisegonelle à Saint-Aubin (p. 18), Hugues Capet et Robert à Saint-Germain, Saint-Riquier et Saint-Denis (p. 20) et peut-être de Gilbert à Stavelot (p. 22, n. 1).

6. Le 5 nov. 1073, Roger II, comte de Foix, et les autres seigneurs, « ad quos abbatis electio seu monasterii (Lezat) ordinatio pertinere videretur », se desaisissent en faveur des moines de Cluny de leur droit concernant « electionem seu ordinationem abbatis monasterii Lesatensis » *(H L*, V, Pr. 308, col. 600). En 1078, Bernard II de Besalu transmet aux mêmes religieux l'*electio* et la *dominatio* sur trois de ses monastères (cf. plus haut, p. 32, n. 1). Vers 1050, le comte de Maguelonne cède à Saint-Victor sa *potestas* et son *electio* sur Psalmodi (n. 10 de la p. 30).

7. Gausbert, abbé de Moissac, stipule que les comtes de Toulouse feront tra-

L'abbaye seigneuriale a revêtu ainsi les caractères essentiels de l'abbaye royale. Les droits régaliens sur l'*abbatia* ont été transférés du monarque au souverain local et il en fait usage suivant les règles qu'avait établies et dont bénéficiait précédemment le pouvoir royal.

dition de l'abbaye (regendum tradant) à l'abbé régulièrement élu avec le consentement des Clunisiens (*H L*, V, 265, col. 523), à qui le comte Pons a cédé l'*abbatia*. Saint-Gilles leur a été livré aussi, mais sous réserve du *donum abbatiae* que gardent les comtes de Toulouse (plus haut, n. 10 de la p. 30).

CHAPITRE II

Évêchés royaux et seigneuriaux

Les rois carolingiens ont disposé, au Xe siècle, de maints sièges épiscopaux dans un rayon encore étendu. Charles le Simple a conféré, en 920, l'évêché de Liége à Hilduin d'abord, puis à Richer et c'est le droit royal formellement reconnu par le pape qui a prévalu dans le conflit soulevé par les prétentions du duc Gilbert à disposer du siège vacant [1]. En Lorraine, région disputée entre les royaumes de l'est et de l'ouest, les évêchés échappent le plus souvent aux rois de la *Francia* [2], mais en dépit de quelques tentatives d'usurpation de la part des seigneurs du pays, les rois de Germanie en retiennent la disposition [3]. Dans la province ecclésiastique de Reims, les derniers Carolingiens maintiennent leur autorité sur les sièges de Reims, Laon, Noyon-Tournai, Châlons, Senlis, Amiens et sans doute Beauvais et Thérouanne [4].

1. Flodoard, *Ann.*, « episcopium Richario quia Hilduinus a se descivit cui prius ipsum concesserat, dedit... ; Karolus vero, reversis ad se Lothariensibus et ipso Gisleberto, Richario abbati non Hilduino episcopo ipsum episcopatum consentiebat », (p. 4).

2. Charles le Simple réussit pourtant à procurer à des clercs attachés à ses intérêts les sièges de Liége, Toul, Verdun (cf. Imbart, *Les élect. épisc.*, 227 ; Sackur, *Die Cluniac.*, I, 143). Raoul concède encore, en 923, l'évêché de Verdun à un clerc qui est ordonné prêtre à Reims par l'archevêque (Flodoard, *Ann.*, 19).

3. Les rois de Germanie disposent, au Xe et XIe siècle, des sièges de Cambrai, Liége, Toul, Verdun, Metz, Trèves et Cologne.

4. C'est le roi Raoul qui confie l'évêché de Reims à Herbert de Vermandois (cf. fasc. 2, *Le droit du roi*, 119) et qui plus tard fait ordonner (*facit ordinari*) Artaud (Flodoard, *Hist.*, IV, 24, 35, p. 580 et 586). En 962, Hugues Capet demande au roi Lothaire « ut Hugoni Remensem restituat episcopatum » (*Ann.*, 151) ; Odelric est élu « ad episcopatum Remensem, favente Lothario rege » (p. 154). En 936, « episcopatus Laudunensis datur Rodulfo » (p. 64) ; le contexte indique que l'évêché est donné par Charles le Simple. Louis IV expulse Raoul de Laon en 939 (p. 73). En 949, les Laonnais « qui fidelitati Ludowici regis attendebant eligunt sibi praesulem Roriconem ipsius regis fratrem » (p. 121). Son successeur, Adalbéron « donum episcopii Laudunensis aecclesiae in ipsa accepit aecclesia, Lothari regis largitione » (*Contin.*, 977, p. 163). Lors de l'entrevue de Hugues le Grand avec Louis IV à Compiègne, « datur episcopatus Noviomensis Radulfo » (950, p. 127). L'évêché a été donné évidemment par le roi à Raoul, qui est son parent. Un diplôme de Lothaire pour Saint-

Dans la France moyenne, Lothaire paraît disposer, en 962, du siège de Chartres [1] ; en 971, il est encore maître de celui du Mans [2] ; il attribue, en 967, l'archevêché de Sens [3]. L'évêché de Meaux est, semble-t-il aussi, resté toujours aux mains des rois [4]. Dans la province de Lyon, l'évêché de Langres est conféré par Lothaire, en 980, à son neveu Brunon [5] ; vraisemblablement, la royauté n'a jamais perdu ses droits sur les sièges de Mâcon et de Chalon [6]. En 975, Lothaire dispose encore de l'évêché du Puy, qui est toujours resté à la disposition des rois [7]. L'évêque de Clermont tient Louis IV pour son seigneur [8]

Éloi de Noyon confirme une donation faite par l'évêque Raoul : « cognatus noster... per manum patris nostri Ludovici » (979-86, L. Halphen, *Recueil actes Lothaire*, 66, p. 159). On a supposé que si, vers 953, Flodoard élu comme successeur de Raoul fut évincé, c'est que la faveur de Louis IV lui fit défaut (cf. Lauer, *Introd.* aux *Ann.*, XXI). En 977, à la mort de l'évêque Raoul, le siège fut attribué à Liudulf, neveu du roi Lothaire (dipl. 979-86, 55, p. 127), qui n'est évidemment pas étranger à sa promotion. L'évêché de Châlons est rendu à Beuves par le roi Raoul (*Ann.*, 932, p. 53). Le successeur, Gibouin paraît bien être élu au gré de Louis IV (947, p. 104 ; cf. Lauer, *Louis IV*, 158). Ce monarque a fait déposer, en 948, par le concile de Trèves les *pseudo episcopi* qu'Hugues le Grand avait fait établir à Senlis et à Amiens (947, p. 104-5 ; 948 p. 120) ; il a par conséquent réussi à remettre la main sur ces sièges. Ceux de Beauvais et Thérouanne étaient sans doute à la disposition du roi Raoul quand, en 933 et 935, Audegier et Guifroi y furent installés par l'archevêque Artaud, créature du roi (*Hist.*, IV, 24, p. 580 ; *Ann.*, 935, p. 61).

1. Après avoir signalé la venue près du roi de Thibaut le Tricheur, alors en mauvais termes avec son seigneur Hugues le Grand, Flodoard rapporte (*Ann.*, 153) que Vulfad, abbé de Saint-Benoît-sur-Loire, est devenu évêque de Chartres. La promotion à ce siège de l'abbé du monastère royal de Fleury est évidemment l'effet de la bonne entente du roi et du comte de Chartres.

2. Segenfroid cherche appui auprès du comte d'Angers pour obtenir du roi l'évêché du Mans à cette date (*Actus pont. Cenom.*, 29, éd. Busson Ledru, 353).

3. A la mort de l'archevêque Archembaud, qui avait pris possession « Lotharii consilio et actu », Anastase est consacré et reçu à Sens « ex praecepto regis Hlotarii » (Clarius, *Chron. s. Petri*, *H F*, IX, 35).

4. Cf. Imbart, *Les élect. épisc.*, 242.

5. « dedit... rex Brunoni... episcopatum Lingonicae civitatis » (*Chron. s. Benigni*, Migne, CLXII, 815).

6. Au XIe siècle, les Capétiens disposent de ces sièges. Il est vraisemblable, sinon sûr, que les derniers Carolingiens intervenaient encore dans la nomination des évêques de ces cités. Cf. Imbart, 239.

7. Les *legati* du peuple et du clergé vont prier le roi « ut daret illis... pastorem » et lui demandent pour évêque Guy, abbé de Cormery et de Saint-Aubin d'Angers, frère de Geoffroi Grisegonelle. L'abbé se rend au Puy « rege cogente » (*Chron. S. Pierre du Puy*, *H L.*, V, 15). En 998, un concile romain interdit au roi Robert d'appuyer Étienne qui s'est emparé de l'évêché du Puy sans élection régulière ; le roi devra favoriser l'élection par le clergé et le peuple « salva sibi debita subjectione » (*H F*, X, 535). En 1053, Henri I « dedit Aniciensem episcopatum non ut debuit, sed ut potuit », à prix d'argent (Notice, *H L*, V, Pr., 234, col. 468).

8. Cf. Imbart, 252-3. L'évêque Étienne fait, le 6 oct. 945-6, une donation à Saint-Julien de Brioude « tam pro me quam pro seniore meo Ludovico rege » (d'Achery, *Spicil.*, XI, 285 ; éd. 1723, III, 373). Lorsque le roi se met en route, vers 951, pour l'Aquitaine, l'évêque et divers personnages « ad eum venientes sui efficiuntur » (Flodoard, *Ann.*, 129).

Peut-être ce roi a-t-il encore conféré l'évêché de Limoges [1]. Plus au sud, toute trace d'intervention royale dans la collation des évêchés du royaume carolingien disparaît après le règne de Charles le Simple [2].

Plus faibles que les rois de *Francia*, les derniers souverains de Bourgogne et Provence, Conrad le Pacifique et Rodolfe III ne retiennent plus en leurs mains qu'un nombre restreint d'évêchés. On voit encore, vers 970, à Vienne, le roi Conrad désigner Thibaut aux électeurs [3]. En 950, Isarn devient évêque de Grenoble sur l'ordre du même roi [4]. Il est intervenu aussi dans l'élection de l'évêque Pons d'Orange [5]. En 1016, Rodolfe III donne l'évêché de Besançon à son familier Bertaud, qui en reçoit investiture par son bienfait et qui est consacré sur l'ordre du roi, mais ne peut se maintenir contre l'opposition du comte Otte Guillaume [6]. Sur ces sièges l'action royale ne s'est probablement exercée qu'incidemment ; c'est seulement, semble-t-il, à Lyon, Genève, Lausanne et Sion que les derniers rois bourguignons maintiennent leurs droits traditionnels. Ils ne conservent la disposition que de quatre sièges sis tous dans la partie septentrionale du *regnum*, alors qu'il en comprend théoriquement une trentaine [7]. Encore le chroniqueur Thietmar écrit-il de Rodolfe III : « réduit à ne porter que le nom et la couronne, il donne les évêchés à ceux qui sont désignés par les grands [8]. »

1. Adémar de Chabannes, *Chron.*, III, 25 : « Eblus (frère de Guillaume Tête d'étoupe), annuente Ludovico rege, pontifex Lemovicae factus est » (p. 146).

2. Le 20 nov. 908, l'archevêque de Narbonne avant d'installer à Girone l'évêque Guignes déclare encore qu'il est agréé par le roi « asserens eum a regia aula prelatum et ejus jussione atque suorum episcoporum Gotiae electum ». Tous alors « regiae jussioni se promptissime obedituros professi sunt » *(H L*, V, 35, col. 125).

3. Voir le récit de l'élection dans l'office de saint Thibaut, de Manteyer, *Les origines de la maison de Savoie*, Notes addit., *Le Moyen âge*, V, 1901, p. 266.

4. Procès-verbal de l'élection : « incliti regis nostri Conradi (expetere consilium) ..., regali, ut dignum est, favente imperio » (Marion, *Cart. de Grenoble*, Suppl., 4, p. 263).

5. Procès-verbal de l'élection, 914, *Gall. Christ.*, I, Instr., col. 131. La pièce a été altérée, mais au jugement de M. Poupardin *(Le roy. de Bourgogne*, 299, n. 3), on peut en conclure que Conrad a au moins incidemment exercé influence sur la partie méridionale du royaume qui se soustrait à son autorité.

6. « episcopatum dedit » (Thietmar, *Chron.*, VIII, 28, éd. Kurze, 210) ; « beneficio vero regis... professus est investituram se ejusdem archiepiscopatus accepisse eoque rege precipiente... consecratum fuisse » (Bulle de Léon IX, 19 oct. 1049, *Gall. Christ.*, XV, Instr., col. 10). Chassé par Otte-Guillaume, Bertaud ne fut rétabli que par le roi germain Henri et dut d'ailleurs abandonner définitivement ses prétentions (cf. R. Poupardin, 130-2.)

7. R. Poupardin, op. cit., 197, 299 et suiv.

8. *Chron.*, VIII, 30 : « Nomen tantum et coronam habet et episcopatus hiis dat qui a principibus hiis eliguntur » (p. 211).

Tous les sièges épiscopaux dont disposent encore, au Xe siècle, les rois carolingiens de l'ouest passeront, à part ceux de Clermont et de Limoges, sous l'autorité des premiers Capétiens. L'avènement de cette maison rétablira en outre les droits du roi sur l'évêché dans des régions où il les avait précédemment perdus ou du moins partagés. Il en est ainsi des évêchés du duché de *Francia* ; la royauté recouvre la disposition de l'archevêché de Tours et vraisemblablement celle des sièges de Paris et d'Orléans que les ducs disputaient, semble-t-il, avec succès aux derniers Carolingiens [1]. Les évêchés du duché de Bourgogne, sur lesquels nous verrons au Xe siècle l'influence des ducs l'emporter sur l'autorité des Carolingiens, font retour aussi à la royauté dès l'avènement d'Hugues Capet, frère du duc et dès lors le pouvoir royal s'exerce sur les églises d'Autun et d'Auxerre, comme sur celle de Sens. Le siège de Bourges, perdu peut-être par les derniers Carolingiens, sera regagné aussi alors par la royauté [2].

Au temps même où son champ d'action est le plus limité, la royauté exerce donc encore ses prérogatives sur un groupe important d'évêchés de la *Francia*. A peu près totale au regard des honneurs laïques, la perte est visiblement inégale quand on compare le lot des évêchés et celui des abbayes qui restent à la disposition des derniers rois Carolingiens. Le droit royal qui n'atteint plus efficacement qu'un petit nombre de monastères et s'atténue ou s'évanouit dans tous les autres, s'exerce sur maintes églises épiscopales ; c'est semble-t-il sur ce terrain que la sphère d'influence de la royauté s'est au Xe siècle le moins resserrée [4].

1. M. Imbart de la Tour estime (p. 242) que les derniers Carolingiens maintiennent leurs droits sur les sièges de Tours, Orléans et Paris. Les *Gesta consulum Andeg.* précisent, il est vrai, qu'en abandonnant le *ducatus Franciae*, avec les abbayes à Hugues le Grand, le roi carolingien s'est réservé la *dominicatura* des évêchés (cf. fasc. 2, p. 78, n. 8). Mais ce texte d'une chronique de basse époque et qui a pu être calqué sur celui des *Ann. Bertin.* relatif à la cession à Salomon, en 867, du comté de Coutances sauf l'évêché (fasc. 2, p. 71, n. 1), si même il est digne de foi, ne prouve pas que la royauté, toute soucieuse qu'elle fût de maintenir ses droits, n'a pas été débordée par les usurpations du puissant duc des Francs. Les diplômes royaux qui confirment les privilèges et les biens de ces églises ne suffisent pas à établir que le roi dispose en fait de l'évêché. M. Lot croit (*Les derniers Carol.*, 171) que le duc de France nomme seul les évêques de son duché ; M. Imbart de la Tour (p. 243) reconnaît d'ailleurs qu'à Tours, Hugues le Grand exerce juridiction sur l'archevêché.

2. Cf. F. Lot. *Études sur Hugues Capet*, 219-20.

3. Imbart de la Tour, op. cit., 246-7.

4. Nous ne pouvons souscrire aux conclusions formulées par M. Pöschl : « Zu Anfang des zehnten Iahrhunderts bereits untersteht fast jedes Hochstift einem lokalen Kirchherren. Das Reichsbistum ist damals schon eine Ausnahme » (*Bischofsgut*, III, 78). Au commencement du Xe siècle, la règle est toujours que l'évêché

Longtemps en effet les évêchés se trouvèrent mieux défendus que ne l'étaient les abbayes vis-à-vis de l'usurpation seigneuriale. Ils ne sont pas susceptibles comme elles, ou ne le sont pas au même degré, d'être cédés en bénéfice ou tenus pour la propriété d'un simple particulier. Le caractère d'église *sui juris* pleinement indépendante protégeait l'église épiscopale contre les intrusions qui se couvriraient d'un titre bénéficiaire prolongé sous plusieurs générations ou des droits de la propriété privée. Jamais les Carolingiens n'ont cédé l'évêché en bénéfice aux évêques qu'ils investissaient des régales ; ce n'est donc pas comme bénéfice tenu du roi, puis devenu héréditaire dans leur maison que les chefs des grandes familles seigneuriales s'en sont saisi. Les rois qui, si souvent, ont donné des monastères royaux en toute propriété considéraient comme un *jus regale* inaliénable la disposition des évêchés et l'ensemble des droits qu'ils exerçaient sur eux. Aussi longtemps qu'ils l'ont pu, alors qu'ils cédaient à des grands abbayes, comtés, cités et châteaux, ils réservèrent l'*episcopatus* à leur *regnum* [1]. Ce n'est que très tard, alors que maints évêchés sont tombés depuis longtemps aux mains de grands seigneurs, qu'un capétien, Henri I, à la prière de l'évêque du Mans, cède expressément la propriété de cet évêché au comte d'Anjou, Geoffroi Martel. Encore stipule-t-il que le comte n'en jouira que sa vie durant ; après sa mort, l'évêché sera remis au pouvoir du roi [2].

appartient au roi ; l'usurpation du roi des Bretons, des rois de Provence et de Bourgogne ne fait que la confirmer, puisqu'il faut prétendre à la royauté pour saisir la disposition des églises épiscopales. C'est seulement au cours du Xe siècle que ce droit régalien est partiellement disputé et soustrait à la couronne par les grandes maisons seigneuriales.

1. Charles le Chauve cédant, en 867, à Salomon de Bretagne le comté de Coutances avec les abbayes, excepte l'évêché (fasc. 2, p. 71, n. 1) ; Charles le Simple en conférant à Hugues le Grand cités, comtés, abbayes entre Seine et Loire en amont de Paris Orléans, aurait réservé seulement les évêchés (cf. p. précéd., n. 1). A-t-il fait semblable réserve en livrant le duché normand à Rollon ? Elle aurait été en ce cas non avenue, comme d'ailleurs sans doute dans la *Francia* d'Hugues le Grand.

2. *Actus pont. Cenom.*, 31 : « Videns vero praesul suum episcopatum nec per regem nec per seipsum a Bacchone posse defendi, petivit quiddam a rege Henrico quod utinam non petisset ; scilicet ut daret episcopatum Gaufrido, Andegavorum comiti, solummodo dum viveret, ut liberius a comite Cenomannico illum defenderet ; illo etenim mortuo, in regiam manum rediret. Quod factum versum est in malum » (éd. Busson, Ledru, 364-5). La cession faite de l'évêché en usufruit au comte d'Anjou, afin qu'il la défendît contre les entreprises du comte du Mans, a entraîné la substitution définitive des Angevins aux Capétiens dans l'exercice des droits souverains sur l'évêché. Cf. Imbart de la Tour, *Les élect. épisc.*, 274. Suivant un auteur angevin, dont les récits fourmillent d'invraisemblances, « rex Rotbertus... dedit Gaufrido comiti quicquid rex Lotharius in episcopatibus suis, Andegavis scilicet et Cenomannis habuerat » (*De majoratu et senescallia Franciae*, L. Halphen, R. Poupardin, *Chron. comtes d'Anjou*, 240).

Le passage de l'évêché des mains du roi en celles du seigneur s'est effectué pourtant, là où il s'est produit, à la faveur de quelques-unes des circonstances qui favorisaient l'usurpation des abbayes. Les grands seigneurs qui se substituent au roi dans la possession d'évêchés ou d'abbayes ou bien lui ont fait violence ou bien ont recueilli ses droits, parce qu'ils étaient tombés en fait en déshérence. C'est par une évolution dont les traces sont souvent à peine perceptibles que les grands seigneurs locaux prirent la place du roi. La possession des évêchés ne se fixe qu'insensiblement en leurs mains et la personne du propriétaire reste longtemps incertaine et variable. A mesure que l'influence de la couronne faiblissait dans une région et que s'affermissait une maison, celle-ci usurpait ou simplement ramassait une à une les prérogatives diverses qui vis-à-vis des évêchés composent la souveraineté.

Au IXe siècle, l'usurpation des évêchés est toujours associée à la fondation d'un royaume nouveau. C'est en prenant la qualité de roi des Bretons que Noménoé s'attribue la disposition des sièges du pays d'Armorique. Il a fallu que Boson et Rodolfe se fassent sacrer rois de Provence et de Bourgogne pour devenir les maîtres des évêchés de ces régions [1].

Maintes abbayes sont entrées au patrimoine des grandes maisons seigneuriales en vertu des règles de la propriété privée, parce que ces monastères avaient été fondés par la famille, lui avaient été donnés, légués ou vendus. Les évêchés ne pouvaient être qu'usurpés aux dépens de la prérogative royale. Pour s'en rendre maître il faut que les grands seigneurs empiètent sur les droits qui n'appartiennent qu'au roi. En 921, le pape Jean X proclame encore comme une coutume incontestable et fondée sur le droit, que personne ne puisse donner un évêché sinon le roi légitime [2]. En Bourgogne Trans-

1. M. Pöschl (*Bischofsgut*, I, 118) estime que déjà Conrad, père du roi Rodolfe I, jouit avec son abbaye de Saint-Maurice des évêchés de Genève, Lausanne et Sion. Conrad avait été à la vérité titulaire du duché de Bourgogne Transjurane, qui comprenait les trois comtés cédés en 859 avec évêchés et monastères par Lothaire à Louis (fasc. 2, p. 72 ; cf. R. Poupardin, *Le roy. de Bourgogne*, 9 ; Ch. Besson, *Contr. à l'hist. du dioc. de Lausanne*, 52). Mais avant 888, le duc de Bourgogne Transjurane n'était certainement pas maître des évêchés restés à la disposition de Louis II, puis de Charles le Gros. A Lausanne, en 878, Charles le Gros « cuidam clerico suo eamdem sedem tradere decrevit » (Lettre de Salomon à Thierry, Besson, op. cit., Doc. 5, p. 141) et le 20 juin 880, Jean VIII écrit à l'empereur pour le prier de laisser Jérôme en possession paisible de cet évêché (6, p. 143.) De même, en 882, c'est Charles le Gros qui concède l'élection au clergé et au peuple de Genève (*Joh. VIII ep.*, 353, Migne, CXXVI, 947). Mais sitôt que le *regnum* est usurpé par Rodolfe, l'élection des évêques du pays lui appartient. C'est lui qui, en 892, préside à l'élection du successeur de Jérôme à Lausanne et ordonne de le consacrer (*Cart. chap. Lausanne*, 54-6).

2. J W. 3564, à Hériman de Cologne : « cum prisca consuetudo vigeat, qualiter

jurane, ce sont les grands qui choisissent les évêques; mais au sentiment du chroniqueur, à ces prélats que le roi n'a pas choisis, c'est encore lui qui donne l'évêché [1].

La protection que le roi n'exerçait plus sur les églises épiscopales sises au-delà de sa sphère d'action passait nécessairement au grand seigneur du pays. Dès 918, à Autun, il est dit que l'église est sous la défense et le patronage du duc Richard le Justicier [2]. Les églises ne renonçaient pas à invoquer le cas échéant la protection royale, à en appeler aux anciens diplômes d'immunité et de défense, à les faire confirmer à nouveau par le monarque régnant. Mais les évêques devaient compter de plus en plus avec le pouvoir local du comte ou duc ; ils avaient intérêt à s'assurer son patronage plus efficace que celui du roi [3]. C'est ainsi que peu à peu dans les régions où ne se transporte plus le palais, loin des bords de l'Oise et de la Marne où les Carolingiens dépensent leurs dernières ressources, la protection du souverain local se substitue en fait à celle du roi. Thietmar explique comment, au temps de Rodolfe III, dans le royaume de Bourgogne, les évêchés sont nécessairement donnés par le roi aux créatures des grands. Ce sont ceux-ci en effet et non plus le souverain qui peuvent défendre les évêques ; aussi les prélats mettent leurs mains dans celles des grands, les servent comme leur roi et s'assurent ainsi la paix [4].

La mainmise des familles seigneuriales sur les sièges épiscopaux fut favorisée aussi par la procédure des élections, dans la mesure où s'observent encore les règles qui remettent au clergé et au peuple de l'église le choix de son chef. Le corps électoral se restreint naturellement de plus en plus à l'aristocratie ; les *potentes* de la région, duc, comte, vicomte sont

nullus alicui clerico episcopatum conferre debeat, nisi rex cui *divinitus sceptra collata sunt* » (Migne, CXXXII, 806).

1. Plus haut, p. 38, n. 8.

2. « adhibito etiam hortamento et auxilio domni Richardi excellentissimi ducis cujus defensione et protecmento, per Dei administrationem haec ipsa consistit ecclesia » (de Charmasse, *Cart. égl. d'Autun*, 23, I, 37).

3. On a vu p. 40, n. 2 que l'évêque du Mans cherche auprès du comte d'Anjou une protection que ne peut lui assurer le roi contre la tyrannie des seigneurs manceaux. C'est le patronage exercé sur l'évêché du Mans qui en a fait passer la souveraineté aux Angevins.

4. A la suite du texte cité plus haut p. 38, n. 8, Thietmar écrit : « ad suam utilitatem pauca tenens, ex impensis antistitum vivit et hos vel alios in aliquo extrinsecus laborantes eripere nequit. Unde hii manibus complicatis cunctis primatibus velud regi suo serviunt et sic pace fruuntur » (p. 211). Ce sont les prélats et d'autres encore (hos vel alios) qui se recommandent aux grands pour avoir leur protection, mais le chroniqueur a certainement en vue surtout le clergé et les moines.

appelés à y jouer un rôle prépondérant [1] ; l'influence pacifique dont on leur reconnaît l'exercice sera souvent recouverte par la violence. Dans l'assemblée électorale, le grand seigneur dont l'autorité est reconnue sur la cité occupe la première place. Il fait fléchir, entraîne et dirige les suffrages. On voit ainsi Herbert de Vermandois, en 925, présider à Reims la réunion des clercs et des laïques et leur imposer son choix. Le candidat qu'il leur a désigné et qu'il fait élire, c'est son fils, un enfant de cinq ans [2].

Les candidats au siège épiscopal s'adressent au grand personnage dont l'influence est prépondérante dans la cité. Quelquefois, ils l'ont simplement prié d'être leur intermédiaire auprès du roi, d'obtenir de lui pour eux concession de l'évêché qu'ils briguent. En 971, Segenfroid, qui recherche le siège du Mans, s'adresse au comte d'Anjou, afin qu'il lui prête assistance auprès du roi en vue de l'évêché [3]. Le père de l'évêque d'Angers, Renaud, aurait aussi gagné par des présents Geoffroi Grisegonelle afin d'acquérir l'évêché pour son fils [4]. On ne sait s'il s'agissait de le lui faire obtenir du roi, de le lui céder de sa propre autorité ou de faire simplement pression soit sur le clergé et le peuple, soit sur les évêques. Il est rapporté semblablement d'Arduin, successeur à Chartres de son frère Rainfroi, que pour se frayer la voie vers l'évêché, il déposséda l'église de l'abbaye de Saint-Martin qu'il remit au pouvoir des comtes [5]. C'est évidemment le comte de Chartres qui disposa cette fois, dans une mesure que nous ne pouvons déterminer, de l'évêché. Suivant l'auteur du Dialogue sur l'état de la sainte Église, telle est la pratique de tous les candidats à l'épiscopat : « Avant d'être sacré, d'avoir pris possession

1. Cf. Imbart de la Tour, *Les élections épisc.*, 216. Il est dit parfois dans les textes italiens du Xe siècle que l'évêque est élu par le duc, le clergé et le peuple (Ughelli, *Italia sacra*, VI, 441 ; VII, 192). Cf. Pöschl, *Bischofsgut*, III, 137.

2. Flodoard, *Hist.* IV, 20 : « tractans super electione rectoris hujus Remensis ecclesiae tam clericos quam laicos ad voluntatem suam intendere fecit. Sequentes igitur ejus consilium...eligunt filium ipsius » (*SS*, XIII, 578). Tel est aussi le rapport fait par Artaud à Ingelheim : « comes Heribertus urbem Remensem adiit et ecclesiae milites, clericorum quoque quosdam de rectoris electione ad suum concilium intendere fecit » (35, p. 585).

3. Suivant les *Actus*, il a donné au comte Foulques la *villa* de Dissay « ut se apud Francorum regem de episcopatu fideliter adjuvaret » (29, p. 353). A cette date, le comte d'Anjou était non pas Foulques, mais Geoffroi Grisegonelle.

4. Charte de Renaud, 996-1005 : « Fulco comes Mauriciusque frater ejus calumniam mihi intulerunt de hereditate mea..., dicentes patrem meum Raihaldum eam dedisse patri eorum Goffrido in conventiis episcopatum adipiscendi » (L. Halphen, *Le comté d'Anjou*, P. just., 4, p. 350).

5. *Vetus Aganon*, II : « obstrusum videlicet sibi episcopatus aditum, quem ut faceret pervium, abbatiam sancti Martini de potestate episcoporum ejecit comitumque habendam in perpetuo tradidit potestati » (Guérard, *Cart. S. Père*, I, 54).

du siège, l'évêque disperse aux mains de patrons ce qui reste des biens ecclésiastiques après tout le dommage qu'entraîne la vacance ; parce qu'il convoite le nom de pasteur, il est devenu déjà un loup [1]. »

Il y a parfois partage d'influence entre le roi et le grand seigneur qui tend à se rendre maître de l'évêché. En 910, à Auxerre, le promoteur de la candidature de saint Géran au siège épiscopal se rend près du duc de Bourgogne, Richard et en lui offrant des présents le prie de lui donner l'élection de cette église [2]. Après avoir dirigé à son gré les suffrages des chanoines et du *militaris ordo,* il va trouver le roi Charles le Simple et obtient de lui que Géran soit élu et consacré [3]. Le droit régalien s'est ici décomposé. L'autorisation d'élire, le règlement des opérations électorales appartient au duc ; c'est le roi qui confirme l'élection faite, ordonne le sacre et sans doute confère l'évêché. En 925, c'est d'une manière analogue qu'il fut disposé du siège de Reims. Mais ici, c'est le comte de Vermandois, Herbert qui mène l'élection. Quand elle eut été faite à son gré, les envoyés de l'église se rendirent auprès du roi pour lui demander de la confirmer et Raoul confia lui-même à Herbert l'évêché pour le gouverner jusqu'au jour où son fils, l'évêque élu, serait d'âge à l'administrer [4].

Ailleurs, l'intervention des grands est dirigée expressément contre le roi ; l'autorité seigneuriale tend à se substituer à celle du souverain dans l'attribution de l'évêché. En 893, le duc de Bourgogne, Richard oppose au candidat du roi pour le siège d'Autun son propre candidat qu'il installe par force [5]. A Liége, en 920, Hilduin s'est fait élire en dépit du roi, par la faveur de Gilbert, duc de Lorraine. Par crainte de Gilbert et sur son ordre, l'archevêque de Cologne a sacré Hilduin, bien qu'il ne soit permis qu'au roi, écrit le pape Jean X, de conférer

1. *Dial. de statu sanctae ecclesiae* : « Ipse episcopus, nondum perunctus, nec sedi impositus residuas reliquias rerum ecclesiasticarum patronis dispertit et dum desiderat nomen pastoris, jam lupus factus est » (éd. Dümmler. *Sitzungsber. preuss. Akadl*, 1901, p. 377). Les *residuae reliquiae*, c'est ce qu'ont laissé tous ceux qui. après la mort de l'évêque, ont pillé sa dépouille (plus loin, p. 49-50).

2. *Gesta episc. Autissiod.*, 42 : « ducem Richardum adiit, oblatisque muneribus ut sibi illius electio ecclesiae daretur expetiit » (Migne, CXXXVIII, 260).

3. « canonicorum venerabilem chorum adscivit una cum militari ordine... ; cleri populique fretus electione... regem adiit Carolum atque... ut vir ille... pontifex eligeretur et ordinaretur promeruit » (col. 261).

4. Flodoard, *Hist.*, IV, 20 : « re patrata ad regem properant, ejus auctoritatis impetrandae gratia. Rodulfus igitur rex, hac electione comperta... Remensem episcopatum committit Heriberto... Qui etiam legatos ecclesiae... Romam mittere satagit » (*S S*, XIII, 578).

5. Hugues de Flavigny, *Chron.*, *SS*, VIII, 356.

à un clerc un évêché. Gilbert, ajoute-t-il, a osé prendre ce qui ne lui est pas accordé par le droit [1]. De même, l'archevêque de Reims, Hugues ordonne un évêque pour l'église d'Amiens en 947 et un peu plus tard pour celle de Senlis. à l'instigation d'Hugues le Grand [2], évidemment au mépris des droits du roi. En Bourgogne, en 1016, Rodolfe III a désigné pour le siège de Besançon un clerc de la chapelle palatine. Le comte Otte-Guillaume le met en fuite et installe sur le siège son propre candidat, Gautier [3].

L'autorité royale s'éclipse ainsi au profit du pouvoir seigneurial. A Auxerre, en 910, il y avait encore partage entre le roi carolingien et le duc de Bourgogne. En 915, Betton obtient le siège avec le concours du duc, sans qu'il soit fait mention du roi ; en 918, Gaudry est promu par la volonté et la permission du prince Richard [4]. Si en 933, le roi attribue l'évêché à Guy, c'est que la couronne a été recueillie par Raoul de Bourgogne [5]. Il semble bien qu'à Angers et à Chartres, l'évêché soit acheté aux comtes. Fulbert, sacré évêque de Cambrai en 933 par Artaud, a obtenu son siège par la faveur et le suffrage du duc lorrain Gilbert [6], qui, en 920, soutenait en vain à Liége son candidat contre celui de Charles le Simple. En Haute-Lorraine, le duc Thierry donne, en 1009, l'évêché de Metz à son fils enfant et lui désigne un tuteur qui, à la vérité, usurpe à son tour l'évêché [7].

Les grands seigneurs s'emparent ainsi du droit de désigner l'évêque, de l'*electio*. Au XIe siècle, un comte de Toulouse fera abandon du droit d'élire, d'établir l'évêque sur le siège de Toulouse, droit que ses ancêtres, déclare-t-il, ont indignement

1. Lettre de Jean X à Hériman de Cologne : « Gisleberti metu, Hilduvinum episcopali infula decorare non denegastis, cum prisca consuetudo vigeat, qualiter nullus alicui clerico episcopatum conferre debeat nisi rex cui divinitus sceptra collata sunt. Quo vero ordine Gislebertus hoc quod illi concessum non est agere non metuit » (Migne, CXXXII, 806) ; à Charles : « Gisleberti jussione Hilduvinum consecrare non distulit » (col. 808).

2. Flodoard, *Ann.* 947, p. 104-5 ; 948, p. 120 ; cf. Lauer, *Louis IV*, 194.

3. Thietmar et bulle de Léon IX cités plus haut p. 38, n. 6.

4. *Gesta episc. Autissiod.*, 43 : « opitulanti... principe » (Migne, CXXXVIII, col. 264) ; 44 : « voluntate atque licentia... Richardi principis » (col. 265).

5. 43, col. 268 ; cf. Imbart, 236.

6. *Gesta episc. Camer.*, I, 70 : « faventis et suffragantis Gisleberti ducis obtentu » (*S S*, VII, 426). A la date où Fulbert est sacré par Artaud (Flodoard, *Ann.* 933, p. 57), créature du roi Raoul, Gilbert entretient de bonnes relations tant avec Raoul (932, p. 54) qu'avec le roi de Germanie, Henri I (934, p. 59). C'est l'influence de Gilbert et non le don du roi que signale pourtant l'historiographe.

7. *Sigeberti chronogr.* : « dato episcopatu Mettensium filio suo adhuc puero tutorem ei substituit,... Deodericum qui puero urbe excluso et episcopatu usurpato... » (*S S*, VI, 354).

usurpé [1]. C'est une prérogative qui peut être à volonté cédée par le propriétaire, de la même manière qu'est aliénée à son gré l'*electio* dans un monastère [2].

Les chefs des grandes maisons s'attachent à réserver les évêchés locaux à des membres de leur famille. C'est d'abord par des intrigues électorales, en faisant pression sur le clergé et le peuple, en agissant auprès du roi, que les seigneurs travaillent à faire attribuer l'évêché à un fils, à un frère, à un proche. Plus tard, ils le lui donnent de leur seule autorité [3]. L'évêché devient ainsi une sorte d'apanage que le chef de famille destine à celui de ses fils qui sera le moins bien servi dans la distribution de ses autres honneurs [4]. Appartenant à une grande famille du pays, l'évêque fait part des biens de

1. Vers 1077, le comte de Toulouse, Guillaume IV abandonne « electionem ac missionem episcopi in predicta sede (Toulouse) constituendi quam majores mei male sibi usurpaverunt » (*H L*, V, Pr. 325, col. 629).

2. On a vu plus haut (p. 34, n. 6) que les grands seigneurs cèdent souvent l'*electio* dans un monastère. En 910, le duc de Bourgogne a donné l'élection d'un évêque d'Auxerre à un solliciteur (plus haut, p. 44) ; Guillaume de Toulouse se dessaisit de l'élection des évêques de cette cité (n. préc.).

3. A la mort d'Eble Manzer, comte de Poitiers, « filiorum ejus alter comes, alter episcopus factus est. » Eble, avec l'approbation du roi Louis est fait évêque de Limoges et prend en outre le titre de comte de Poitiers (Redet, *Chartes S. Maixent*, c. 960, 23, p. 37) ; son frère, Guillaume Tête d'étoupes devient duc d'Aquitaine (*Ademari Chron.*, III, 25, p. 146). A Verdun, le comte Godefroy a pu faire attribuer par Otton III l'évêché à son fils Adalbéron (*Gerberti ep.* 57, éd. J. Havet, 54 ; cf. p. 39, n. 3) ; à Reims, Herbert fait élire son fils Hugues. Le duc de Lorraine, Thierry I donne, en 1009, l'évêché de Metz rendu vacant par la mort de son frère Adalbéron à son fils enfant (plus haut, p. 45, n. 7). Richard I, duc de Normandie, attribue, en 989, l'archevêché de Rouen à son fils Robert, qui aura pour successeur Manger, fils du duc Richard II (Orderic Vital, *Hist. eccles.*, éd. Leprévost, Delisle, II, 365 ; *Acta archiep. Rotom.*, Mabillon, *Vet. Anal.*, éd. 1723, p. 224). En 985, Amiens a pour évêque Guy, fils du comte d'Amiens, Gautier (Charte de Gautier, Levillain, *Examen ch. Corbie*, 40, p. 303). Au temps où l'empereur Conrad II recueille la succession du dernier roi de Bourgogne, vers 1036, le siège de Lyon étant disputé entre plusieurs candidats, « quidam comes Geraldum filium suum puerulum quendam arroganter ibidem, sola presumptione auctore substituit » (R. Glaber, *Chron.* V, 21, éd. Prou, 131) ; cf. Poupardin, *Le roy. de Bourgogne*, 156. Vers 1001, Marseille a pour évêque Ponce, fils du vicomte de Marseille, Guillaume (*Cart. S. Victor*, 69, I, 96). Le 16 mai 1038, l'évêque de Digne, Hugues parle de son père « in cujus potestate constitutus meus esse videtur episcopatus » (*Cart. S. Victor*, 738, II, 84) ; c'est évidemment le père du prélat qui lui a fait attribuer l'évêché sis dans sa *potestas*. Au Xe siècle, tous les sièges de la partie méridionale du royaume de Bourgogne-Provence sont occupés ainsi par des membres des familles seigneuriales du pays (Poupardin, op. cit., 300 et 324). En 1020, le comte Bernard de Besalu décide qu'à la mort de l'évêque de Besalu, l'évêché sera pour son fils puîné qui le tiendra de l'aîné, héritier du comté, à qui il se recommandera (*Marca Hispan.*, 191, col. 1027). Voir les exemples rapportés par M. Pöschl (III, 187 et suiv.).

4. Le 20 août 966, Matfred, vicomte de Narbonne, partage par testament ses biens entre ses deux fils, Raimond et le clerc Ermengaud : « in tali tenore ut si ad honorem episcopalem conscendit, Raymundus frater suus det solidos duo millia » (*H L*, V, 115, col. 256). Il est stipulé que si Ermengaud mourait « sine honore episcopali », son héritage passerait à son frère (loc. cit.).

son évêché à ses parents et son lignage crée de grandes difficultés à son successeur quand une autre maison a pu disposer du siège [1].

Par là les sièges épiscopaux entrent peu à peu au domaine seigneurial. Il ne semble pas pourtant que le grand seigneur maître de l'évêché l'ait retenu jamais pour lui-même, qu'il y ait eu à titre héréditaire des comtes évêques, comme il y avait des comtes abbés, c'est-à-dire des seigneurs qui s'attribuaient à eux-mêmes et à leurs héritiers les fonctions épiscopales. On voit sans doute Herbert de Vermandois usurper la *potestas* sur l'évêché de Reims [2], mais il l'administrait au temporel comme tuteur de son fils qu'il avait fait évêque. On signale au Xe siècle des évêques qui sont aussi ducs et comtes, mais ils exercent le pouvoir comtal ou ducal soit parce qu'ils ont recueilli à titre personnel [3] un comté en plus de leur évêché, soit parce que le comté a été octroyé par les rois aux évêques de ce siège. C'est en pareil cas l'évêque ou l'évêché qui absorbe le comte ou le comté ; le grand seigneur ne devient pas un évêque laïque [4] ; il n'a pris en général possession de

1. L'évêque de Metz, Adalbéron est préoccupé de fournir à chacun de ses frères un établissement en biens de l'évêché (*Vita Ioh. Gorziensis*, 99, 110, 114, S S, IV, 365-9 ; *Vita s. Gorgonii*, 9, Mabillon, *A S*, III, II, 189). L'archevêque de Reims, Séulf, est en lutte avec le frère et les neveux de son prédécesseur Hervé ; il s'efforce de les écarter « a participatione rerum Remensis episcopii ». C'est pour ce motif que Séulf lie partie avec Herbert de Vermandois, qui se charge de le débarrasser des parents d'Hervé et de leur faire rendre gorge (Flodoard, *Hist.*, IV, 35, p. 585).

2. Flodoard, *Hist.*, IV, 20 : « Heribertus itaque comes potestate potitus Remensis episcopii » (p. 576).

3. Gumbaldus appose, en 977, à un diplôme son « signum episcopi et totius provinciae ducis » (*Gall. Christ.*, I, 1193). Cet évêque de Gascogne est en même temps duc du pays. De même, l'archevêque de Cologne, Brunon a exercé en Lorraine le pouvoir archiducal. Guérech, frère d'Hoel, comte de Nantes, fut élu évêque en 981 ; mais son frère étant mort avant qu'il fût sacré, les Nantais l'établirent comte en sa place : « episcopatum et comitatum Namnetensem in suis manibus retinuit et gubernavit » (*Chron. Namnet.*, 41, éd. Merlet, 118). Cf. de la Borderie, *Hist. de Bretagne*, II, 424). Hugues, évêque d'Auxerre a recueilli le comté de Chalon (plus haut, p. 14, n. 1).

4. Le grand seigneur aurait pris possession des évêchés à titre soit de souverain (Temporalherr), soit d'évêque laïque, au sentiment de M. Pöschl, qui étudie longuement ce qu'il appelle les Laienbischöfe (*Bischofsgut*, III, 164-204). Tous les faits allégués nous paraissent se rapporter soit à des seigneurs (Herbert) qui s'emparent d'un évêché attribué à leur fils enfant, soit à des évêques (Gumbaldus, Brunon, Hugues) qui joignent à leur évêché une charge comtale ou ducale, soit enfin à des prélats au siège desquels a été rattaché le *comitatus*. Quant à Guérech, il retient « in potestate et manibus » pendant 7 ans l'église de Nantes « a pastore vidua ». Évêque élu et non sacré, il garde en sa main l'évêché, comme l'ont fait au IXe siècle maints administrateurs, évêques nommés qui n'ont jamais reçu le sacre. Il dépensa pour restaurer la cathédrale « omnia quae de episcopatu habere potuit » (42, p. 121). Il n'est ni évêque laïque ni comte évêque. C'est un évêque désigné (denominatus episcopus) qui, recueillant un comté avant d'être ordonné, renonce à revêtir le caractère sacerdotal pour s'adonner à ses fonctions séculières et garde l'administration de l'église dont le siège est réputé vacant.

l'évêché qu'à la manière des rois, en en saisissant la souveraineté, la libre disposition.

De bonne heure, les grands chassèrent de leur siège des évêques, comme les rois l'ont fait si souvent au IXe siècle et substituèrent aux bannis d'autres prélats, leurs créatures. En 862, le comte d'Auvergne, Étienne a expulsé l'évêque Sigon et a établi sur le siège de Clermont un clerc de son choix [1]. En 894, l'évêque de Langres, Thibaud est emprisonné et aveuglé par le comte de Chalon, Manassés, agent du duc de Bourgogne Richard [2]. L'année suivante, le duc a chassé et jeté en prison l'archevêque de Sens Gautier [3]. Un peu plus tard, l'archevêque Gerlaud est jeté hors de la ville par le vicomte de Sens, Fromont [4]. Robert de Vermandois tente aussi de se débarrasser de l'évêque de Troyes, Anségise [5]. Le comte Hugues a chassé du siège de Lyon l'archevêque Rodolfe, non pas que ce prélat ait commis quelque faute, fut-il dit au concile d'Ingelheim, mais parce qu'il entendait rester fidèle à son seigneur, le roi Louis [6].

Au Xe siècle, les grands, maîtres d'un évêché, estiment qu'ils le peuvent mettre sous séquestre. Avant 935, le comte de Poitiers, Eble Manzer avait retiré à l'évêque la *potestas* de son église, qui ne fut rendue à Frothaire que par Guillaume Tête d'étoupe [7]. Les souverains locaux ont sans doute aussi usé, dès le Xe siècle, du droit de régale sur les évêchés vacants dans leur grand fief. En 1045, Guillaume Aigret s'engage non seulement à faire procéder à Limoges à une élection canonique, mais à ne rien donner de l'évêché et à ne l'amoindrir en aucune manière [8]. On en peut conclure que les comtes de Poitiers

1. *Nicolaï ep.*, 108, au comte d'Auvergne, Etienne : « dejecto Sigone Arvernensi episcopo, in locum ejus pervasorem Adonem clericum substituisti » *(Ep.* VI, 623*)*.

2. *Ann. Vedast.*, 894, *S S*, I, 529 ; Flodoard, *Hist. Rem. Eccl.*, IV, 3, *S S*, XIII, 561.

3. Flodoard, *Hist.*, IV, 3 : « Walterium Senonensem propria depulsum sede custodiae mancipaverint » *(S S*, XIII, 561).

4. *Ann.* 941, éd. Lauer, 79.

5. Cf. *Gall. Christ.*, XII, 494 ; cf. Imbart de la Tour, 241.

6. *Conc. Engilh.*, 3 : « De... Hugone comite qui Rudolfum Lugdunensis ecclesiae episcopum propria de sede, non causa alicujus criminis sed pro fidelitate Ludovici regis proprii senioris expulit » (Mansi, XVIII b, 421).

7. Une charte de donation en faveur des moines de Saint-Cyprien est datée de l'an 932, « ipso die... quo reddidit Guillelmus comes potestatem sancti Petri Frotherio episcopo post mortem Eboli patris sui » *(Redet, Cart. S. Cyprien*, 126, p. 90). La date de 932 est inexacte, car Eble Manzer n'est mort qu'en 935 (Richard, *Hist. des comtes de Poitou*, I, 72).

8. Après s'être engagé à ne pas établir d'évêque à Limoges sans élection canonique, le comte jure « ut de episcopatu nihil daret nec minoraret, nec suus successor qui post eum veniret » *(Gall. Christ.*, II, Instr., col. 172). Il n'est pas précisé qu'il s'agit

exerçaient depuis longtemps déjà à cette date le droit de régale et qu'ils en abusaient, comme l'avaient fait les rois du IXe siècle.

Le droit de dépouille qu'exercent les seigneurs dérive sans doute moins des droits régaliens que des rapines dont, dès le IXe siècle, les évêchés sont victimes à la mort des évêques. Les Capitulaires avaient maintes fois déjà prohibé les pillages dont le décès d'un évêque est l'occasion [1]. A la fin du IXe siècle, Foulques de Reims s'est fait délivrer des privilèges pontificaux qui protégeront son église en pareille circonstance [2] ; il a prié le roi Eudes de donner des ordres pour que le temporel de l'église de Laon ne soit pas pillé en raison du décès de l'évêque Didon [3]. En 909, le concile de Trosley dénonce la détestable coutume qui s'est introduite : à la mort d'un évêque, tous les *potentiores* se jettent sur les biens de l'église, comme si ces biens appartenaient en propre au prélat et pourtant, même s'ils étaient sa propriété, le détournement en serait contraire à tout droit [4]. L'auteur du Dialogue sur l'état de la sainte Église proteste contre la confusion du droit, l'abrogation des règles, désordres dont sont coupables à la fois les princes et les prélats de ce temps : « A la mort d'un évêque, écrit-il, son avoir est envahi ; on se partage ses biens comme le butin fait sur l'ennemi. L'un envahit une église, un autre s'empare d'une abbaye. Au milieu des envahisseurs surgit un *miles* : Je puis, dit-il, affirmer sous serment que le défunt, mon seigneur, m'a fait don de ceci et de cela » [5].

du temps où le siège serait vacant ; mais comme les clauses qui précèdent se rapportent à cette circonstance, il y a lieu de croire qu'on l'a aussi en vue ici. M. Richard (op. cit., I, 249) ne doute pas qu'il ne s'agisse ici du droit de régale.

1. La *constit. rom.* de 823 prohibe les pillages à Rome « vivente pontifice neque defuncto » (2, *Cap.*, I, 323). Un capit. italien de Lothaire de 832 interdit les *depraedationes* « quae moderno tempore defunctis episcopis a diversis hominibus factae sunt in rebus ecclesiasticis » (11, II, 64). A la mort d'un évêque, édicte le capit. de Pavie de 876, «nullus... facultates ejus invadat, diripiat et ad suos usus transferat » (14, p. 103). En France, les capit. de Quierzy de 877 traitent à plusieurs reprises des moyens d'empêcher le pillage des évêchés et abbayes à la mort du titulaire (8, 9, p. 358 ; *Cap. excerpta*, 4, p. 362).

2. Privil. d'Étienne V : « ut post ejus decessum nullo modo aliquis hunc episcopatum vel episcopii res occupare illicite auderet » (Flodoard, *Hist.*, IV, 1, S S, XIII, 556) ; de Formose : « nemo regum, nullus antistitum, nemo quilibet christianus decedente Remorum episcopo ipsum episcopatum vel res ipsius ecclesiae suis compendiis applicet neque sub suo dominio teneat » (2, p. 559).

3. « ne res ipsius a pervasoribus depraedari sinat, ne particeps diripentium fiat » (5, p. 565).

4. 14 : « quia inter nostrates hic pessimus inolevit mos ut defuncto ecclesiae episcopo, mox a quibuscumque potentioribus pervadantur res ecclesiasticae quasi episcopi fuerint propriae, cum etiam si ejus essent, contra omne jus id fieret » (Mansi, XVIII, 302-3).

5. « Apud principes enim et sacerdotes vestros [jus confunditur, lex abrogatur...

Les biens d'église, écrit semblablement Atton de Verceil, après la mort ou l'expulsion de l'évêque sont livrés aux séculiers en pillage et en rapine [1]. Le pape Grégoire V a été averti qu'à Cambrai à la mort d'un évêque ou même des autres prêtres de l'église, tous les biens ecclésiastiques qu'ils laissent sont pillés et dévastés [2]. En dépit de l'anathème jeté par le pontife sur ces déprédateurs, le chatelain de Cambrai, Gautier d'Oisy, quelques années plus tard, sur le faux bruit de la mort de l'évêque, brise les portes, pille les maisons des clercs et vide les écuries [3]. Après le trépas du pontife, de concert avec Robert de Péronne, il occupe le palais épiscopal [4]. La dépouille de l'évêque qui meurt est ainsi ramassée par toutes mains ; la féodalité, les *principes* du pays se la disputent. Peu à peu vraisemblablement, la maison souveraine qui prétend à l'élection des évêques s'arroge aussi dans leur dépouille la part du lion. En 1084, Raimond de Saint-Gilles déclare faire abandon de la coutume dont il avait le bénéfice à la mort des évêques de Béziers [5]. C'était à cette date un droit exercé sans doute depuis longtemps par les seigneurs qui disposaient de l'évêché de Béziers. Les évêques de Carcassonne, qui n'échapperont à ce traitement qu'en 1113 [6], y furent soumis vraisemblablement dans le même temps.

La souveraineté des grandes maisons qui se substitue à celle des rois, s'exerce aussi par le don de l'évêché. En 942, Guillaume Longue-épée fait tradition de l'évêché de Rouen au moine de Saint-Denis, Hugues [7]. Hilduin a offert de l'argent

Decedente episcopo substantia ejus invaditur, bona ejus sicut hostium spolia dividuntur. Iste invadit ecclesiam, alter usurpat abbatiam. Exilit in medio miles dicens : Hoc et hoc dedisse mihi dominum meum qui decessit, sacramento firmabo » (éd. Dümmler, *Sitzungsber. preuss. Akad.*, 1901, p. 377). Il est question plus loin encore de ceux « qui defunctis datoribus alia occuparunt quae illis quidem data non sunt, sed sibi data legibus et sacramento confirmare contendunt » (p. 383).

1. *De pressuris ecclesiasticis*, III : « Praeterire non possumus quod res ecclesiasticae post mortem vel expulsionem episcopi in direptionem et rapinam saecularibus tradantur » (Migne, CXXXIV, 87).

2. 996, J W 3866 : « obeunte episcopo vel ceteris sacerdotibus... aliqui... soleant res ecclesiasticas quas vel episcopus sive etiam sacerdotes reliquerint diripere ac devastare » (*Gesta episc. Camerac.*, I, 111, *S S*, VIII, 449).

3. I, 118 : « fractis foribus, domos clericorum furibundus irrupit, quas et stabula quoque episcopi, raptis caballis, direptioni contulit » (p. 453).

4. 120, p. 454.

5. *Notit.* : « Guirpisco et laxo totum quod requiro juste sive injuste in avere de episcopo mortuo de ecclesia... sancti Nazarii Bitterrensis. Requirebam enim hucusque cum mortuus erat episcopus Bitterrensis totum suum avere quod inveniebatur et totam suam substantiam et habere volebam in opus meum et in meo dominio » (*H L*, V, 359, col. 686).

6. Cf. *H L*, IV, n. 150, p. 735.

7. *Acta archiep. Rotomag.* : « Hugo... monachus apud sanctum Dionysium erat

à Gilbert, duc de Lorraine, afin qu'il lui accordât l'évêché de Liége [1]. Le duc de Haute-Lorraine, Thierry I a fait don de l'évêché de Metz [2].

Le grand seigneur, maître de l'évêché, en investit l'évêque, comme le font les rois, là où ils ont gardé la disposition des évêchés. A partir de la fin du Xe siècle, dans les régions où le seigneur s'en est saisi, il en donne investiture au nouveau prélat par la crosse et l'anneau. En 990, Audouin devint évêque de Limoges par la main du duc Guillaume Fiérabras, comte du Poitou [3]. De son sucesseur, Guillaume le Grand, il est dit qu'il a investi l'évêque Jourdain gratuitement de l'honneur pontifical par le bâton pastoral [4].

Déjà au IXe siècle, en un temps où la tradition des évêchés était réservée au roi, elle s'associait parfois à des pratiques simoniaques. Le trafic des évêchés, que la collation en appartienne au roi ou au grand seigneur, devint une habitude courante au cours du siècle suivant [5]. Alors même qu'il a été procédé à une élection plus ou moins régulière, l'élu doit payer son seigneur comme son consécrateur. Souvent l'élection est négligée et l'évêché fait expressément l'objet d'un marché [6]. Le soin que prend Adémar de Chabannes de spécifier que le siège de Limoges a été attribué gratis à Jourdain suffit à marquer que tel n'était plus en son temps l'usage ordinaire.

L'élection des évêques, la tradition, l'investiture et souvent

quando Willelmus dux Normannorum ei episcopatum tradidit » (Mabillon, *Vet. anal.*, 223).

1. *Sigeb. chron.* : « repudiato Hilduino qui pecunia data duci Gisleberto ambiebat ab eo sibi dari episcopatum » (*S S*, VI, 346).

2. Cf. plus haut, p. 45, n. 7.

3. *Adem. chron.*, III, 35 : « Successit pontifex Alduinus... per manum Villelmi ducis » (éd. Chavanon, 157).

4. 57 : « cum baculo pastorali ibi eum gratis honore pontificali vestivit » (p. 183).

5. Cf. fasc. 2, *Le droit du roi*, p. 84, n. 5. Au Xe siècle, Odon de Cluny écrit de la simonie : « jam sibi totum orbem subjugavit, ubique saevit, ubique grassatur » (*Collat.*, III, 3, Migne, CXXXIII, 591). Abbon de Fleury se demande « unde processerit usus ut laici vendant episcopatus » (*Apolog.*, CXXXIX, 466). Dans le préambule d'une charte de 1001, l'évêque d'Angers, Renaud fait écrire que la malice du siècle s'accroissant, « reges... cœperunt... vendere episcopis episcopatus, abbatibus abbatias » (Urseau, *Cart. noir Angers*, 23, p. 54). Cf. A. Fliche, *La réforme Grégorienne*, I, 25.

6. Abbon de Fleury a été consulté par son élève, Bernard, abbé de Beaulieu, à qui Guillaume Taillefer veut donner l'évêché de Cahors, au sujet de la somme d'argent que le comte de Toulouse et le métropolitain de Bourges exigent de lui (*Aimoini vita Abb.*, 10, Migne, CXXXIX, 398). Vers 1019, le comte de Rouergue et le vicomte de Narbonne se sont fait payer cent mille sous pour l'évêché de cette cité (*H L*, V, 251, col. 497). Un marché semblable est fait de l'évêché d'Albi, en 1040 (214, col. 432-3). Suivant Clarius, un *miles* du nom de Notrannus, qui s'est saisi des abbayes de Saint-Pierre-le-vif, Saint-Remy, Saint-Héracle, Ferrières, « postea Nivernensium episcopatum muneribus promeruit » (*Chron. s. Petri*, Martène, *Spicil.*, éd. 1657, II, 725). Voir aussi plus haut, p. 43, n. 4.

la vente de l'évêché, la jouissance du droit de régale et de dépouille, le droit d'exiger du prélat les devoirs, les services d'un fidèle, cet ensemble de droits souverains réservé jadis au *regnum* est ainsi devenu la propriété d'un grand seigneur. Il la peut aliéner à son gré, il peut donner, vendre ou léguer ses évêchés [1], comme les Carolingiens au IXe siècle les partageaient entre eux. Ces évêchés, comme les abbayes seigneuriales font partie du duché ou comté et en suivent les destinées [2]. Lorsqu'un grand seigneur ne peut prétendre à l'honneur ecclésiastique entier d'un évêché dont le siège épiscopal appartient à un autre seigneur, il revendique parfois les droits de souveraineté sur la portion du temporel épiscopal sis dans les limites de sa propre seigneurie [3]. Il cherche aussi à s'affranchir vis-à-vis d'une juridiction étrangère, à faire des pays qu'il domine le ressort exclusif d'évêques dont il possédera l'évêché en qualité de souverain. En Bretagne, dès le temps de Charles le Chauve, Noménoé remaniait les diocèses et établissait de nouveaux sièges [4]. Vers la fin du IXe siècle, le comte de Barcelone, Wifred rétablit le siège de Vich [5]. En 1017, Ber-

1. En 1037, le comte Pons donne en douaire à sa femme Majore l'évêché d'Albi, la moitié de l'évêché de Nîmes *(H L,* III, 287 ; V, Pr. 211, col. 428). Dans un arrangement de famille relatif aux biens patrimoniaux de la maison des comtes de Carcassonne, Pierre, évêque de Girone, se réserve vers 1034 l'évêché de Carcassonne, avec l'honneur de l'évêché et « quae ad episcopatum pertinent » (V, 201, col. 405 ; cf. accord de c. 1063, 266, col. 525 ; cession de 1067, 280, col. 548). Le comte d'Urgel, Ermengaud, à qui sa femme avait apporté une partie du comté de Provence, lègue en 1090 à l'un de ses fils les comtés, évêchés, villes et châteaux au-delà du Rhône (Cf. *H L*, IV, n. 14, p. 71).

2. Vers 1002, Roger I, comte de Carcassonne, lègue en indivis à sa femme et à son fils le comté de Conserans « cum ipso episcopato » *(H L,* V, Pr., 162, col. 345). En 1071, cession fut faite du comté de Carcassonne avec évêché et abbayes (I, n. 103). En 990, Guillaume, vicomte de Béziers, lègue à sa fille la ville de Béziers « cum ipso episcopatu et cum ipsa honore quod ad ipsa civitate pertinet » et à sa femme la ville et l'évêché d'Agde (V, 150, col. 318). Vers 1001, Raimond, comte de Barcelone, assigne pour douaire à sa femme le comté et l'évêché d'Ausone ou de Vich (III, 227). Le 27 avril 1085, Pierre, comte de Melgueil, donne à l'église romaine « omnem honorem meum, tam comitatum Substantionensem quam episcopatum Magalonensem omnemque honorem eidem episcopatui appendentem, sicut et ego et antecessores mei comites hactenus habuimus et tenuimus in alodium » (365, col. 695). On a vu plus haut, p. 46, n. 3, que l'évêque de Digne estime que son évêché est établi dans la *potestas* de son père.

3. C'est ainsi sans doute qu'il faut interpréter la clause par laquelle Pierre, partageant avec son neveu le patrimoine des comtes de Carcassonne, stipule qu'il gardera l'honneur de l'évêché de Toulouse, c'est-à-dire le droit de suzeraineté sur les terres de cet évêché sises dans les comtés qui appartiennent à la maison de Carcassonne (V, 201, col. 406 ; cf. III, 278).

4. *Chron. Namnet.*, 11, éd. Merlet, 39 ; cf. Duchesne, *Fastes épisc.*, II, 260.

5. Actes du conc. de Barcelone, 906 : « *Wifredum et fratres ejus qui...* (Ausonensem) ecclesiam cum suis finibus in pristinum instauraverunt statum » *(H L,* V, Pr. 32, col. 117). Cf. III, 38. Le 24 juin 888, le roi Eudes fut prié toutefois d'intervenir pour confirmer la restauration et la dotation du siège (p. 40).

nard, comte de Besalu et son frère Guifred, comte de Cerdagne sollicitent du pape Benoît VIII l'érection d'un siège épiscopal pour leurs domaines [1].

Ainsi, le droit seigneurial s'est substitué sur maints évêchés au droit royal. Après l'avènement de Hugues Capet, écrira Richard le Poitevin, comme la couronne était affaiblie, le duc des Aquitains et les autres grands du royaume commencèrent à exercer sur les évêques le pouvoir qu'avaient eu autrefois les rois [2]. Le fait n'est pas dû, comme paraît l'admettre le chroniqueur du XIe siècle, à la substitution d'une dynastie nouvelle à l'ancienne ; il n'a pas le caractère universel et régulier qu'il lui prête ; mais il s'est effectivement produit au Xe siècle dans une portion notable du royaume de l'ouest. Thietmar signale dans le même temps la substitution du pouvoir seigneurial à celui des rois dans la désignation des évêques du royaume de Bourgogne et de Provence [3].

Dès le Xe siècle, on peut déterminer assez nettement les régions de l'ancienne Gaule où les évêchés passent à demeure des mains royales en celles des grands seigneurs. La première en date des pertes subies par la maison Carolingienne a été celle des évêchés bretons. A la vérité, l'usurpation du droit de désigner les évêques et le remaniement des diocèses de la péninsule par Noménoé, sous le règne de Charles le Chauve, portent atteinte à l'intégrité du royaume, non pas à celle du droit royal. C'est à titre de roi des Bretons que Noménoé et Salomon disposent à leur gré de leurs évêchés [4]. Ceux-ci échappent à Charles le Chauve de la même manière que les évêchés lorrains et provençaux sont perdus pour les rois de la *Francia*, quand la Lorraine passe aux rois germains et quand se constituent par usurpation les royaumes de Provence et de Bourgogne. Au Xe siècle, aucun des grands seigneurs bretons ne prétend au titre royal ; mais la royauté ne recouvre pas les évêchés perdus depuis longtemps déjà et dont disposent soit les ducs, soit des comtes particuliers [5].

1. J W. 4016-7, Migne, CXXXIX, 1604-8.

2. « Ex tunc, quia debilitatum est regnum, dux Aquitanorum et alii regni proceres potestatem super episcopos quam antea reges habuerant, tenere cœperunt » (*H F*, X, 264). Cf. Imbart, 233.

3. Plus haut, p. 19.

4. Cf. fasc. 2, p. 89 et 90. M. Pöschl, qui voit dans l'usurpation de Noménoé le prototype de la « Mediatisierung » des évêchés par les seigneurs (*Bischofsgut*, III, 95-8) ne tient pas compte du fait que la Bretagne se sépare du royaume de Charles et que les usurpateurs se disent rois.

5. Cf. Imbart, 248 ; Pöschl, III, 103. A la mort de l'évêque de Nantes, Alard, le duc Alain Barbetorte fait choix pour ce siège de l'évêque de Saint-Pol de-Léon,

Les évêchés normands échappent aussi à la royauté, sitôt qu'est constitué le duché du pays. Dès 942, on voit Guillaume Longue épée conférer l'archevêché de Rouen. En 989, Richard I nomme archevêque son fils Robert ; Richard II lui donne pour successeur son fils Manger que Guillaume le Conquérant destituera pour le remplacer par un moine de son choix [1]. Les autres évêchés du duché sur lesquels nous n'avons pas de renseignements, dans la mesure où ils subsistent [2], ou sitôt qu'ils sont rétablis, passent évidemment aussi aux mains du duc. La maison d'Anjou dispose semblablement du siège d'Angers et plus tard de l'évêché du Mans [3].

Au sud de la Loire, la plupart des évêchés du centre et tous les évêchés du midi du royaume ont passé à la fin du Xe siècle aux grandes maisons seigneuriales. Le point extrême où s'exerce le droit du roi c'est le Puy et peut-être Bourges. Tout un groupe d'évêchés est aux mains des comtes de Poitiers, ducs d'Aquitaine. Ils disposent de la personne et des sièges des évêques de Poitiers, Limoges, Saintes, Angoulême, Périgueux et de l'archevêque de Bordeaux ; ils nomment ce dernier, au moins en certains cas, d'accord avec les ducs de Gascogne [4].

Hesdren, « cui Alanus dux auctoritate propria ordinavit ut ecclesiam Namneticam in vita sua regeret » *(Chron. Namnet.*, 31, éd. Merlet, 94). Pour lui succéder, Alain élut l'évêque Gautier (35, p. 104). Lors de sa dernière maladie, en 952, il convoque près de lui, à Nantes, pour prêter hommage à son fils « praelatos suos », à savoir les évêques de Dol, Rennes, Nantes, Quimper, Saint-Malo, Vannes, Saint-Brieuc, Saint-Pol de Léon, Tréguier (36, p. 105). Dans une charte du 9 août 990, les neuf évêques bretons déclarent être les témoins d'une charte « jussu Conani eorum domini » (dom Morice, *Hist. de Bretagne*, Pr., I, 351) ; Cf. la Borderie, II, 430.

1. Guillaume le Conquérant déposa Manger, avec l'assistance du légat pontifical, « Malgerio destituto elegit dux Willelmus quemdam monachum, nomine Maurilium » *(Acta archiep. Rotom.*, Mabillon, *Vet. Anal.*, 224).

2. Sur l'état des évêchés normands, cf. Pöschl, *Bischofsgut*, III, 13. On ne peut toutefois conclure avec certitude à la disparition temporaire de l'évêché, en raison des lacunes que présentent les listes épiscopales pour le Xe siècle. Les rares documents conservés pour ce temps d'après lesquels Gams *(Series episc.)*, les auteurs de la *Gallia christiana*, Mgr Duchesne *(Fastes épisc.)* établissent ces listes, ne mentionnent pas nécessairement tous les évêques contemporains.

3. A la fin du XIe siècle, l'investiture de ces deux évêchés appartient certainement à la maison d'Anjou (Imbart, 245 et 246). Le passage de l'évêché du Mans dans la *dominicatura* des comtes ne s'est peut-être produit par concession royale que sous Henri I (plus haut, p. 40, n. 2). En 973, Geoffroi Grisegonelle n'est pas étranger à la promotion de Renaud (p. 43, n. 4), mais on ne peut préciser en quoi consiste son intervention simoniaque. A une époque tardive, on attribuait au roi Robert II la concession faite aux comtes d'Anjou des deux évêchés (cf. p. 40, n. 2).

4. On a vu que déjà Eble Manzer, avant la date de 935, met sous séquestre l'évêché de Poitiers et que son successeur Guillaume le rend à Frothaire. On en peut conclure, bien qu'on ne possède pas de renseignements directs, que les comtes de Poitiers contrôlent l'élection et confèrent l'évêché. Adémar de Chabannes témoigne qu'à partir de la fin du Xe siècle, ils ont l'investiture de celui de Limoges. En 990, Audouin « successit... per manum Willelmi ducis » (III, 35, éd. Chavanon, 157) ; en 1021, comme les *principes Lemovicenses* « decertabant... pro episcopatu », le duc Guillaume

Ceux-ci sont maîtres, dès le Xe siècle, de la plupart des évêchés de Gascogne, tandis que les autres échoient à la petite féodalité du pays [1]. La maison de Toulouse dispose en tout ou en partie des évêchés de Toulouse, Albi, Cahors, Narbonne, Nîmes [2]. Les comtes de Carcassonne jouissent des mêmes droits à Carcassonne et au Conserans, les comtes de Melgueil à Maguelone [3]. A Agde, Béziers, Lodève, l'évêché est aux mains des vicomtes [4]. Dans la marche d'Espagne, les évêchés

vint tenir son plaid à Saint-Junien avec le comte d'Angoulême Guillaume, le vicomte Guy et les autres *principes* du Limousin : « Ibi... elegit in episcopatus honore Jordanum... ; ad sedem sancti Marcialis in aula sancti Stephani Jordanum deduxit et cum baculo pastorali ibi eum gratis honore pontificali vestivit » (*III*, 57, p. 182-3). En 1045, Guillaume Aigret renonce à l'exercice du droit de régale sur l'évêché vacant, qui était sans doute à cette date de coutume immémoriale aux mains des comtes. Nous n'avons pas plus de données sur la promotion des évêques de Saintes, Angoulême, Périgueux, qu'au sujet des évêques de Poitiers, mais les documents marquent que le comte de Poitou les tient pour ses évêques. En 990, c'est l'évêque d'Angoulême qui consacre en sa cité Audouin (loc. cit.), usurpant sur les droits du métropolitain des évêques de Limoges, l'archevêque de Bourges. En 1021, Islon, évêque de Saintes, et Isimbert, évêque de Poitiers, participent à l'élection de Jourdain de Limoges. Au mépris des droits de l'archevêque de Bourges étranger à la seigneurie du comte-duc, le sacre lui est conféré par les quatre évêques de Saintes, Angoulême, Périgueux, Poitiers et il est intronisé à Limoges par le comte Guillaume et l'évêque de Périgueux (loc. cit.). Dès 989, on voit les évêques de ces cinq cités se présenter avec l'archevêque de Bordeaux « ad curiam ducis », délibérer avec Guillaume Fiérabras « de communibus ecclesiae sanctae utilitatibus » et l'escorter dans de pieuses expéditions (Pierre de Maillezais, *De cœnobio Malleac*, I, 2, Migne, CXLVI, 1254). C'est évidemment de ces évêques que Guillaume le Grand écrit à Fulbert : « quantam nobis et episcopis *nostris* et optimatibus consolationem fecisses » (*H F*, X, 485). En 1029, l'archevêque de Bordeaux fut établi par les ducs Guillaume d'Aquitaine et Sanche de Gascogne qui se sont rencontrés à cet effet à Blaye « adgregato conventu ...constituerunt archiepiscopum » (*Ademari chron.*, III, 69, p. 194). Cf. Lot, *Et. Hugues Capet*, 220 ; Richard, *Hist. comtes Poitou*, I, 178 ; Imbart, 250-2.

1. Cf. Imbart 253-4 ; F. Lot, *Et. sur Hugues Capet*, 224.

2. En 1077, Guillaume IV renonce au droit usurpé, dit-il, par ses ancêtres, qui l'exerçaient déjà à titre immémorial à cette date, d'élire et d'établir sur son siège l'archevêque de Toulouse (plus haut, p. 46, n. 1). Le comte Pons disposait, en 1037, de l'évêché d'Albi et de la moitié de l'évêché de Nîmes (p. 52, n. 1). Les vicomtes d'Albi prétendaient aussi à des droits sur l'évêché de la cité. En 1040, le vicomte Bernard et son frère, évêque de Nîmes, firent marché de l'*episcopatus* d'Albi en faveur d'un personnage qui s'engage à payer somme égale d'une part au vicomte et à son frère et d'autre part au comte Pons (*H L*, III, 300 ; V, 214, col. 432-3 ; cf. IV, n. 143, p. 653). L'archevêché de Narbonne est sans doute partagé de la même manière entre le vicomte de la cité et le comte de Rouergue, son suzerain. Une notice rapporte qu'à la mort de l'archevêque Ermengaud (c. 1016-9), le vicomte de Narbonne et le comte de Rodez ont donné l'évêché (inter se et comitem Rutenis, acceptis centum millia solidis pretium pro episcopatu, dedimus eum, V, 251, col. 497). Guillaume Taillefer a offert moyennant argent de confier à Bernard abbé de Beaulieu « Caturcensem praesulatum quem nunc regit » (*Aimoini Vita Abbonis*, 10, Migne, CXXXIX, 398). Sur son refus, le siège fut attribué, en 990, à Gauzbert, du consentement et de la volonté du vicomte de Cahors, Guillaume (*H L*, III, 214 ; IV, n. 8, p. 44-5). L'évêché de Cahors dépendait, semble-t-il, à la fois du comte de Toulouse et du vicomte de Cahors.

3. Plus haut, p. 52, n. 1 et 2.

4. En 990, Guillaume, vicomte de Béziers et d'Agde, lègue à sa fille Garsinde

sont devenus la propriété patrimoniale des grandes familles du pays [1]. Les sièges épiscopaux de l'ancien royaume de Provence sont toujours, au Xe siècle, occupés par des membres des maisons seigneuriales du pays ; dans chacune des cités où prévaut son influence, le chef de la maison a saisi la disposition de l'évêché et le tient pour une propriété transmissible à ses héritiers [2]. Des usurpations semblables se sont produites, au Xe siècle, en Bavière [3] et en Italie. Le siège apostolique est en ce temps à la merci des grandes familles romaines [4].

Maintes maisons seigneuriales n'ont pas su retenir les droits qu'elles avaient usurpés. Tandis que dans le premier quart du Xe siècle, Richard le Justicier était maître en fait des évêchés d'Autun, Auxerre, Troyes et Langres [5], les ducs de Bourgogne perdent décidément, dès la fin du Xe siècle, la souveraineté des évêchés qui fait retour à la royauté. La maison de Vermandois, celle de Chartres, celle des comtes de Flandre n'ont pas su davantage asseoir solidement leur domination sur les évêchés du pays [6]. Les ducs de *Francia* auraient sans doute réussi à assujettir toutes les églises épiscopales de leur duché ; mais l'usurpation qu'ils ont faite de la couronne a sauvegardé et relevé le droit royal dans des régions où il était déchu.

Dans l'ancienne Gaule, c'est au total à l'ouest (Bretagne, Normandie, Anjou), au sud-est (Provence) et au Midi (Aquitaine, Languedoc), que les évêchés échappent à la royauté. Dans la *Francia* proprement dite et en Lorraine elle maintient à peu près ses droits traditionnels.

l'évêché de Béziers et à sa femme Arsinde celui d'Agde (*H L*, V, 150, col. 318). Vers 1036, le comte Guillaume s'engage vis-à-vis de son frère, Pierre, qui détient les vicomtés de Béziers et d'Agde, à ne pas lui disputer « nec ipsum episcopatum de Biterris civitate ne ipso episcopatu de Agathe civitate » (209, col. 425). A Lodève, en 949, l'évêque saint Folcrand est élu avec l'assentiment des deux vicomtes de la cité (*Vita Folcr.*, *A S*, Févr., II, 710).

1. Cf. Imbart, 257-8 ; F. Lot, 225.

2. Cf. plus haut, p. 46 n. 3 ; p. 52, n. 1 et 2.

3. Thietmar, I, 26 : « fuit in Bavaria quidam dux Arnulfus nomine qui omnes episcopatus in his partibus constitutos sua distribuere manu singularem habuit potestatem » (éd. Kurze, 16). Cf. Hauck, *Die Entstehung des geistlichen Fuerstenmacht*, 23.

4. Cf. Pöschl, *Bischofsgut*, III, 107-9, 138.

5. Cf. Chaume, *Les origines du duché de Bourgogne*, I, 373.

6. Cf. F. Lot, 218-21.

CHAPITRE III

Le « servitium » des églises seigneuriales

Les évêques et les abbés étaient, au IXe siècle, les fidèles du souverain ; en prenant possession de son siège, l'évêque s'engageait vis-à-vis du roi à lui rendre les devoirs qui sont dus par un homme à son seigneur [1]. Lorsqu'au Xe siècle, les grands commencèrent à se substituer au roi dans la souveraineté des évêchés et abbayes, ils tinrent aussi les prélats pour leurs fidèles et exigèrent d'eux les services qui s'attachent à cette condition.

Les évêques du duché ou comté, dans la mesure où ils échappaient au pouvoir royal, devenaient les évêques du seigneur régional. Guillaume le Grand, comte de Poitiers, écrivant à Fulbert de Chartres, parle de ses évêques et les met au rang de ses autres fidèles [2]. Alain Barbetorte, duc des Bretons, mande sur son lit de mort à ses prélats, c'est-à-dire aux évêques des neuf sièges péninsulaires, de venir en hâte à Nantes jurer fidélité à son fils. Un peu plus tard, les évêques bretons déclarent qu'ils obéissent à Conan, prince des Bretons, comme à leur seigneur [3]. Il n'est pas douteux que les évêques de Normandie n'aient été de très bonne heure assujettis de la même manière vis-à-vis de leur duc. Dans le royaume de Bourgogne, au commencement du XIe siècle, les évêques que Rodolfe III n'est plus capable de protéger, mettent leurs mains dans celles des grands et les servent comme leur roi [4].

Mais le *princeps* du pays n'est pas seulement le seigneur du prélat, il l'est aussi de la communauté et de l'église elle-même, de l'abbaye, de l'évêché dont il dispose. Des chartes monastiques du Xe siècle le désignent souvent comme le

1. Cf. fasc. 2, *Le droit du roi*, 86.

2. Lettre citée plus haut n. 4 de la p. 54.

3. Cf. plus haut, n. 5 de la p. 53.

4. Plus haut, p. 42, n. 4.

seigneur des moines [1]. C'est donc à l'établissement religieux non moins qu'à la personne du prélat que le seigneur imposera les charges du *servitium*.

Comme les rois, les grands seigneurs visitent par piété les églises placées sous leur souveraineté. Vers 984, Herbert de Vermandois écrit qu'il s'est mis en route pour visiter le monastère d'Homblières, afin d'y prier [2]. Le seigneur est reçu dans les cloîtres comme l'était jadis le roi. En 1021, Guillaume le Grand, duc d'Aquitaine, venu à Limoges pour y faire élire et pour investir l'évêque, se rendit au tombeau de saint Martial et il reçut ce jour-là l'hospitalité royale au monastère [3]. Dans ses abbayes, le souverain fait des séjours assidus ; les membres de sa famille, même les femmes, y ont parfois accès [4]. La lèpre dont fut atteint l'abbé de Saint-Bertin, Régénoldus, empêchait le comte Arnoul de visiter le monastère. Pour cette seule raison, l'abbé qui, retiré dans sa cellule, continuait depuis un an de diriger la communauté, se trouva contraint de résigner ses fonctions et de quitter Sithiu [5]. Dans l'exercice du droit de gîte, l'usurpation des droits régaliens par les seigneurs se traduira parfois par une notable aggravation des charges. A Saint-Vaast d'Arras, après la mort de Baudouin I, ce que jadis on donnait au roi en 5 ou 10 ans, il fallait le dépenser chaque fois que le comte de Flandre venait à Arras. Il était hébergé au monastère ; ses *milites*, au nombre de 50 ou 60, recevaient l'hospitalité dans les *villae* de Saint-Vaast et en abusaient. L'abbé aurait finalement racheté ces droits en acquittant le droit de gavène [6]. Les seigneurs estiment qu'ils

1. Gilbert duc de Lorraine est dit le *senior* des moines de Stavelot (plus haut, p. 22, n. 1) ; Frédéric I, duc de Haute-Lorraine, le *senior* des moines de Saint-Mihiel et de la « familia ejusdem potestatis » (p. 16, n. 3). Le 1er mai 921, l'abbé du monastère de Savigny donne des biens en précaire du consentement de son *senior*, le comte Guillaume (Bernard, *Cart. Savigny*, 12, p. 15).

2. Charte d'Herbert, comte abbé de Saint-Quentin, c. 984 : « causa orationis et visitationis ad monasterium (Homblières) mihi profecto » (B. N., *Coll. Moreau*, XIII, 110).

3. En 1021, Guillaume le Grand, duc d'Aquitaine, venu « ad tumulum sancti Marcialis missam audivit et juxta monasterium eo die regaliter hospitatus est » (*Ademari chron.*, III, 57, éd. Chavanon, 183).

4. La femme du comte abbé de Saint-Bertin, Arnoul, a obtenu, en 938, licence des moines de venir prier devant l'autel du saint, « quod antea reginarum nulla concupiscere vel audebat » (Folquin, II, 76, p. 142). A la fin de 960, le comte Arnoul vient au monastère avec son fils Baudouin et la jeune épouse de celui-ci. Baudouin atteint de variole le jour de Noël mourut le 1er janvier et fut enseveli au monastère (80, p. 153-4).

5. II, 80 : « Tandem comite Arnulfo, morbi hujus causa, locum hunc, visitatione soluta, vitante, compulsus est monasterio exire » (p. 153).

6. « pro gavuli commutatione » (Guimann, *Chartul. S. Vedasti*, éd. Van Drival, 45-6).

peuvent à leur gré se faire donner l'hospitalité près de leurs églises grandes ou petites et l'offrir même à qui bon leur semble [1].

Les grands seigneurs ne se contentent pas d'ailleurs de l'hospitalité qui leur est due dans les églises placées sous leur *ditio*. Pour des motifs et parfois peut-être sous des prétextes de piété, ils visitent les grands sanctuaires voisins ou même éloignés de leur seigneurie et y reçoivent aussi un accueil souvent onéreux pour les moines ou les clercs. Le comte d'Aurillac, Géraud visitait souvent les sépulcres de Saint-Martin et de Saint-Martial [2]. Le comte d'Anjou, Foulques le Bon se rendait aux grandes fêtes à Saint-Martin de Tours, mais il ne voulait pas être à charge à l'établissement ; il prenait gîte chez un clerc de petite condition, procurait à son hôte tout le nécessaire et le laissait à son départ bien approvisionné [3]. Les détails où entre le chroniqueur marquent qu'une telle délicatesse de procédés envers les établissements religieux qu'ils visitaient, n'était pas d'ordinaire le fait des grands seigneurs de ce temps.

Les guerres privées des seigneurs font peser dès le Xe siècle sur les domaines des églises la menace des dévastations qu'entraînent le passage et le gîte des hommes d'armes. L'abbaye Saint-Florent de Saumur était sous la souveraineté du comte Eudes. Foulques Nerra, comte d'Anjou, en guerre avec la maison de Blois, ne cessait, aux environs de l'an 990, de dévaster au cours de ses expéditions les terres du monastère et s'y faisait donner une hospitalité ruineuse pour les moines [4]. L'abbé crut détourner le danger en attribuant une terre à un *miles* qui remplirait l'office de défenseur du domaine de Saint-Florent. Il fut convenu que quand Foulques s'approcherait, ce *miles* irait au devant de lui et obtiendrait du comte, soit de gré, soit de force, qu'il s'abstînt de prendre gîte sur la terre de Saint-Florent [5]. Il n'en résulta d'ailleurs pour les

1. Le comte d'Aurillac, Géraud, mu à la vérité par ses pieux sentiments, « tanto autem studio procurabatur ut semper juxta ecclesiam hospitaretur » (*Odonis vita Geraldi*, II, 16, Migne, CXXXIII, 680). La mort l'a saisi, tandis qu'il séjournait à Cézeinac, « apud... quandam sui juris ecclesiam » (III, 5, col. 692). Le châtelain d'Aubeterre donne l'hospitalité à Abbon, abbé de Fleury, « juxta quamdam sui juris ecclesiam » (*Vita Abbonis*, 18, Migne, CXXXIX, 408).

2. *Odonis vita Geraldi*, II, 22, col. 683.

3. *Gesta cons. Andegav.*, éd. Halphen, Poupardin, *Chron. des comtes d'Anjou*, 36.

4 *Not.* c. 990 : « sicque S. Florentii terras eundo et redeundo valde atterebat et hospitando pessime vastabat » (L. Halphen, *Le comté d'Anjou*, P. just., I, p. 345).

5. « ut tutor existeret terrae S. Florentii et quandocumque in expeditionem comes Fulco procederet, ipse ante hostem, in terra S. Florentii staret et auctoritate ac deprecatione sua ne in eam hospitaretur averteret » (loc. cit.).

moines qu'une tyrannie nouvelle, exercée par ce soi-disant protecteur.

L'avouerie, telle qu'elle sera comprise et pratiquée au XIe et XIIe siècle, ne sera en effet aux mains des petits seigneurs locaux, qui la tiennent en fief soit du souverain, du haut avoué, ou même du seigneur abbé, qu'une occasion de prélever sur les moines et leurs hommes des redevances, des droits de gîte. En dépit des règlements d'avouerie qui interviendront si souvent désormais sur ce point délicat, les religieux verront se multiplier ainsi à leurs dépens les mauvaises coutumes [1].

Au Xe siècle, les églises sont rançonnées du reste par tous leurs nobles voisins, qu'ils aient saisi ou non l'avouerie de leurs terres. L'exploitation des riches établissements religieux du pays constitue l'un des revenus ordinaires de la milice séculière. Grands et petits seigneurs poursuivent les églises de leurs vexations, exigent d'elles des cens, des redevances, des corvées et des dons [2] qui, comme jadis les *annua dona* offerts au roi, n'ont rien de spontané.

Le seigneur qui exerce haute avouerie, patronat ou *dominium* sur l'église se croit autorisé à prélever des taxes qui sont désignées souvent sous le terme de *servitium*. Ou bien le service seigneurial s'est substitué au service royal, ou bien le grand seigneur a imposé par pure usurpation à ses abbayes des charges nouvelles et abusives.

De même que les rois renonçaient par piété au *servitium* en faveur d'une église privilégiée, les grands seigneurs se démettent de leurs droits ou injustes prétentions. Albert de Vermandois stipule qu'au monastère du Mont-Saint-Quentin, aucun de ses héritiers ne pourra prélever de coutumes ou de droits d'avouerie. Roger, comte de Carcassonne, affranchit, en 970, le monastère de Saint-Hilaire de tout *servitium* et renonce à toutes les redevances imposées aux moines par les anciens comtes et par lui-même [3]. Guillaume Fiérabras, reproduisant les termes des anciens diplômes délivrés aux moines de Noaillé par les Carolingiens, décide que ce lieu n'acquittera plus aucune charge publique soit envers lui, soit envers ses *ministeriales* [4]. Au XIe siècle, les comtes de Poitiers accordent

1. Cf. Senn., *L'inst. des avoueries ecclés.*, 135 et suiv. ; Naz, *L'avouerie de Marchiennes*, 77 et suiv. ; *L'avouerie de Saint-Amand*, 19 et suiv.

2. Un dipl. de Louis III pour l'église de Crémone, 12 mai 902, interdit à tout comte ou juge « res (ecclesiae)... distringere, pignorare, angariare, census et redhibitiones et donaria aliqua exigere » (Ughelli, *Italia sacra*, IV, 586).

3. Plus haut, p. 28, n. 3 et p. 31, n. 2.

4. Affranchissant Noaillé vis-à-vis de Saint-Hilaire, il stipule « ut ab hac die

aux moines de Saint-Cyprien maintes exemptions relatives soit aux mauvaises coutumes perçues par des tiers, soit au *servitium* exigé des hommes du monastère au profit du comte [1].

Là où l'évêché a été saisi par la maison seigneuriale qui domine le pays, l'évêque remplit le service de cour auprès de son seigneur, comme le faisaient ses prédécesseurs auprès des rois, de la même manière que ses collègues continuent de s'en acquitter au palais quand ils reconnaissent encore le roi pour leur seigneur direct. En 989, l'archevêque de Bordeaux, les évêques de Poitiers, Périgueux, Saintes, Angoulême, Limoges se présentent à la cour du comte Guillaume Fiérabras. Ils y délibèrent au sujet des intérêts des églises ; le comte les invite à bénir la basilique du monastère de Maillezais ; puis prenant avec lui quelques-uns des évêques, il revient à Poitiers pour leur faire procéder à la dédicace de l'église de Saint Hilaire [2]. C'est évidemment un ordre de leur seigneur qui détermine les évêques soumis au comte de Poitiers à prendre part aux élections qu'il dirige ou à conférer le sacre, au mépris des droits du métropolitain, à l'évêque désigné par le souverain du Poitou [3]. Alain Barbetorte convoque ses évêques à Nantes pour y prêter serment à son fils. Conan, devenu leur seigneur, leur intimera l'ordre d'apposer leur signature à ses chartes. Les grands réunissent des conciles et y invitent les évêques [4].

Le seigneur du pays charge aussi les prélats de ses églises de missions lointaines. Le moine Adalolphe, qui de 941 à 961 gouverne le monastère de Saint-Bertin par l'ordre du comte Baudouin, est envoyé porter ses présents par-delà la mer au roi d'Angleterre [5].

Dans certaines régions au moins, le service du roi continue

nullam publicam functionem locus ille (Noaillé) vel mihi vel ministerialibus meis exhibeat » (Redet, *Doc. S. Hilaire*, 50, c. 989, p. 59). Le comte agit d'ailleurs en qualité d'abbé de Saint-Hilaire ; mais sa qualité d'abbé se fond avec celle de souverain du Poitou et c'est à ce titre qu'il renouvelle les anciens privilèges (cf. fasc. 2, p. 423, n. 3) des moines au sujet du *servitium* public.

1. Plus haut, n. 5 de la p. 22.

2. Pierre de Maillezais, *De cœnobio Malleac.*, I, 2 : « ad curiam ducis... adveniunt... ; ad dedicandum Malleacense cœnobium invitat ;... qua expleta aliquos episcoporum princeps secum assumens causa consecrationis ecclesiae beati Hilarii,... ad eam eos duxit » (Migne, CXLVI, 1254). Cf. Richard, *Hist. comtes Poitou*, I, 127.

3. Plus haut, n. 4 de la p. 54.

4. Flodoard, *Ann.* 941 : « Heribertus comes synodum convocavit... Hugo et Heribertus comites episcopos convocant Remensis dioceseos » (p. 80) ; *Hist.* IV, 21 : « Sinodus sex episcoporum Remensis dioceseos apud Trosleium habita, Heriberti comitis jussione convocata, rege tamen Rodulfo contradicente patrata » (p. 579).

5. Folquin, II, 80 : « cum exeniis ad regem trans mare direxit Anglorum » (p. 153).

d'incomber aux prélats en même temps que le service seigneurial. De l'abbé de Saint-Amand, Génulphus, il est rapporté qu'il a dû aliéner d'importants domaines pour satisfaire au service qu'il devait soit au roi Lothaire, soit au comte de Flandre, Arnoul [1]. Les devoirs des évêques et abbés vis-à-vis du seigneur et du roi se modifient suivant les progrès ou les reculs que subissent le prestige et l'autorité pratique de l'un ou de l'autre.

Dans les régions où l'autorité royale se fait encore sentir, les églises continuent d'envoyer des contingents à l'ost pour la défense du royaume [2]. Les évêques y contribuent surtout en entretenant des *milites* aux frais de leur évêché. Les moines cherchent à se dérober, même sous cette forme, aux obligations du service. Un familier de l'évêque de Toul, Drogon, incriminait les moines de Saint-Epvre, parce qu'ils ne se prêtent, disait-il, à aucun devoir de cette espèce : « Ils ne vous apportent aucune assistance quand vous partez en expédition pour le compte du roi ; ce n'est pas avec leur secours que votre cité est fortifiée et défendue [3] ».

On estimait du moins qu'une église soumise à un seigneur ecclésiastique ou laïque devait supporter une part de la charge qui incombait à celui-ci vis-à-vis de son suzerain. Dès le IXe siècle, nous l'avons vu [4], les monastères épiscopaux sont astreints à des fournitures en faveur de leur évêque quand il est convoqué à l'ost. Les établissements religieux qui dépendent d'un laïque lui apportent aussi en pareil cas une aide. En 861, le fondateur du monastère de Wisensteig a stipulé que les religieux acquitteraient à celui de ses descendants qui exercerait sur eux patronage un cens qui serait exigible chaque fois qu'il se rendrait au service du roi. Les moines lui fourniront

1. Cf. fasc. 2, p. 453.

2. On a vu que les prélats lorrains partent, en 981, à la requête d'Otton II, pour l'Italie ou lui envoient leurs contingents (fasc. 2, p. 471, n. 5 et 481). Les faibles souverains de *Francia* ne sont plus dans le même temps en état d'exiger rigoureusement un service semblable. Si, en 940, 945, on voit Artaud faire campagne avec Louis IV (Flodoard, *Ann.*, 75-6, 96), plus souvent les archevêques de Reims poursuivent leurs entreprises particulières. Les seigneurs ecclésiastiques paraissent à cet égard s'émanciper. Plus tard, les progrès nouveaux de l'institution monarchique les obligeront à un service qu'ils tendent d'ailleurs à limiter en vertu des coutumes. L'abbé Lalore a publié d'après un rôle qui paraît dater du XIIIe siècle les noms des abbayes qui « doibvent le charroi au roi, toutes fois qu'il va en guerre ». Parmi ces abbayes figurent Saint-Vaast d'Arras, Orbais, Montiéramey, Notre-Dame de Laon (Extrait de la *R. de Champagne*, 1884, p. 7-8).

3. *Mirac. s. Apri*, 25 : « Non nobis serviunt in expeditione regii famulatus, non eorum ullo auxilio vestra munitur aut tuetur civitas. Militia eget patria, vos ipse indigetis pecunia ». On en concluait que l'évêque pouvait déposséder les moines de leur avoir (*S S*, IV, 518).

4. fasc. 2, p. 493.

une bête de somme chargée et un homme pour la conduire. Ils seront tenus à la même fourniture si une seconde fois dans l'année il faut partir pour l'ost [1]. Cette contribution militaire acquittée pour le service royal, mais aux mains du seigneur des moines, les plaçait à cet égard sous sa dépendance et frayait la voie à un service purement seigneurial.

Au XIe siècle, la charge des obligations militaires vis-à-vis du pouvoir seigneurial pèsera lourdement sur la *familia* des églises. A défaut d'un privilège, leurs hommes devront prendre part aux guerres privées soutenues par le seigneur, de qui relèvent l'évêché, l'abbaye ou les terres de l'église, faire le guet, acquitter des charrois et des corvées [2]. Il est vraisemblable que le service militaire seigneurial a été exigé déjà sous cette forme dès la deuxième moitié du Xe siècle [3].

1. « quando ad servicium pii regis perrexerit unum saumarium onustum praestent, cum homine qui illum ducat. Similiter secunda vice faciant si iter in hostem eodem anno contigerit » *(Wirtemb. U B*, 136, I, 160).

2. M. Flach, *Les orig. de l'anc. France,* I, 317 et suiv. cite de nombreux textes concernant les devoirs militaires dus au XIe siècle au seigneur par les hommes des églises.

3. Entre 1007 et 1026, Foulques Nerra, comte d'Anjou, remettant à Saint-Aubin d'Angers des coutumes qui sont à charge au monastère, stipule au contraire « quod homines sancti Albini, ab abbate summoniti convenienter contra hostes in exercitum meum ibunt » *(Cart. S. Aubin*, I, 4, p. 10). M. Voigt *(Das Karoling. Klosterpolitik*, 247) observe que dans un acte de 970, l'abbé de Saint-Aubin, Aubert, concédant une terre, stipule que la *militaris manus* lui sera rendue (193, p. 223) et en conclut qu'à cette date déjà le contingent du monastère était dû au seigneur. L'acte montre seulement que l'abbé exige de son bénéficier le *servitium ;* vraisemblablement toutefois, c'est déjà en faveur du comte d'Anjou, comme au temps de Foulques Nerra, que l'abbé utilise le service armé de ses hommes. En 1023, Foulques Nerra accordait au monastère de Saint-Nicolas, fondé en 1020, l'exemption du service d'ost, sauf le cas de guerre (bellum), et des réquisitions de chariots, bœufs et ânes (Halphen, *Le comte d'Anjou*, Catal. 34, p. 254). On en peut conclure que les autres monastères angevins étaient, à cette date, traditionnellement assujettis au service d'ost vis-à-vis du comte.

CHAPITRE IV

Biens d'église sécularisés, restitués par les seigneurs

En saisissant les droits régaliens sur les abbayes et évêchés, les petits souverains régionaux n'ont pu laisser tomber les pratiques si avantageuses aux intérêts du pouvoir séculier qui avaient permis aux Carolingiens de disposer du temporel de leurs églises pour s'entretenir eux et leurs fidèles. En même temps qu'ils s'emparaient de l'évêché, de l'abbaye, confisquaient l'élection, investissaient leur homme de l'honneur ecclésiastique, exigeaient de lui et de son église un *servicium* et des redevances, les seigneurs usurpèrent aussi souvent sur le temporel dont jouissaient le prélat et la communauté ; ils détournèrent à leurs usages et à ceux de leurs *milites* les biens de leurs églises et en constituèrent des bénéfices pour leurs vassaux.

A la vérité, les grands n'ont jamais cessé, au cours de l'époque carolingienne du VIIIe au Xe siècle, d'envahir les biens d'église ; la maîtrise exercée par les Carolingiens sur l'aristocratie franque a limité, sans y mettre un terme, ses usurpations. Le plus souvent, le prince cédait lui-même aux puissants personnages devenus ses fidèles les biens d'église qu'ils convoitaient. Mais, au temps même de Pépin et de Charlemagne et surtout pendant le cours du IXe siècle, les grands, en particulier les comtes, se mettaient parfois en possession sans l'intermédiaire du souverain. Du vivant de l'abbé de Saint-Gall, Otmar, mort en 759, les comtes d'Alémanie, Warin et Ruadhard qui, dans toute l'étendue de leur comté, faisaient main basse sur les propriétés ecclésiastiques, ont frustré le monastère d'une grande part de ses biens [1]. Le monastère de Saint-Maur a pu être spolié par le comte d'Angers et d'autres ravis-

1. Walafrid Strabon, *Vita Galli*, II, 14 : « cum infra ditionis suae terminos ecclesiasticarum non minimam partem rerum suae proprietatis dominio per potentiam subicere niterentur, maximam de ejusdem monasterii possessionibus partem sibimet vendicarunt » (*S S mérov.*, IV, 323).

seurs, parce que personne n'en faisait rapport à Charlemagne [1] : « Votre comte un tel, lui écrivaient les moines de Murbach, nous a dépouillés de biens dont vos prédécesseurs et vous-mêmes nous aviez garanti la jouissance [2] ». Le comte Rodéric aurait adjugé au comté de Coire maintes propriétés de l'évêché, sans que ni Charlemagne, ni Louis le Pieux, au dire de l'évêque, aient rien voulu ou ordonné des injustices commises [3]. Le même personnage a presque entièrement dépouillé le monastère de Pfeffers [4].

Sous le règne de Louis-le-Pieux, le comte d'Orléans, Eudes met la main sur presque toutes les propriétés de l'évêché [5]. En 858, le comte Wigéricus détient injustement des biens de l'église de Vienne [6]. Bernard II, marquis de Gothie, dépouille l'église de Bourges [7] ; le comte Matfroi entreprend sur le temporel du monastère Saint-Oyend [8] ; le comte de Hainaut, Régnier a enlevé une abbaye à l'évêché de Trèves [9]. Les comtes Étienne et Matfroi se sont emparés de biens de l'église de Toul [10]. De la part du comte du pays les églises avaient toujours à redouter quelque violence, car dans un diplôme délivré aux moines de Montier-la-Celle, Charles le Chauve stipule qu'aucun des comtes de Troyes ni autres personnes ne pourront ravir des propriétés à ce monastère [11].

1. *Mirac. s. Mauri*, 1, *S S*, XV, 465.

2. *Form. Morbac.*, 4 : « comis vester, nomine ille, nos de rebus aliquis expoliavit atque devestivit unde nos,... per avio vestro atque genitori vestro et per vos, per vestram pietatem usque in presens tempus vestiti esse videbamur » (Zeumer, 330-1).

3. « injuste absque voluntate vel jussione bonae memoriae genitoris vestri, vel vestram et absque judicio ullo, tantum per violentiam » (*Ep.*, V, 310).

4. Aux termes d'un diplôme de Louis le Pieux du 9 juin 831, l'abbé s'est plaint « quod a comite nomine Rodericus infestationes et praejudicia ac tanta detrimenta ipsi et familiae eorum pertulissent ut non solum rebus... exspoliati essent, sed et idem ipse abbas pene omnem potestatem monasterii sui amissam haberet ». Les *missi* de l'empereur ont fait enquête : « invenerunt Joannem abbatem ministerium suum in quibusdam amivisse... ; res monasterii subtractas » (Migne, CIV, 1199).

5. *Mirac. s. Bened.*, I, 20 : « cuncta quae juri subjacebant ecclesiae Aurelianensis, matricula excepta, sed et abbatiam sancti Aniani necnon et sancti Benedicti in propriam molitur redigere potestatem » (éd. de Certain, 47).

6. *Noticia*, Baluze, *Cap.*, II, 1468.

7. *Joh. VIII ep.* 156 : « Bernardum... sacrarum rerum ecclesiasticarum pervasorem... a proprio archiepiscopo Frotario, cui et civitatem et omnia quae habuit sustulit » (Migne, CXXVI, 800).

8. Dipl. faux de Lothaire I, 21 sept. 852, fabriqué d'après des pièces authentiques, Benoît, *Hist. de Saint-Claude*, I, 638.

9. Dipl. de Charles le Simple, 13 juin 919, Beyer, *Mittelrh. U B*, 160, I, 223.

10. Le dipl. d'Arnoul, 13 juin 894 (*Gall. Christ.*, XIII, 451) qui relate ces faits est faux (B M. 1901) ; mais on peut tenir l'exposé pour exact (cf. Parisot, *Le roy. de Lorraine*, 506-7).

11. ante 854 : « confirmamus ut nulli comitum Trecassinorum aut quarumlibet aliarum personarum liceat ex eisdem rebus quicquam subtrahere » (Lalore, *Cart. dioc. Troyes*, VI, 194).

Souvent, les biens d'église saisis par les comtes sont destinés à enrichir leur bénéfice comtal et passeront ainsi des mains du ravisseur en celles de leurs successeurs. Il en fut ainsi, on l'a vu, aux origines mêmes du *comitatus*. Sous Pépin et Charlemagne, les comtes ne se firent pas faute d'arrondir leur comté aux dépens des églises [1]. Eudes, comte de Paris, se déclare prêt à rendre tout ce que ses prédécesseurs, c'est-à-dire sans doute les comtes de la cité, ont enlevé par force à l'église cathédrale [2]. Le comte Gérold a enlevé des biens injustement aux moines de Saint-Gall et les a joints au *comitatus* de Zurich [3]. Des domaines que possédait l'église de Narbonne dans le pays de Béziers ont été iniquement usurpés par le pouvoir comtal. Quand le roi prescrivait une sécularisation, le bien d'église était attribué à son fisc ; quand l'usurpation était le fait du comte, le *comitatus* recueillait et conservait le produit de son larcin. Par là déjà les spoliations commises par les comtes revêtaient le caractère des sécularisations ordonnées par les souverains ; le *comitatus* prenait la place du *publicum*, dont il n'était à l'origine qu'une portion affectée par le roi à l'entretien du comte ; le fonctionnaire royal se substituait à son maître.

Les grands qui se saisissent de biens d'église sans l'autorisation du monarque ou bien les gardent pour eux-mêmes, ou bien les cèdent à leurs fidèles. Sous Louis le Pieux, Bernard de Septimanie pillait les églises et en distribuait les biens à ses fidèles [5]. Le comte Aldric avait saisi et attribué en bénéfice à son vassal Rotfride la *villa* de Volnay, propriété de l'église d'Autun, qui en recouvra possession en 853 [6]. Le comte Boson a divisé entre ses hommes les biens ecclésiastiques dont il

1. Cf. fasc. 1, *Les étapes de la sécul.*, 85. Le comte de Coire, Rodéric, en particulier a voulu, semble-t-il, arrondir ainsi le comté dont il est le premier titulaire, après que le *comitatus* eut été séparé de l'*episcopatus*.

2. ante 888 : « quicquid ab antecessoribus meis per vim atque inaudita aviditate a Parisiacensis sancte matris ecclesiae possessionibus ablatum fuit » (de Lasteyrie, *Cart. de Paris*, 52, p. 71).

3. Dipl. de Louis le Germ., 3 avril 875, pour Saint-Gall, relatif à des biens qui avaient été donnés au moines, « quas postea inde injuste abstulit Geroldus comes et potestati Zurigangensis comitatus violenter conjunxit » (Wartmann, 586, II, 198).

4. Dipl. de Carloman, 4 juin 881 : « fiscos vero qui sunt in Biterrensi comitatu, sancto Paulo confessori a longo tempore conlatos et a potestate comitali injuste usurpatos plenissime reddidimus » (*H L*, V, 3, col. 70).

5. En 838, plainte est déposée par les nobles de Septimanie contre Bernard « eo quod homines illius tam rebus ecclesiasticis quamque privatis... abuteretur » (*Vita Hlud.*, 59, S S, II, 644). Louis le Pieux lui ordonne en particulier de rendre plusieurs *colonicae* aux moines de Psalmodi, mais le comte « jussionem implere neglexit et suis hominibus, quibus ipsas res dederat, violenter habere permisit » (Dipl. de Charles le Chauve, 30 juin 844, *H L*, II, Pr., 122, col. 251).

6. Dipl. de Lothaire, I, 3 juill. 853, de Charmasse, *Cart. égl. Autun*, 46, I, 75.

s'est emparé [1] ; il a cédé en bénéfice à son vassal, Arembert la *villa* de Vendeuvre, que Jean VIII revendique comme propriété de l'église romaine [2]. Bernard, comte de Toulouse, distribue en bénéfice à ses hommes les biens qu'au temps d'Hincmar, l'église de Reims possédait en Aquitaine [3]. Jean VIII se plaint que les comtes et leurs fidèles retiennent témérairement les biens de l'église de Tours. Le pape assimile en fait ces occupants à ceux qui profitent d'une largesse royale aux dépens d'une église, car il réclame des premiers la redevance des doubles dîmes que les Capitulaires exigent des bénéficiers royaux [4].

Les chefs des grandes familles, dont le pouvoir se consolide à partir de la fin du IXe siècle, prennent à pleines mains pour eux et pour leurs hommes. Le comte de Flandre, Baudouin a saisi des biens de l'église de Noyon [5] ; Arnoul le Vieux a enlevé au monastère de Marchiennes la *villa* de Haines [6]. Les archevêques de Reims sont en lutte continuelle avec les *proceres Franciae* qui usurpent les biens de leur église [7]. Werner, comte de Worms, a ravi les biens de Saint-Remi sis dans les Vosges et les a distribués à ses hommes [8]. Après s'être emparé de l'abbaye de Wissembourg, Otton a distribué à ses hommes les bénéfices des *milites* du lieu et tous les biens réservés aux usages des moines [9]. C'est au marquis Hugues que, dans la première moitié du Xe siècle, Gautier a demandé

1. Hincmar a écrit à la femme de cet *inclitus vir* : « de rebus ecclesiasticis, quas... ab ecclesiis abstractas suis hominibus diviserat » (Flodoard, *Hist.*, III, 27, *S S*, XIII, 550) ; cf. lettre à Boson : « quod res diversarum ecclesiarum suis hominibus dedisset » (26, p. 545).

2. *Ep.* 256 et 257, Migne, CXXVI, 880-1.

3. Hincmar lui a écrit « ne res easdem suis hominibus in beneficium donet, ut eum fecisse audierat » (Flodoard, *Hist.*, III, 26, *S S*, XIII, 543).

4. *Ep.* 158 : « Quidam... tam comites quamque subditi eorum, sancti Mauricii Turonensis ecclesiae res invasas ausu temerario teneant ». Le pape invite les évêques à les exhorter « ut nonas et decimas, secundum antiquam consuetudinem quibus dare debent... dare minime differant » (Migne, CXXVI, 801).

5. Flodoard, *Hist.*, IV, 7 : « possessionem ... quam rex ecclesiae Noviomensi tradiderat, idem Balduinus invadens per violentiam retinebat » (p. 572).

6. Vers 975, le roi Lothaire restitue aux religieux et religieuses de sainte Rictrude « villam... que tempore Arnulfi comitis ... injuste sublata fuerat » (*Rec. actes Loth.*, 39, p. 94). La *villa* a été enlevée par le comte lui-même (*Mir. s. Rictr.*, *A S*, Mai, XII, 92).

7. Flodoard, *Ann.* 963, éd. Lauer, p. 154. Les envahisseurs sont les comtes de Vermandois (964, p. 155), Erlebald, comte de Châtresais, qui construit un château près de la Meuse sur une terre dérobée à l'église (c. 920, *Hist.*, IV, 16, *S S*, XIII, 577), Renaud de Roucy (*Ann.*, 966, p. 158), Thibaud comte de Blois (951, p. 128).

8. Flodoard, *Hist.*, I, 20 : « Nostris olim diebus quidam Warnerius pagi Vormacensis comes, res sancti Remigii... in Vosago sitas, invadens, hominibus suis distribuerat » (*S S*, XIII, 436).

9. Plus haut, p. 24, n. 5.

en précaire pour lui et pour son fils, Garnier, des biens du monastère de Saint-Mihiel. Les moines ont consenti à cette concession, mais c'est le marquis qui l'a ordonnée ; plus tard, Rodolfe d'Amel et d'autres injustes envahisseurs de l'abbaye essayeront d'en évincer Garnier ; le duc de Lorraine, Frédéric I, seigneur des moines de Saint-Mihiel, lui confirmera cette précaire [1]. Le même Frédéric construit son château de Bar sur une terre dont il dépouille l'église cathédrale de Toul [2]. Son successeur, Thierry enlève des biens à Saint-Arnoul de Metz [3]. En 987, le comte de Blois, Eudes I et le comte de Troyes, Herbert le Jeune exigent du comte de Verdun, Godefroy qu'il leur cède pour sa rançon et celle de son fils, l'évêque Adalbéron, des *villae* de l'évêché de Verdun où ils élèvent des châteaux forts [4].

En Bourgogne, comme en Lorraine, les grands seigneurs sécularisent des biens d'église. Abbon écrit au pape Grégoire V que les bénéfices constitués par le comte Foulques pour ses vassaux aux dépens du monastère de Ferrières, jadis si opulent par la libéralité des rois, en ont rongé l'avoir, au point qu'il reste à peine de quoi stipendier un petit nombre de moines [5]. Les comtes de Mâcon ne cessent d'entrepren-

1. Charte de Frédéric, 8 sept. 962, Lesort, *Ch. de Saint-Mihiel*, 27, p. 120-1. La cession en précaire obtenue du marquis Hugues, que M. Parisot identifie avec Hugues le Grand ou Hugues Capet (*Ann. de l'Est et du Nord*, 1906, p. 100 et *Origines de la H. Lorraine*, 243) n'était évidemment pas régulière. Aussi, Garnier donne aux moines, «in hujus recompensatione meriti», un bien dont il retient la jouissance pour lui et son fils. A leur mort, les deux terres feront retour aux moines.

2. Suivant la chron. de Saint-Mihiel (7, éd. Lesort, 11), le duc a obtenu régulièrement la terre de Bar par un échange avec l'église de Toul. Mais au rapport du chroniqueur de Moyenmoutier, le château avait été construit « in praedio ecclesiae Tullensis », avant tout accord avec l'évêque, car il réclama près d'Otton I, qui a obligé le duc, pour réparer la violence faite (pro pervasione praedii), à céder à l'évêché, outre divers biens patrimoniaux, les abbayes de Moyenmoutier et de Saint-Dié (*Lib. de s. Hild. succ.*, 10, *S S*, IV, 91). Cf. Parisot, *Orig. de la H. Lorraine*, 310 et suiv.

3. *Vita Adalberonis II*, 28 : « res quasdam Deo et sancto Arnulfo auferens » (S S, IV, 669).

4. *Gerberti ep.* 103, à l'impératrice Théophano : « Num villas Verdunensis episcopii quas pro redemptione sua, una cum filio A. episcopo, invitus donat God. comes jurejurando in perpetuum ab ecclesia alienabitis. Num castra in eisdem ad eorum votum extruere patiemini » (éd. J. Havet, 96). La cession est faite « una cum episcopo », mais c'est le comte et non l'évêque de Verdun qui est requis par ces seigneurs de dépouiller l'église.

5. *Ep.* 1 : « eorum recordemini quae per me vobis comes Fulco mandavit, malle se scilicet vetera monasteria diruta restaurare quam nova a fundamentis condere. Quod quam frivolum sit et omnino vacuum... Sancti Petri monasterium... Ferrarias, priscis temporibus regia munificentia magnificentissimum, Romanae ecclesiae membrum, nunc vero suorum vassallorum beneficio ita corrosum, ut vix aliquid remanserit ad stipendia paucorum fratrum » (Migne, CXXXIX, 421). Abbon avait été évidemment chargé par le comte Foulques de le disculper auprès du pape, au cours de la mission qu'il a remplie à Rome, de la part du roi Robert, en novembre

dre, eux et leurs gens, sur le temporel de la cathédrale Saint-Vincent [1]. En *Francia*, le comte du Mans, Herbert I, au temps de l'évêque Avesgaud, envahit les biens de l'église et les pille [2]. Geoffroi Grisegonelle, comte d'Anjou, reconnaît que son aïeul, son père et lui-même ont tenu injustement une église qui appartient aux moines de Saint-Jouin de Marnes [3]. Les seigneurs des anciens royaumes d'Aquitaine et de Provence, se nantissent aussi de biens d'église. Entre 915 et 921, le pape Jean X a écrit à Raimond II, comte de Toulouse, pour le presser de restituer les biens qu'il a usurpés sur les églises de Septimanie, d'Espagne et de Bourgogne qui relèvent des métropoles de Narbonne et de Lyon [4]. Le comte de Provence, Boson, détenait injustement, à la date de 965, des biens de Saint-Victor de Marseille [5].

Après l'expulsion des Sarrasins de Fraxinet, les seigneurs du pays, entre autres le vicomte de Marseille, se disputaient les terres reconquises, sans égard aux droits des saints. Il a fallu que le comte de Provence intervînt pour faire remettre Saint-Victor et l'église de Fréjus en possession de ce qui leur appartenait [6]. En Italie, les seigneurs sont semblablement accusés d'usurper des biens d'église pour se faire des vassaux [7].

997 (cf. Pfister, *Études sur Robert le Pieux*, 54). Abbon, qui a porté les bonnes paroles du comte, n'y a jamais cru ou a cessé de s'y fier et il allègue l'attitude du comte vis-à-vis de Ferrières. S'agirait-il du comte d'Anjou, Foulques Nerra ? A la vérité, Ferrières ne paraît pas être dans sa sphère d'action ; mais il a pu en faveur de ses vassaux le dépouiller de biens possédés par les moines dans la région de la Loire. Abbon, zélé défenseur des droits monastiques et qui épouse la cause du roi Robert. devait être hostile à Foulques Nerra qui a violé l'asile de Saint-Martin en 996 (L. Halphen, *Le comté d'Anjou*, pièces just., 3, p. 348-9) et à qui Robert a repris Tours au début de 977 (p. 30). Peut-être dès le mois de novembre, les rapports de Foulques avec le roi se sont-ils améliorés. On s'expliquerait ainsi qu'Abbon ait accepté de se faire près du pape le porte-paroles du comte, sans toutefois s'en déclarer garant et sans renoncer à ses défiances.

1. Cf. Ragut, Introd. au *Cart. Saint-Vincent*, LII. Le prince Hugues et le comte Leutald rendirent « aliquid ex rebus quas tenebant » (70, p. 58), des biens que beaucoup des prédécesseurs de Hugues « habent dissipatas sive abstractas » (72, p. 61) ; entre autres l'abbaye de Saint-Clément, occupée injustement par Leutald ou par les siens (71, p 60) et dont les biens sont détenus en particulier par un certain Cicard (157, p 108) et par le vicomte Gautier (292, p 173). Les fidèles du comte ont « envahi » aussi une église appartenant à Saint-Vincent (420, p. 242).

2. *Actus pont. Cenom.*, 30, p. 357-8.

3. Avril 976, *Cart. S. Aubin*, 31, II, 300-1.

4. Suivant Catel *(Hist. comtes de Toulouse*, 83 et suiv.), Jean X a fait part à Agio de Narbonne et à Austérius de Lyon de sa démarche près de Raimond (cf *H L*, IV, n. 7, p. 24).

5. Notice de mars 965, *Cart. Saint-Victor*, 29, I, 41.

6. Notice c. 993, 77, I, 104-5 ; *Gall. Christ.*, I, Pr., col. 82.

7. Suivant la chronique de Benoît, Albéric restitue aux monastères de Rome et de la campagne romaine les biens enlevés par les méchants. Il note en son jargon barbare à propos du monastère de Saint-André brûlé par les Sarrasins « et rebus

Au Xe siècle, ce sont les grands seigneurs qui menacent de soumettre à la *divisio* le temporel des églises. A la mort de l'archevêque de Reims, Séulf, le clergé se décide à élire le jeune fils d'Herbert de Vermandois, crainte que l'évêché ne soit démembré par la puissance séculière [1]. La *divisio* qui, suivant l'auteur du Dialogue sur l'état de la sainte Église, frappe l'héritage des évêques n'atteint pas seulement leur fortune personnelle. Les seigneurs du pays sont accusés d'usurper à cette occasion qui une église, qui une abbaye ; c'est évidemment l'évêché et non l'avoir patrimonial de l'évêque défunt qui subit cette violence [2]. L'un des interlocuteurs en appelle aux capitulaires de Louis-le-Pieux et de Charlemagne qui interdisent de partager les biens d'église [3]. Ces prescriptions étaient alors opposées bien plutôt à l'arbitraire des grandes maisons seigneuriales qu'à l'autorité chancelante du souverain.

Les grands qui attribuent en précaire des biens d'église font parfois ratifier par le roi la concession qu'ils en ont faite. Hugues le Grand, son *miles* Gilbert, comte de Bourgogne, et le comte Thibaut ont prié le roi Lothaire de confirmer à Guilain et à ses fils des biens de l'église de Saint-Beurry [4]. Ces propriétés, qui feront retour à la basilique après la mort des précaristes, leur avaient été évidemment cédées par le duc de France et le comte de Bourgogne. Le roi confirme encore ici un précaire ecclésiastique, mais non dans les conditions où il le faisait au IXe siècle nonobstant les canons des conciles. La concession en précaire soumise à la ratification royale n'est pas le fait d'un prélat, administrateur régulier du temporel ecclésiastique, qui cherche ainsi à consolider une libéralité révocable et peut-être abusive. Il s'agit d'un bénéfice constitué par des seigneurs laïques en terre d'église et dont ils demandent à leur suzerain de confirmer la cession.

Quand les comtes et les grands dépouillent ainsi les églises, ils n'exercent pas nécessairement en place des rois un droit que les Carolingiens s'étaient arrogé et longtemps réservé sur le temporel ecclésiastique. Dans les spoliations commises

ecclesiarum in bassalatico a fidelibus principis fuerat concessa » (33, *S S*, III, 716). Il faut comprendre que les fidèles du prince Albéric avaient usurpé des biens d'église qu'ils tenaient de lui ou qu'ils cédaient à leurs propres vassaux et qu'Albéric a restitué ces biens.

1. « ne forte per extraneas personas episcopatus divideretur » (Flodoard, *Hist.*, IV, 20, p. 578).

2. Plus haut, p. 49, n. 5.

3. E. Dümmler dans les *Sitzungsber. des preuss. Akad.*, 1901, p. 376.

4. Fin de 954, L. Halphen, *Recueil des actes de Lothaire*, 2, p. 5.

par les seigneurs aux dépens des églises, il faut voir souvent moins l'usurpation des droits régaliens que le déchaînement du pillage. Au IXe et au Xe siècles, les établissements religieux souffrent de la part des larrons grands et petits des violences qui, n'étant plus contenues par l'autorité royale, deviennent sans cesse plus fréquentes et plus hardies. C'est contre cette multitude de maraudeurs, qui tous appartiennent à l'aristocratie seigneuriale, quel que soit leur rang dans la hiérarchie qui se dessine, qu'ils soient ou non propriétaires ou souverains de l'évêché, de l'abbaye, de l'église rurale, que s'élèvent les plaintes du clergé et des moines, de plus en plus pressantes et de moins en moins écoutées : « Hélas, écrit vers 920 Abbon de Saint-Germain, chaque jour la religion est dissipée par ceux qui sont à présent les princes du monde, à savoir les rois, les comtes, les vicomtes, les consuls, proconsuls et leurs vicaires, les *vassi dominici*, leurs satellites et tous les mauvais juges qui enlèvent aux églises des cités et aux monastères leurs biens et leurs *villae* [1] ». Vers le même temps, l'auteur du Dialogue sur l'état de la sainte Église argumente indistinctement contre tous les méchants qui pillent les biens des églises [2]. Jamais, au Xe siècle, on ne distingue entre le simple larron déprédateur des biens d'église et le grand seigneur qui renouvellerait à son profit sur les églises qu'il a usurpées les entreprises des rois de l'âge précédent.

Il n'est pas douteux pourtant que les grands seigneurs, usurpant sur le souverain la disposition d'églises royales, n'aient aussi exercé sur leur temporel le droit régalien qui consistait à créer à leurs dépens des bénéfices. Sur les biens de l'établissement religieux qui fait partie de leur *honor* et est soumis à leur pouvoir, ils estiment avoir un droit particulier, auquel ne pourrait prétendre l'usurpateur des biens de l'église d'autrui ou d'une église pleinement indépendante. Vis-à-vis du patrimoine de leurs églises ils agissent comme l'avaient fait les rois, en vertu des mêmes idées, en raison des mêmes besoins, et même suivant des méthodes exactement pareilles. Quand

1. *De fundamento et incremento christianitatis* : « Ergo hanc religionem... proh dolor ! quotidie dissipant illi qui nunc sunt principes mundi, reges videlicet, comites, vicecomites, consules, proconsules eorumque vicarii, vassi dominici, eorum sattellites, omnesque mali judices. Auferunt namque... urbalibus ecclesiis necnon monasticis res et villas » (Migne, CXXXII, 774).

2. Éd. Dümmler, 374. Plus loin, l'auteur prend expressément à partie les vidames, avoués, défenseurs et auxiliaires des églises qui ne se contentent pas de leur bénéfice traditionnel, les *principes* qui font main basse sur la dépouille des évêques défunts, les séculiers qui prétendent à la propriété des églises et des autels et en consomment les revenus, mais surtout les prélats qui distribuent à laur famille et à leurs amis les biens de leur église.

ils en sécularisent les biens pour les céder en bénéfice, c'est parfois aux conditions et charges qui caractérisent le bénéfice royal dans la législation des Capitulaires. Le 11 décembre 942, le comte d'Autun, Gilbert, à la prière de son vassal, Robert, vicomte de Dijon, accorde au vassal de celui-ci, Guibaud, une terre de Saint-Étienne de Dijon, à condition que les chanoines reçoivent, comme il est prescrit, les nones et dîmes [1]. Le noble Warulfus a demandé, en 924, au comte de Chalon licence de tenir en mainferme par sa largesse des terres qui appartiennent à Saint-Marcel [2]. Il s'engage à payer à l'église un cens de 12 deniers, ainsi que les dîmes du *dominicum*.

Plus souvent, sans mentionner les charges édictées par les Capitulaires à l'adresse des bénéficiers royaux, on signale simplement, au Xe siècle, la cession faite en bénéfice des terres d'une église par le seigneur qui exerce domination sur elle. Toutes les maisons qui, à cette époque, fondent ou cherchent à établir une principauté ont semblablement usé pour leurs besoins et ceux de leurs fidèles du temporel des églises qui leur étaient assujetties. S'il faut en croire le chroniqueur nantais, Alain Barbetorte, devenu duc et seigneur de toute la Bretagne, use largement pour lui et ses fidèles du temporel de l'église de Nantes, dont il nomme l'évêque de sa propre autorité. Il aurait fait subir à l'évêché une *divisio* tripartite. Du tonlieu de la ville dont les évêques percevaient la moitié, il fit trois parts, l'une qu'il s'adjugea, la seconde qui fut abandonnée à l'évêque, la troisième concédée aux vicomtes et aux grands. Quant à la ville, qui, au dire du chroniqueur, était la propriété des évêques, il la partagea aussi en trois parts. Les terres sises au territoire nantais qui appartenaient à l'église furent distribuées par le duc à ses *milites*, à l'exception de quelques paroisses [3].

Après la réforme de Saint-Ghislain, le duc de Lorraine, Gilbert, docile aux ordres du roi et aux exhortations de l'évêque de Cambrai, a rendu aux moines les biens que précédem-

1. « ex ratione sancti Stephani per consensum Ratherii archidiaconi et canonicorum ejus, ut nonas et decimas, omni tempore, sicut statutum, praedicta ecclesia recipiat » (Pérard, 63) ; Cf. Lot, *Comtes de Dijon au Xe s.*, Append. V, dans *Les derniers Carol*, 325. Dans un dipl. de Lothaire (954-955), Gilbert est dit « Burgundie comes praecipuus » (L. Halphen, 2, p. 5). Le comte d'Autun mérite sans doute ce qualificatif dès 942.

2. « petens sibi suoque filio (la comtesse Ermenjart et son fils Gilbert, comte de Chalon,)... eorum largicione quasdam terrulas ex ratione sancti Marcelli martiris sub manufirma largiri » (*Cart. Saint-Marcel*, 27, p. 28).

3. *Chron. Namnet.*, 31. éd. Merlet, 95.

ment il avait distribués en bénéfice à ses fidèles [1]. Il leur avait constitué aussi des bénéfices aux dépens de Saint-Maximin de Trèves [2]. Saint-Mihiel a perdu dans le Saintois des propriétés que les ducs lorrains ont en partie retenues pour eux, en partie distribuées en bénéfice à leurs *milites* [3]. Frédéric I, duc de Haute Lorraine, n'a enlevé aux moines de Saint-Mihiel rien moins que le tiers de leurs terres pour en constituer la dotation du château qu'il construit à Bar. Ses successeurs ont en outre détaché des deux autres parts précédemment laissées aux moines de nombreuses *villae*, qu'ils ont cédées à leurs *milites* en bénéfice [4]. Arnoul le Vieux, comte de Flandre, avait enlevé aux établissements religieux des domaines considérables pour les distribuer à ses serviteurs [5]. Lorsque Sainte-Waudru de Mons fut passée sous la domination des comtes

1. *Raineri mir. s Gisleni*, 9 : « tam praeceptis regalibus quam salubribus Stephani Cameracensis episcopi exortationibus..., praedia quae quondam beneficii gratia suis distribuerat fidelibus beato Gysleno reddidit » *(S S*, XV, 583) ; cf. *Vita Gerardi*, 17 : « quaedam scilicet praedia subtrahens sibi militibus quae non pauca expenderat beneficii gratia militantibus » (p. 668.) Le biographe de Gérard de Brogne donne une portée générale au renseignement qu'il tire sans doute des miracles de Saint-Ghislain et fait honneur au duc Gilbert d'avoir restitué à diverses églises lorraines tout ce qu'il leur avait enlevé pour en faire des bénéfices.

2. *Sigehardi mir. s. Maxim.*, 11 : « monachos hujus monasterii etiam vehementer afflixit, ea scilicet quae in usus eorum cesserant adimens suisque satellitibus dispergens ». Averti par le saint, il a restitué ces biens au monastère *(S S*, IV, 231-2). Sigehard rapporte aussi qu'au temps du duc Gilbert, Adalbert avait en bénéfice la *villa* de Remingen *(Mirac. s. Max.*, 15, *S S*, IV, 233). Vraisemblablement, ce bénéfice était tenu du duc. Le « saevissimus quidam », qui tient en bénéfice une autre *villa* de Saint-Maximin (p. 232), était sans doute aussi son vassal.

3. *Chron. de Saint-Mihiel*, 32 : « partim sibi retinentes, partim suis militibus in beneficio tribuentes » (éd. Lesort, 30). Suivant le chroniqueur, qui écrit dans la première moitié du Xe siècle, le fait s'est produit « prisco tempore ». L'aliénation serait par conséquent imputable aux premiers ducs de Haute-Lorraine, Frédéric I (959-978) ou Thierry, soit même au duc de Lorraine, Gilbert.

4. 6 : « Cumque in partibus istis terram non haberet unde castrum illud casare posset, de tercia parte possessionum abbatiae illud casavit, dicens castrum illud totius abbatiae tutamen fore » (p. 11) ; plainte contre Renaud II de Bar, 1151-2 : « Quo non contenti de supradicta terciatione, etiam de duabus residuis partibus quamplures villas militibus in beneficia distribuerunt » *(Cart.*, 99, p 332).

5. *Ep. Othelboldi abb. s. Bavonis ad Otgivam* : « maximas inde abstrahens partes, satellitibus suis, secundum quod unicuique eorum erat contiguum distribuit» (Miraeus, *Op. dipl.*, I, 349). Saint-Bavon a perdu en particulier la jouissance du domaine de Winterschoven, qui a été donné en bénéfice à Thietboldus, puis à Adelgaudus par le comte de Flandre « abbatiam sancti Bavonis tenente » *(Vita s. Landoaldi*, 1, *S S*, XV, 603). Aux termes du diplôme de Louis d'Outremer, 20 août 950, le comte Arnoul, rétablissant la discipline régulière à Saint-Pierre-au-mont-Blandin, a rendu « quasdam res, quamvis non omnes que dudum per violentiam et nimiam saecularium cupiditatem inde fuerant absumptae » (van Lokeren, *Chartes S. Pierre*, 21, p. 27) et suivant la charte du comte, 8 juill 942 : « si non omnia, saltem aliqua quae predecessorum meorum tempore inde sunt abstracta » (18, p 24). Arnoul et ses prédécesseurs ne sont sans doute pas étrangers à ces usurpations. On a vu plus haut (p. 67, n. 6) que Marchiennes en a subi aussi de sa part.

de Hainaut, le seigneur qui gardait l'abbaye en sa main distribua à ses hommes des biens de la mense abbatiale [1].

Les grands seigneurs de *Francia* usent semblablement des terres de leurs évêchés et abbayes. Herbert II de Vermandois, qui épouse, en 951, la veuve de Charles le Simple, Ogive, lui constitue une dot avec des biens de l'abbaye de Saint-Médard qu'il avait héritée de son père [2]. Il a cédé en bénéfice un autre bien de l'abbaye sis à Rumigny à son frère, le comte Albert de Vermandois, qui lui-même l'a sous inféodé à l'un de ses fidèles [3]. Albert disposait semblablement des terres de ses abbayes de Saint-Quentin [4] et de Notre-Dame de Soissons [5]. Les ducs

1. Gislebert, *Chron. Hann.* : « de bonis que ad partem abbatie pertinebant multa... homines quosdam feodavit » *(S S*, XXI, 407). Le chroniqueur du XIIe siècle rapporte d'ailleurs des souvenirs assez imprécis ; il ne nomme pas le comte qui aurait ainsi agi et ignore semblablement quel est l'empereur qui lui a concédé « abbatiae illius dominationem ».

2. *Mir. s. Greg. et Sebast.* : « dotavitquè eam de substantia non sua, videlicet de bonis *Domini quae beato Medardo et loco sancto generositas contulerat » (H F*, IX, 126). Cf. Lauer, *Louis IV*, 139 et 220.

3. Charte d'Herbert, comte et abbé de Saint-Médard, autorisant l'abbé d'Homblières à racheter deux manses « de terra et potestate sancti Medardi quae est in pago Vermandensi, in villa quae dicitur Ruminiacus ex beneficio fratris nostri comitis Adalberti... ab eodem fratre nostro et ab ejus fideli Madalgerio qui eam tenebat » (L. Halphen, *Recueil des actes de Lothaire*, 19, p. 40). La *villa* de Rumigny serait-elle le *beneficium* d'Albert simplement parce qu'elle est sise dans le Vermandois et qu'en vertu du partage fait entre les fils d'Herbert I, Albert est devenu comte du Vermandois (cf. Lauer, *Louis IV*, 139) ? A ce compte, le souverain du Vermandois se serait arrogé le droit de céder à un vassal des terres de la *potestas* de Saint-Médard sises dans son comté. L'intervention du comte abbé de Saint-Médard dans le rachat qui est fait des droits d'Albert et de Madalgier donne plutôt à penser qu'Albert tenait régulièrement du comte abbé les deux manses de la *villa* de Rumigny qu'il avait cédés à l'un de ses vassaux. La charte de Gerberge, citée n. suiv., signale l'acquisition par l'abbé Bernier d'une autre terre, sise elle aussi à Rumigny, qui appartenait à Notre-Dame de Soissons et au bénéfice du comte Albert. Vraisemblablement, Herbert avait cédé à son frère ce que possédait Saint-Médard à Rumigny afin d'arrondir le lot dont il jouissait déjà, attendu que Notre-Dame de Soissons était propriétaire en cette localité. Albert a cédé à Madelgier la portion qui dépendait de Saint-Médard, à Gerberge ce qui appartenait à Notre-Dame ; les moines d'Homblières ont réussi à acquérir le tout.

4. Dans une charte de 958-9, Albert, qui s'intitule abbé du monastère de Saint-Quentin, fait un échange avec l'abbé d'Homblières, Bernier et cède un bien de Saint-Quentin « de beneficio Dudon cujusque precatu in hoc egimus » (F. Lot, *Les derniers Carol.*, Pièces just., 7, p. 407). Dudon tient évidemment ce bien de son seigneur, le comte abbé. En vertu d'un échange approuvé par le même comte abbé, son fidèle Ybert a reçu de Bernier une terre du monastère d'Homblières et lui a cédé une terre de Saint-Quentin (copie du cart. d'Homblières, B. N., *Coll. Moreau*, VIII, 7). Ybert avait donc reçu du comte abbé une terre de Saint-Quentin en bénéfice. Un autre échange confirmé par le comte abbé mit les moines d'Homblières en possession d'un manse « ex beneficio Rodulph » (Hemereus, *Augusta Verom.*, 32).

5. Bernier a demandé à la reine Gerberge « ut quamdam terram de potestate sanctae Mariae Suessionensis monasterii puellarum, quod in nostra manu tenemus de beneficio comitis Adalberti..., liceret sibi ab eodem comite impetrare » (Charte de Gerberge, 25 avril 959, *H F*, IX, 665). Suivant Mabillon, qui n'indique pas ses sources *(Ann. Bened.*, XLVI, 15, t. III, 503), l'abbesse de Notre-Dame, Cunégonde a racheté aux comtes Albert et Herbert beaucoup de biens qu'ils avaient envahis.

de France, Robert et Hugues le Grand, usurpant le titre et les droits d'abbé de Saint-Germain-des-Prés, aliénèrent les biens du monastère et les distribuèrent à leurs propres *milites*[1]. Aux termes d'un diplôme délivré en 1061 par Philippe I, Hugues le Grand a dépouillé ce monastère ainsi que les autres églises de nombreux domaines. Il a enlevé à son abbaye de Saint-Germain la *villa* de Combs pour la céder en bénéfice à Hilduin, comte de Montdidier[2]. En 975, l'évêque d'Orléans réclame près du duc des Francs, Hugues Capet, une terre enlevée autrefois à son église et qu'un *miles* du duc tenait alors de lui en bénéfice[3]. Les ducs de *Francia* ont aussi cédé en bénéfice des biens de leur monastère de Marmoutier[4]. En leur qualité d'abbés de Saint-Martin, ils puisent à pleines mains dans l'avoir du grand monastère de Tours[5]. Le comte de Chartres, Eudes, a constitué des bénéfices à plusieurs de ses fidèles aux dépens de l'abbaye chartraine de Saint-Martin

1. *Aimoini contin.*, V, 45 : « ea quae abbates recipiebant sibi addixerunt et statuentes decanos monachis sibi nomen abbatis usurpaverunt, ea vero quae tunc sibi ex rebus ecclesiasticis vendicarunt, propriis militibus distribuerunt et juri ecclesiastico subtraxerunt » *(H F*, XI, 274). L'historiographe ajoute que lorsque Hugues le Grand eut résigné l'*abbatia* et établi Gualon comme abbé, il restitua à l'église ce qui avait été aliéné « cupiditate praedictorum ducum et abbatum » (p. 275).

2. « accidit, tempore Hugonis ducis qui magnus cognominabatur, ut ipse dux sicut alias ecclesias attenuaverat multis prediis, ita quoque hanc ecclesiam mutilaret ablatione multarum possessionum. Unde inter alia... villam Cumbis cœnobio... detraxit eamque dedit in beneficio cuidam Hilduino nomine, comiti de Monte qui vocatur Desiderius » (Poupardin, *Ch. S. Germain*, 64, p. 104-5). Longnon (éd. Polypt. Introd., 222) estimait que les ducs de France convertirent au Xe siècle en fiefs la plupart des domaines du monastère.

3. Charte de Hugues : « et nunc eam quidam miles noster Hugo e nostra manu videbatur tenere in beneficium » *(H F*, IX, 733).

4. Charte de Hugues Capet, 10 avril 970 : « deprecatus est nos quidam vasallus ac fidelis noster, nomine Haymo, uti ex rebus portariae sancti Martini majoris monasterii, quam ipse per nostrae largitionis donum tenere videtur » (Cartier, *Mél. hist.*, 19) ; Dipl. de Robert II, 996-1007 ; Pfister, Cat., 7 : « capella sancti Audoeni quae proprio nostro olim eidem loco videbatur adjecta, sed a ducibus Franciae fuisse privata ab eodem loco ere scitur hactenus beneficioque conlata » *(H F*, X, 584).

5. C'est ainsi qu'Eudes, imitant d'ailleurs les abbés ses prédécesseurs, a disposé en faveur d'un fidèle, « ut suas proprias ut sibi exinde serviret beneficiario jure » et sans l'assentiment des chanoines, de la *cella* de Saint-Clément appartenant à leur hôtellerie (Charte de Robert, 22 mai 899, Mabille, *Les invas. norm.*, Pièces just. 8, *Bibl. éc. chartes*, XXX, 441 ; 13 sept. 900, 9, p. 442). Sous Robert, la terre de Martigny est tenue en bénéfice par le *vasallus dominicus*, Gosbert (3 nov. 915, 14, p. 456). Hugues le Grand s'est emparé de Vençay, Berthenay, Joué, affectés à la porterie et les a donnés en bénéfice ; il les rend le 26 déc. 940, avec l'assentiment des *vasalli dominici (Panc. noire*, 125, p. 125 ; Introd. aux *Chron. d'Anjou*, pièce just., 9, p. CVI ; cf. Lauer, *Louis IV*, 64, n. 1). Il en avait sans doute cédé une part à Thibaut le Tricheur, comte de Blois, car celui-ci se dessaisit en faveur du chapitre des coutumes qu'il prélevait sur ces terres *(Panc. noire*, 143, B. N. Paris, *Coll. Housseau*, I, 248, f° 287). A la date du 27 déc. 954, Ingelbaut était « dono beneficii domni Hugonis... rector ac dominus sancti Johannis abbatiolae, cujus cellula inter sancti Martini monasterium videtur sita » *(Panc. noire*, 108, p. 122, *Coll. Housseau*, I, 177 f° 214).

qui, par le fait de l'évêque Arduin, était au pouvoir des comtes [1]. Ses fils, Thibaut et Eudes II, ont cédé à leur fidèle, le *miles* Gelduin des biens de la petite abbaye de Saint-Venant qui leur appartient [2]. Le comte Bouchard a donné aux moines de Marmoutier l'abbaye de Saint-Ouen ; son vassal Eudes tenait des terres qui relevaient de cette abbaye et qu'il a accensés aux moines de Saint-Julien [3]. Geoffroi Grisegonelle, comte d'Anjou, a donné, en qualité d'abbé de Sainte-Geneviève, des biens de la dite vierge en bénéfice à Gislard, son fidèle [4]. Des biens de Saint-Aubin devenue de bonne heure une abbaye comtale la maison d'Anjou dispose aussi à son gré [5]. En 969, Grifier tient par la largesse du comte d'Anjou, Geoffroi en bénéfice des biens de la cathédrale Saint-Maurice d'Angers [6].

Les comtes de Poitou font aussi abondamment usage des terres de leurs églises. Eble Manzer, Guillaume Tête d'étoupe, Guillaume Fiérabras donnent en bénéfice des terres qui sont la propriété de Saint-Nazaire, du Saint-Sauveur, de Saint-Denis, de Saint-Remi [7]. En qualité d'abbés de Saint-Hilaire, les comtes de Poitiers constituent des bénéfices aux dépens de la mense de leurs chanoines [8]. Emma, épouse de Guillaume

1. Cf. Plus haut, p. 43, n. 5. Le fidèle d'Eudes, Rétrocus, cède à cens aux moines de Saint-Père, avec la seule approbation de son seigneur, « terram de aecclesia sancti Hilarii quae est in Thevas pertinentem ad abbatiam sancti Martini » (*Vetus Aganon*, IV, 4, Guérard, *Cart. S. Père*, 87). De même, le fidèle d'Eudes, Arduin leur cède ce que tient son propre fidèle Arnoldus « ex potestate sancti Martini », moyennant un cens qu'ils paieront « illi qui beneficium tenuerit » (7, p. 90).

2. Charte de Thibaut et Eudes : « deprecatus est nos quidam miles nostri satisque fidelis Gelduinus... ut de rebus sibi conlatis nostri servitii debito, scilicet pertinentibus ad abbatiolam sancti Venantii et nostri proprii juris », à savoir de céder ces biens à cens aux moines de Marmoutier (Martène, *Hist. Marm.*, Pr., B. N. lat., 12.878, f° 53).

3. « Notum sit... quod abbatia sancti Audoeni quam Burchardus comes dedit sancto Martino tenebat quidam suus vasallus Odo... de terra super quam fundatum est capiterium monasterii sancti Juliani, pro qua re dabant monachi sancti Juliani sex denarios de censu » (f° 56).

4. Charte de Geoffroi, mars 960 : « Gauffredus rerum sanctae Genofefae rector ... accessit ad me quidam fidelis meus nomine Gislardus, cui quidem res praedictae virginis in beneficio datas habebamus » (Tarbé, *R. retrosp.*, 2e série, IX, 34). On a vu plus haut que bien des abbayes sont devenues église seigneuriale par l'hérédité de l'abbatiat dans une maison seigneuriale.

5. Geoffroi Martel a disposé vers le milieu du XIe siècle en faveur de la Trinité de Vendôme d'une église appartenant à son abbaye de Saint-Aubin (Halphen, *Le comté d'Anjou*, Catal. d'actes, 114, p. 277). Ce n'est sans doute qu'un anneau d'une longue chaîne d'usurpations.

6. « In Christi nomine, Griferius qui beneficium ex rebus sancti Mauricii Andegavensis per largitionem domni Gosfridi comitis habere videor » (*Cart. Saint-Maurice d'Angers*, 21, p. 51).

7. Cf. fasc. 2, p. 282-3.

8. On a vu qu'en 942, des fidèles de Guillaume Tête d'étoupe tenaient de lui en

Fiérabras, a cédé en bénéfice des biens qui appartiennent à Saint-Maurice d'Angers et à la *potestas* du monastère de Bourgueil, qu'elle avait fondé et doté [1]. Plus tard encore, on verra la comtesse Agnès attribuer à l'un de ses fidèles un alleu du monastère de Saint-Maixent, sans consulter l'abbé ni les religieux [2].

A partir du Xe siècle, l'envahissement des biens d'église a souvent pour objet l'établissement d'une forteresse qu'un grand ou un petit seigneur, voire même le roi lui-même, bâtit sur une terre d'église, sans souci des droits du propriétaire, et qu'il occupe ou donne en bénéfice sans leur aveu. Hugues Capet, sans doute avant et après son avènement, a construit ainsi aux dépens de Saint-Riquier les châteaux d'Abbeville, Domart et Encre [3]. Nombreux sont les châteaux construits dans les mêmes conditions par Foulques Nerra, comte d'Anjou. Il a élevé sur une terre des moines de Cormery le château de Montbazon [4], celui de Montfaucon « in jus sancti Florentii » [5], enlevé au comte de Nantes l'*abbatia* de Saint-Florent le vieil, pour en faire un *castellum* [6], construit Châ-

bénéfice un bien du *fraternum frostum* de Saint-Hilaire (fasc: 2, p. 283, n. 4). Avec l'assentiment d'ailleurs des chanoines et à la prière du prévôt, Fiérabras cède à cens à son fidèle Raoul et à deux autres personnages « aliquid de nostro beneficio quod est de ratione beati Hylarii pertinente de communio fratrum » (Redet, 32, p. 57).

1. « Durannus qui beneficium ex rebus sancti Mauricii, qui sunt de potestate Burgulii, per largitionem dominae Emmae et fratris ejus Odonis comitis habere videor » (B. N. Paris, *Coll. Housseau*, 226, f° 263). Parmi les biens dont elle a constitué la dotation du monastère qu'elle avait fondé à Bourgueil (cf. Richard, *Hist. comtes de Poitou*, I, 129), se trouvaient par conséquent des terres de Saint-Maurice d'Angers, vraisemblablement usurpées par ses ascendants et qui étaient à la disposition de la comtesse et de son frère, le comte Eudes. Après les avoir attribuées à son monastère, Emma se croit néanmoins en droit de les céder en bénéfice.

2. Ce chevalier, suivant une notice de 1040-4, « alodum per manum ipsius comitissae sibi vindicavit, absque voluntate domni abbatis » (Richard, *Chartes de S. Maixent*, I, 103, p. 128). Ce chevalier eut la précaution de faire régulariser cette cession abusive en obtenant l'agrément de la communauté (*Histoire des comtes du Poitou* I, 241).

3. Hugues Capet, « primo dux, postea rex », a enlevé aux moines de Saint-Riquier Abbeville, pour y construire un *castrum*, où il a établi le *miles* Hugues (Hariulf, *Chron. Cent.*, IV, 12, éd. F. Lot, 205). Saint-Riquier a perdu aussi Domart et Encre, transformés comme Abbeville en *castella*, et en outre maints autres domaines et revenus enlevés par le roi Hugues en faveur des *milites* qui gardaient ces châteaux (21. p. 229), en particulier la *cella* de Forestmontier, donnée au *miles* Hugues (12, p. 205) ; « sed et reges Francorum, circa haec tempora nobis magna abstulerunt praedia, quae fossatis ambientes et muris circumdantes, castella effecerunt » (III, 27, p. 162).

4. Dipl. de Robert II, 1002-6 : « construxit... castellum quoddam, quod vocatur Mons Basonis, in terra ipsius cœnobii et alterum construxit castellum in comitatu Pictavo, quod dicitur Mirebellum, terrae ipsius cœnobii proximum » (*H F*, X, 578). Cf. Halphen, *Le comté d'Anjou*, 54

5. *Hist. de S. Florent*, Marchegay, *Chron. des églises d'Anjou*, 284.

6. *Chron. de Nantes*, éd. Merlet, 139-40.

teau-Gontier sur une terre des moines de Saint-Aubin [1], dépouillé l'église Saint-Maurice d'Angers des domaines où il bâtit, vers l'an 1.000, le château de Montrevault [2]. On a vu [3] que les domaines enlevés à l'église de Verdun par le comte de Blois, Eudes I, servent aussi à construire des châteaux et que Fréderic I, duc de Haute Lorraine, élève le château de Bar sur des terres sonstraites à l'évêché de Toul. En Bourgogne, Otte Guillaume a édifié un château à proximité du monastère de Cluny, vraisemblablement sur les terres des moines [4]. Le comte de Châtresay, Erlebald a envahi une terre de l'église de Reims pour y bâtir le château de Masières-sur-Meuse que l'archevêque Hervé assiège et emporte [5]. Le comte de Sens, Renard le Vieux construit Château-Renard sur les terres du monastère de Ferrières et détruit presque l'abbaye Notre-Dame pour édifier à ses dépens le château de Jouvigny [6]. Des évêques eux-mêmes construisent des châteaux au détriment des monastères. Romond, évêque d'Autun a détruit l'abbaye de Conches appartenant au monastère de Ferrières dont il est abbé, pour y édifier un château qu'il a donné à ses enfants [7]. Non seulement les églises subissent la perte des terres confisquées, mais le château édifié à leurs dépens est encore de la part du châtelain qui le tient une source de vexations et de rapines. Pour se prémunir contre elles le seul recours est l'autorité lointaine du roi [8].

Jadis, les églises pâtissaient des *interregna* [9] ; les biens que les églises d'un seigneur possèdent dans une autre seigneurie sont sans doute exposés aussi à être saisis par le souverain local, qui les attribuera à son gré soit à l'une de ses églises, soit à l'un de ses fidèles. Des propriétés de Saint-Martin de Tours sises en Anjou étaient ainsi tenues, en 958, de la lar-

1. *Cart. S. Aubin*, c. 1007, 1, p. 1 ; cf. Halphen, 155 et 158.

2. Charte de Saint-Serge d'Angers, *coll. Housseau*, II, n° 582 ; cf. Halphen, 155.

3. Plus haut, p. 68.

4. *Ademari chron.*, III, 50 : « castellum aedificavit contra Cluniacense monasterium » (éd. Chavanon, 173).

5. Flodoard, *Ann.*, 920, p. 2 et 3 ; *Hist. Rem. eccl.*, IV, 16, *S S*, XIII, 577.

6. Clarius, *Chron. S. Petri*, Duru, *Bibl. hist. de l'Yonne*, II, 497.

7. *Chron. Hugonis*, *S S*, VIII, 359.

8. Il est stipulé par le diplôme de Robert II en faveur des moines de Cormery que personne ne pourra, grâce aux deux châteaux établis dans leur voisinage ou aux autres châteaux du comte Foulques infliger coutume, violence ou *dominium* ni au moines ni à leurs domaines. Un diplôme de Robert (c. 1027) en faveur des moines de Cluny décide que dans un rayon déterminé autour du monastère, « nullus homo, aut princeps aut dux castellum construat vel firmitatem aedificet » (*Chartes de Cluny*, 2.800, IV, 3).

9. Cf. fasc. 1, *Les étapes de la sécular.*, 188.

gesse du seigneur Bouchard [1]. Les terres de Saint-Maurice d'Angers qu'Emma, comtesse de Poitiers, et le comte son frère ont attribuées aux moines de Bourgueil, puis cédées en bénéfice, étaient sans doute comprises dans les limites de leur comté. Le comte Boson, fils de Richard, duc de Bourgogne, a usurpé des biens que le monastère de Gorze possédait en Champagne ; les moines qui ne peuvent saisir de leur revendication ni le roi, ni le duc Gilbert, ni l'évêque de Metz, en appelleront, disent-ils, à Dieu, si le ravisseur s'obstine [2]. Les grands seigneurs estiment qu'ils ont un droit sur la portion sise dans leur seigneurie de l'*honor* d'une église étrangère [3] et ils ne se font pas scrupule d'empiéter sur sa propriété.

Les seigneurs retiennent parfois en leurs mains les biens qu'ils enlèvent à leurs églises. Arnoul de Flandre jouissait, semble-t-il, du bien dont il avait dépouillé son monastère de Marchiennes et une part des biens sis dans le Saintois qu'ont perdus les moines de Saint-Mihiel était aux mains de leur seigneur, le duc de Haute-Lorraine. Le comte de Poitou, Guillaume Fiérabras avait retenu dans son *dominicatum* l'*abbatia* de Noaillé qui appartenait à son abbaye de Saint-Hilaire ; le cellier en particulier servait à ses usages [4]. Tel domaine cédé par le seigneur en bénéfice aux dépens de l'une de ses abbayes passera, après la mort du vassal, dans l'*indominicatum* seigneurial et y restera, au lieu de faire retour à l'église. Lorsque Hilduin, comte de Montdidier, mourut, Hugues le Grand assigna à ses propres besoins le domaine de Combs enlevé à l'abbaye de Saint-Germain-des-prés. Hugues Capet tint semblablement après lui cette *villa*, qui ne fut recouvrée par les moines que sous le roi Robert et à la faveur d'un échange [5].

1. Charte de Fulcradus, « qui aliquid ex rebus sancti Martini per largitionem domni Burchardi... in regimine habere videor » (B. N. Paris, *Coll. Housseau*, I, 182, f° 220). Il s'agit peut-être de Saint-Martin d'Angers, mais plus vraisemblablement de Saint-Martin de Tours, avec qui les Bouchard de Vendôme avaient des relations (cf. Ch. de la Roncière, *Vie de Bouchard*, Introd. VIII). Le Bouchard ici signalé est ou bien Bouchard I, qui souscrit deux chartes de Saint-Martin de Tours du 22 mars 891 et 5 juill. 905 (Mabille, *Panc. noire*, 180 et 183), ou bien son fils, Bouchard II le Vénérable. L'un et l'autre sont attachés de très près à Hugues le Grand et à Hugues Capet. Les biens de Saint-Martin dont dispose, en 958, le seigneur Bouchard en faveur d'un fidèle, lui ont peut-être été cédés à lui-même par le duc des Francs, abbé de Saint-Martin.

2. *Vita Johannis Gorz.*, 104-5, *S S*, IV, 367 ; *Vita s. Gorgonii*, 12, Mabillon, *A S*, III, II, 190.

3. Plus haut, p. 52, n. 3.

4. Charte de Guillaume : « reddo... Hilario abbatiam sancti Juniani, Nobiliacense scilicet cœnobium, quod hactenus in nostro dominicatu detinebamus... Cellarium etiam quod nostris usibus serviebat, sancto Hilario reddimus » (Redet, *Doc. S. Hilaire*, 50, p. 59-60).

5. Dipl. de Philippe I cité : « Qui cum... decessisset, iterum Hugo dux qui eam

Pour les mêmes motifs et de la même manière que les rois, les grands seigneurs rendent parfois aux églises les biens qu'eux-mêmes ou leurs fidèles retenaient en leurs mains. En 975, le duc des Francs, Hugues Capet restitue à l'église d'Orléans l'abbaye de Saint-Jean, que son *miles* Hugues tenait de lui en bénéfice. Guillaume Fiérabras a restitué aux chanoines de Saint-Hilaire la *cella* de Noaillé. Geoffroi Grisegonelle a rendu une église aux moines de Saint-Jouin de Marnes [1]. Quand ils font réformer l'un de leurs monastères, les grands seigneurs lui font toujours de larges restitutions [2]. Ils estiment s'acquitter ainsi d'une œuvre pie et ne distinguent, pas plus que les rois, leurs restitutions des libéralités pures et simples [3].

Les seigneurs laïques ou ecclésiastiques ne peuvent rendre aux églises de leur *honor* les biens qu'ils ont cédés à leurs fidèles qu'avec le consentement et d'accord avec ces vassaux. Roricon, évêque de Laon, eut voulu restituer à Saint-Vincent la terre des *villae* que ses vassaux retenaient depuis longtemps. Comme il n'avait pour l'instant rien qu'il pût leur donner en échange et qu'il ne parvenait pas à persuader ses *milites* de faire d'eux-mêmes restitution, il a dédommagé les moines par d'autres libéralités [4].

Souvent, c'est le fidèle qui spontanément remet à l'église le bien dont son seigneur accorde à sa prière restitution. L'évêque de Mâcon, Mainbod a prié le comte Leutald de faire justice au sujet de l'abbaye de Saint-Clément appartenant à Saint-Vincent, que lui et les siens occupaient injustement et

ecclesie sanctorum injuste abstulerat in proprios usus *illam sibi vendicavit et post* ejus obitum Hugo rex, filius ejus dum advixit similiter eam tenuit. Domnus quoque Rotbertus rex... jam dictam villam aliquanto tempore in suo dominio habuit » (p. 105). Robert ne la rendit aux moines qu'au jour où il leur prit plusieurs domaines pour en constituer la dot d'une sœur. Cet échange ne réparait nullement la confiscation antérieure.

1. Plus haut, p. 69, n. 3 ; p. 75, n. 3 ; p. 79, n. 4.

2. Arnoul de Flandre, réformant Saint-Pierre-au-mont-Blandin, rend « si non omnia, saltem aliqua » (plus haut, p. 73, n. 5) ; Geoffroi Grisegonelle rétablissant la vie monastique à Saint-Aubin restitue intégralement « terram quae eidem abbatiae subjacere dinoscitur ad integrum reddimus ». (19 juin 966, *Cart. S. Aubin*, 2, I, 6). Le duc de Lorraine, Gilbert a, lui aussi, restitué des biens aux monastères qu'il fait réformer (p. 73, n. 1 et 2) ; Frédéric I a rendu à Moyenmoutier, en y faisant rétablir par Adalbert l'ordre monastique, les églises et tout ce qui avait appartenu aux chanoines (*Liber de Hild. success.*, 7, S S, IV, 89).

3. Eudes II de Blois restituant à l'abbaye de Marmoutier la *villa* de Couture « longe retroactis temporibus separata », déclare faire cette restitution aux moines pour son âme et celle de ses parents et parce qu'il veut être enseveli dans leur monastère (Métais, *Marmoutier, Cart. Blésois*, 4, p. 8).

4. Juin 969 : « Sed quia ad presens non habebamus in promptu quod eis in commercium recompensare deberemus nec militibus persuaderi poterat nostris ut eandem terram ad locum redderent » (Poupardin, *Cart. S. Vincent de Laon*, 4, p. 189).

ils s'en sont dessaisis sans doute d'un commun accord. Mais la restitution n'a pas été intégrale. Si le comte a rendu l'abbaye et obtenu acquiescement des siens, il s'en faut que tous se soient en fait dépouillés de ce qui appartenait à l'*abbatia*. Vers 955, l'évêque va trouver en effet le comte et le prie encore de lui faire droit au sujet non plus de l'abbaye qu'il a recouvrée, mais des biens de Saint-Clément, afin qu'il les rende et oblige à faire restitution ceux des siens qui tenaient injustement ces biens. Tel Cicard, qui occupait des terres dans la *villa Prisciaco*. Plainte a été portée aussi contre le vicomte Gautier, qui occupait une *colonica* de l'abbaye ; le comte et le vicomte en ont fait tradition devant l'autel de Saint-Vincent [1]. Leutald a exercé sans doute quelque pression sur ses fidèles, mais la restitution ne s'est opérée que lentement et dans la mesure où ses vassaux s'y sont prêtés. En 918, l'église d'Autun a obtenu restitution de la *villa* de Tillenay. Manassés de Vergy qui l'avait usurpée s'est repenti et il l'a fait rendre par l'intervention du duc Richard [2]. Deux nobles se disputaient un bien devant le comte Raimond ; du consentement des deux parties, il l'adjugea aux moines de Beaulieu qui en avaient été dépouillés [3].

Visiblement, les seigneurs se sont saisis à l'égard du patrimoine des églises, qui peu à peu passent du pouvoir royal au leur, des prérogatives qu'avaient exercées les rois. La faculté de prendre, de céder, de restituer des biens d'église vient ainsi aux mains des grands dans la mesure où ils ont réussi à usurper les droits régaliens sur les églises, à ravir au souverain l'évêché, l'abbaye, à transformer l'église royale en église seigneuriale.

Vers la fin du Xe siècle, on voit s'opérer une sorte d'émiettement des droits régaliens exercés naguère par le seul monarque sur les églises réputées royales, sur la personne de leur prélat et sur leur temporel. Sur telle église ces droits sont retenus en tout ou en partie par les rois, sur telle autre ils ont passé au seigneur local. Les morceaux dispersés tendent d'ailleurs à se rejoindre, à s'agglomérer en une série de masses qui se comportent à peu près comme celle dont la royauté avait jadis la disposition et d'où se sont détachées une à une les églises seigneuriales. Chacun des souverains régionaux cherche à concentrer en ses mains abbayes et évêchés, en confisque

1. Plus haut, p. 69, n. 1.

2. Charte de l'évêque Walon : « per suo interventu(le duc) restitui fecit » (de Charmasse, *Cart. égl. d'Autun*, 23, I, 37).

3. *Not.*, 960, *H L*, V, 108, col. 235.

et en règle la jouissance, comme le faisait jadis le roi. Celui-ci, dans la mesure où sa suzeraineté est reconnue, retient encore le tout dans la mouvance de son *regnum*. Le grand seigneur, au début de l'époque capétienne, reste théoriquement au moins le vassal du roi pour ses évêchés et abbayes, comme pour le reste de son *honor*. Dans la pratique, le roi et le seigneur jouissent semblablement de leurs églises ; mais le grand nombre, l'importance des églises royales, le caractère extensible des droits que le monarque peut revendiquer sur toutes les églises du royaume n'a jamais cessé de lui mettre en mains des avantages dont il a su largement tirer parti.

CHAPITRE V

Dans quelle mesure les églises s'affranchissent au Xe siècle du dominium royal ou seigneurial

Tout ce que le pouvoir royal a perdu des droits qu'il exerçait sur les églises alors qu'il était fort et obéi, sous le règne de Pépin, Charlemagne et même au temps de Louis le Pieux ou de ses premiers successeurs, n'a pas été accaparé par les seigneurs usurpateurs des *regalia* tombés chez eux en déshérence. Une part aussi en a été ressaisie par les églises. Elles ont commencé à s'affranchir à l'heure où le joug que leur avaient fait porter les Carolingiens se brisait et où s'établissait, s'alourdissait sans cesse et se compliquait de nouvelles entraves celui de l'oppression féodale.

Le courant de réforme qui a traversé tout le IXe siècle, en s'affaiblissant vers la fin de cette période, reprend au Xe une nouvelle force, au sein du moins des communautés monastiques. Dans une certaine mesure, il a bénéficié de l'éclipse du pouvoir monarchique. Il suffisait désormais aux réformateurs d'intéresser à leur œuvre le personnage qui dominait l'abbaye. Ils n'ont plus eu à compter en France avec le droit des rois qui, si longtemps, en dépit de leurs pieux désirs, ont craint de limiter la réserve constituée en faveur du pouvoir royal par les abbayes bénéfices. L'*abbatia* des laïques et même des séculiers, vainement dénoncée au IXe siècle, fut extirpée, dès le Xe siècle, dans maints monastères réformés. Nous avons vu le grand seigneur travailler lui-même dans ses monastères à la réforme, en convier les ouvriers, résigner volontairement et par piété en faveur d'un régulier la charge d'abbé qu'il exerçait souvent à titre héréditaire. Comme le comte ou duc abbé, le roi qui retenait une abbaye dans son *indominicatum* partage avec un religieux ou abdique complètement la charge du gouvernement du monastère. Il ne renonce pas à disposer de l'abbaye, mais il ne l'attribuera qu'à un abbé régulièrement élu[1]. On voit ainsi, au Xe siècle, s'opérer dans les abbayes et le plus souvent par le fait des souverains régionaux une réforme analogue à celle qu'accomplit le pouvoir central au VIIIe siècle dans les évêchés. Au temps de saint Boniface, le prince avait rétabli partout des évêques légitimes, à qui il donnait lui-même l'évêché, tandis qu'il continuait de céder des abbayes à des bénéficiers séculiers ou laïques. Au Xe siècle, les abbés légitimes prennent peu à peu la place des abbés laïques, sous l'œil bienveillant et souvent par l'initiative du grand seigneur qui exerce sur le monastère les droits souverains. L'abbaye, comme l'évêché, est l'objet d'un don fait par le maître séculier, mais la cession en est réglée conformément aux exigences de la discipline monastique.

L'esprit réformiste s'attaque aussi au concept du *dominium* que font peser sur l'abbaye les pouvoirs laïques ; il tend à distinguer la protection de la domination. Les moines acceptent, réclament le patronage, mais se dérobent à toute puissance laïque qui porterait atteinte à leur indépendance. La protection qu'ils recherchent ou qu'ils sont aises de recevoir près de la maison seigneuriale dominante, ils la désignent sous le terme d'avouerie, de défense ou de garde. Les communautés les plus soucieuses de sauvegarder la liberté monastique ne répugnent pas à reconnaître la qualité d'avoué à un grand seigneur, dont la seule fonction sera de protéger les moines. A Cluny, saint Odilon est élu abbé, en 988, avec l'assentiment du duc de Bourgogne, Henri, que les religieux appellent leur avoué[2]. Dans les dernières années du Xe siècle, Sigehard écrit que l'abbaye de Saint-Maximin a été assujettie au pouvoir et consacrée aux usages des ducs, à l'exception de la mense des moines, qui pourtant fut, elle aussi, confiée par les rois à la défense du duc, comme elle l'est encore présentement[3]. Au sentiment de l'hagiographe, l'abbaye réformée et remise aux mains d'un abbé régulier reste néanmoins sous le patronage de l'ancien duc abbé. Eudes, comte de Blois, qui a fait réformer Marmoutier, est dit, en 987, instructeur et défenseur du monastère[4]. Au XIe siècle, le moine de Saint-Maur qui compose la vie de Bouchard relate que le comte a demandé au roi de lui céder l'abbaye soumise au *dominium* royal.

1. Cf. plus haut, p. 17 et suiv.

2. « per consultum.., comitis etiam et advocati nostri Henrici ducis » (d'Achery, *Spicil.*, éd. 1723, III, 379).

3. *Mirac. s. Maxim.*, 11 : « quae tamen ipsa, sicut et adhuc, eorum defensioni a regibus committebantur » (*S S*, IV, 231).

4. A ce titre, le seigneur Eudes approuve la donation faite à Marmoutier par le *miles* Thibaut (B. N. Paris, *Coll. Housseau*, I, 241, fº 279).

Hugues Capet a consenti seulement à commettre le monastère à sa providence, afin qu'il soit l'auxiliaire et le défenseur de l'église contre les envahisseurs du temporel monastique et c'est cette version présentée par les religieux de Saint-Maur à Henri I que le roi fait sienne dans le diplôme qu'il leur délivre [1].

En assurant à une église un protecteur, on prend soin de spécifier qu'il ne sera pas pour elle un maître. Dès le IXe siècle, ce souci apparaît déjà parfois chez le fondateur ou le bienfaiteur d'une église. En 862, Raimond de Toulouse se dessaisissait de tout pouvoir, de toute domination exercée par les siens sur le monastère qu'il avait fondé à Vabre. Il en sera seulement le tuteur et défenseur. Après sa mort, Bernard, son fils, sera établi non comme maître et héritier, mais comme protecteur en sa place [2]. Le personnage qui a fondé et doté vers le même temps la chapelle de Montbeugny en fait don à Saint-Nazaire d'Autun, afin qu'elle soit libre de toute domination temporelle et de toute intrusion de la part de ses héritiers ; il se réserve seulement pour lui-même et son plus proche parent de garder l'église sous son mainbour, non pas en vertu d'un droit de propriété ou de succession, mais à titre de défenseur et de protecteur [3]. En 861, le fondateur du monastère de Wisensteig stipule que les moines éliront librement leur abbé et auront pouvoir sur leurs biens. A celui de ses descendants, le chef de la maison, dont ils auront aide et défense, ils paieront simplement une redevance quand il sera convoqué à l'ost royale et ne devront rien à ses cohéritiers [4]. La reine Richarde qui a fondé Andlau et l'a donné à l'église romaine veut que dans

1. *Vita Burchardi*, 2 : « ejus providentie commisit ut sublevator fidelis atque defensor ipsius ecclesie adversus hostes malignos terrarumque invasores existeret » (éd. de la Roncière, 9) ; Dipl. 29 juin 1058 « Ut enim a nostris majoribus comperimus, jamdictus comes Burchardus nil aliud ab avo nostro... Hugone, de ipso loco habuit... nisi ut providentiam atque defensionem adversus hostes... atque pervasores praediorum ipsius loci haberet » (Tardif, 272, p. 169).

2. 3 nov. 862 : « Tradimus de nostra potestate, de meorum dominatione...; de ipso sancto loco tutor et defensor fiam ; post meum quoque discessum, Bernardum filium nostrum constituimus non dominatorem non haeredem sed defensorem... mea vice » *(H L,* II, Pr. 160, col. 330.)

3. Charte de l'évêque d'Autun, Jonas : « ut ab omni dominatione temporali de infestatione haeredum omni tempore libera, — ea conditione ut dum nos vel unus legalium haeredum propinquior superstites apparuerimus, non tam jure dominationis et haereditatis quam defensionis et protectionis in mundeburdum omni tempore vitae nostrae habere valeamus ». L'usufruitier paiera un cens à l'église d'Autun (de Charmasse, *Cart. égl. Autun*, 45, I, 74).

4. « et ab ipso filio meo Eriho auxilium et defensionem habeant, tempore vitae suae et similiter deinceps in optimo filiorum ejus habeant... ; illi tantum eumdem censum singulis annis persolvant, ceteris autem coheredibus nihil » *(Wirtemb. U B*, 136, I, 160).

sa lignée paternelle l'un de ses trois parents les plus proches remplisse toujours la fonction de défenseur ou d'avoué du monastère [1].

Au Xe siècle, les seigneurs se préoccupent très souvent de limiter à un simple patronage l'intervention de leurs descendants et successeurs dans les affaires du monastère qu'ils établissent ou qu'ils réforment. Le comte de Toulouse, Raimond Pons, a soustrait Saint-Pons à toute domination séculière ; ses successeurs confirment l'indépendance des moines et promettent d'être leurs auxiliaires et défenseurs [2]. Dans les dernières années du Xe siècle, le vicomte de Thouars a donné aux moines de Saint-Florent l'église Saint-Michel en l'Herm, afin qu'ils y établissent une colonie de religieux ; il sera, sa vie durant, le gardien et le procurateur du petit établissement [3]. Vers 984, Saluster se réserve l'usufruit du monastère qu'il donne aux moines de Vabre ; après sa mort, Odobellus sera non pas son héritier, mais le tuteur et défenseur du lieu [4]. Le comte Conrad a construit un monastère dans son château de Limbourg. Son héritier, décide Otton I, sera patron et avoué du monastère, sans usurper aucun pouvoir plus grand [5].

Les seigneurs qui prétendent au *dominium* de l'abbaye se contentent souvent du simple titre d'avoué. Les droits dont les ducs de Haute-Lorraine jouissent à Saint-Mihiel, Moyenmoutier, Saint-Dié sont qualifiés d'avouerie [6]. Après Gilbert qui s'est démis en faveur d'un régulier de l'*abbatia* de Stavelot, le duc Conrad exerce sur le monastère un *regimen* que les

1. *Statuta* promulgués par Richarde vers 892, XI : « de defensore et advocato » ; XII « Inter tres qui sint propinquissimi, ex paterna progenie semper unus eligatur qui jus ejusdem regiminis justissime procurandum suscipiat » (Grandidier, *Hist. de Strasbourg*, II, Pr. 165, p. CCCV).

2. Charte de Raimond Pons, 937 : « sit locus ipse a dominatu omnium hominum liber ut neque rex neque princeps, neque episcopus, neque ullus ex propinquis nostris... dominatum exercere... praesumat » (*H L*, V, 69, col. 177). En 1085, Raimond de Saint-Gilles leur confirme leur affranchissement de toute domination et *potestas* et leur promet d'être pour eux et leurs biens un *adjutor* et *deffensor* (366, col. 698).

3. Charte de Guillaume Fiérabras, août 994 : « et ipse super eos dum advixerit, pervigil ac procurator existat » (*Gall. Christ.*, II, Pr., col. 410).

4. « et post meum discessum Odobellus non haeres sed tutor et deffensor fiat ad benefaciendum » (*H L*, V, 137, p. 299).

5. *D D reg. Germ.*, 47, I, 132.

6. Pour Saint-Mihiel voir plus haut p. ·5, n. 3 ; pour Moyenmoutier et Saint-Dié, Parisot, op. cit., 264-7. M. Parisot (p. 259, n. 2) estime que quand Otton II, attribuant Moyenmoutier à l'église de Toul, réserve en faveur de Frédéric le « beneficium jam dictae abbatiae » (973, *D D. reg. Germ.*, II, 72 ; cf. dipl. d'Otton III, 984, 2, p. 396), il a en vue l'avouerie du monastère. Suivant l'auteur des *Gesta* des évêques de Toul, Gozlin a obtenu d'Otton l'abbaye à condition que Frédéric en retiendrait l'*advocatio* (33, *S S*, VIII, 640).

textes distinguent de l'autorité de l'abbé régulier et des fonctions de l'avoué proprement dit [1]. C'est en réalité le patronat l'avouerie supérieure qui, à Stavelot, appartint ensuite à Brunon, puis aux ducs de Basse-Lorraine [2]. Les rois eux-mêmes l'exercent sur les monastères royaux [3] ; les moines historiographes ne leur reconnaissent que le patronat, la défense de leur maison [4] ; c'est sous cette forme que le droit de souveraineté perdu par eux est le plus souvent recueilli par les maisons seigneuriales et plus tard sera ressaisi par la royauté. Pour marquer le pouvoir que possède l'évêque dans les monastères épiscopaux, on dira même parfois qu'il en exerce l'avouerie [5].

Le laïque qui dispose d'une abbaye, que ce soit à titre d'abbé séculier, *de senior*, de propriétaire ou de souverain, acceptera volontiers, sous l'influence des idées réformistes, de n'être plus tenu que pour le défenseur du lieu. Les comtes d'Anjou ont réduit en leur pouvoir l'abbaye de Cormery, mais, en 1007, Foulques Nerra a prié le roi Robert d'interdire qu'à l'avenir personne n'ose réclamer domination sur l'abbaye ; elle sera sous la sauvegarde et la défense du comte Foulques et de ses successeurs [6]. L'abbaye du monastère de Moissac avait été

1. Cf. plus haut, p. 22, n. 1.

2. Dans une charte du 31 oct. 953, Brunon dit de Stavelot-Malmédy : « quia eadem monasteria sub nostre tuitionis defensione erant » (Halkin, *Chartes de Stavelot*, 74, p. 170).

3. Cf. Senn, *L'instit. des avoueries*, 114. Dans les terres d'Empire, il est admis que l'empereur possède la *custodia ecclesiarum* (p. 106). Le 29 mars 970, l'abbé de Saint-Maximin de Trèves s'étant plaint près d'Otton I des agissements vexatoires des avoués du monastère, le souverain considérant que ce lieu est « sub mundiburdio et advocatia antecessorum nostrorum », décide que l'abbé pourra choisir à son gré ses avoués (*D D reg. Germ.*, 391, I, 533). Le roi qui exerce l'avouerie supérieure attribue à l'abbé le droit de donner les avoueries inférieures.

4. Le chroniqueur de Saint-Mihiel écrit que son monastère avant d'être assujetti par les ducs était « sub tuitione regum » et que les rois avaient par leurs privilèges confirmé « tantum loci libertatem » (éd. Lesort, 3, p. 6). Si Frédéric a subjugué l'abbaye, c'est qu'elle était « a tutela regia longe remotam » (7, p. 11).

5. C'est à ce titre que les évêques de Châlons, Metz, Toul, Verdun, sont avoués de nombreux monastères (Senn, 113). Vers 987, Otton III décide que l'abbaye de Gembloux « Leodiensis episcopi provisioni, ordinationi, advocationi, tuitioni subjaceat ». L'évêque de Liége établira un « tutor et advocatus » pour défendre les terres et les hommes de l'abbaye (Bormans, *Cart. S. Lambert*, 16, p. 24). En 1137, l'évêque de Metz, Étienne déclare qu'il est à la fois *dominus et advocatus* d'Amance (Calmet, *H. Lorr.*, II, Pr., col. 313) ; cf. Morin, *Les avoueries emclés. en Lorraine*, 36. Un évêque accepte aussi quelquefois, comme un seigneur laïque, l'avouerie d'un lot de biens monastiques. L'archevêque de Lyon, Bouchard a promis à Maieul, abbé de Cluny, d'être en retour d'une concession de terres «nobis adjutor et defensor... et custos et advocatus... ex omnibus rebus quas in Viennensi pago habemus » (Bernard, Bruel, *Ch. de Cluny*, 1508, II, 559).

6. Dipl. de Robert : « abbatiam in dominatione cujusdam personae transfundere sed sit in salva custodia et defensione Fulconis comitis et successorum ejus » (Bourassé, *Cart. Cormery*, 32, p. 65).

vendue par le comte de Toulouse, Guillaume Taillefer, à un laïque, Gausbert, qui a pris le titre d'abbé [1]. Plus tard, le comte Pons, d'accord avec Gausbert, qui exerce au-dessous de lui la défense du monastère [2], l'a cédé aux moines de Cluny. Gausbert garde pourtant le droit qu'il possédait sur l'abbaye, droit qu'il lègue à son seigneur pour être exercé après lui par les comtes de Toulouse, qui ne donneront l'*abbatia* qu'à un régulier élu avec le consentement des Clunisiens [3]. Le *dominium* du grand seigneur qui vend l'abbaye, les droits qu'il confère à un abbé laïque font visiblement place à un simple patronat exercé sur le monastère réformé. Lorsqu'en 1111, Roger II, comte de Foix, se résoudra à faire amende honorable pour la violence que son père et lui-même exerçaient sur l'abbaye de Saint-Antonin de Frézélas, il se dessaisira en faveur des religieux de toute *abbatia*, mais en retour ils le reconnaîtront comme leur véritable auxiliaire et défenseur [4].

Le droit qu'exerçaient les laïques sur les abbayes s'est ainsi modifié dans le temps même où il échappait aux mains royales. Le courant réformiste ronge le *dominium* exercé sur les monastères par les puissances séculières, royale, seigneuriale, épiscopale et tend à le transformer en une simple avouerie ou protection. A cet égard, il importait surtout aux communautés réformées de s'assurer un patronage efficace et désintéressé. Celui qu'on avait longtemps demandé aux rois s'était confondu avec le *dominium* et leur *tuitio* se révélait de plus en plus inopérante, eu égard à l'affaiblissement progressif de leur pouvoir. Cette protection dont le plus autorisé des patrons séculiers avait abusé et qu'il était désormais incapable d'exer-

1. Charte de Gausbert, 9 juin 1063 : « ego Gausbertus abba nominatus olim a Willelmo comite Tolosano emptione magni pretii... abbatiam Moysiacensis cœnobii comparaverim » (*H L*, V, Pr. 265, col. 522). Guillaume étant mort après sept. 1037, l'achat de l'abbaye remonte aux premières années du XIe siècle.

2. Charte du comte Pons, 29 juin 1053 : « post discessum Gausberti qui secundus a me in abbatia illa nunc esse videtur et abbas vocatur » (235, col. 470). Une variante donne *defensione* en place de *abbatia*. Dom Vaissette (III, 318) comprend que Guillaume Taillefer lui a cédé l'avouerie en se réservant seulement la suzeraineté. Le terme d'*advocatia* n'apparaît pas dans les documents languedociens. Gausbert a pris le titre d'abbé séculier, mais a sans doute reçu en fief les droits souverains que possédait Guillaume, parmi lesquels figurait le droit de choisir l'abbé. Il en fait en effet abandon plus tard en faveur de Pons et des autres comtes de Toulouse. Au temps où il disposait lui-même de ce droit, il s'était adjugé le titre et les fonctions d'abbé.

3. Charte de Gausbert : « seniori meo Pontio et filio ejus totam... dederim abbatiam post finem meum... ; et omnis posteritas... tenendo possideant et... regant et abbati regulari... regendum tradant » (col. 522-3).

4. « recognosco me culpabilem... de violentia... quam Rogerius patruus meus et ego post eum de villa Fredelaci et de abbatia sancti Antonini... fecimus... ; reddo et guerpio... omnem abbatiam sancti Antonini... Ego igitur Isarnus prior, cum consilio clericorum... commendo tibi Rogerio comiti castrum ... et de omni abbatia verus adjutor et defensor existas » (438, col. 818-20).

cer, bien qu'il continuât d'en faire la promesse dans des diplômes solennels, on s'avisa à partir de la seconde moitié du IXe siècle d'aller la demander au Siège Apostolique. Le patronage de l'église romaine prit peu à peu la place, le sens et l'importance qu'avait eus précédemment la *tuitio* royale.

Au lieu de se tourner de préférence vers le roi pour assurer la protection d'un monastère nouvellement créé, le fondateur s'adresse d'abord au Siège Apostolique. C'est à cet effet que le comte Gérard a donné à l'église romaine ses monastères de Vézelay et de Pothières ; c'est pour procurer aux moines la *tuitio* pontificale que désormais se multiplient en faveur des Saint-Apôtres les donations des établissements nouveaux [1].

Sous les premiers Carolingiens, quand un monastère avait été donné au roi en vue de la protection, elle avait un caractère exclusif. Aucun autre que le royal propriétaire n'exerçait mainbour sur le monastère. Dans la deuxième moitié du IXe siècle, on jugea avantageux pour l'établissement de lui procurer aussi par surcroît la sauvegarde du Siège Apostolique. Le 27 septembre 878, Jean VIII, à la prière de l'abbé de Charroux, reçoit sous la défense de l'église romaine ce monastère, qui jadis avait été donné par son fondateur à Charlemagne et pris dès lors sous le mainbour royal [2]. Hadrien III, renouvelant, dit-il, des privilèges de ses prédécesseurs qui lui ont été présentés avec des lettres de Charles le Gros, déclare placés sous la protection et la défense de l'inviolable privilège pontifical tous les biens de l'abbaye de Montiérender qui jouit du mainbour des rois [3].

Ceux qui, au IXe siècle, souhaitaient en première ligne pour un établissement monastique la garantie de la protection pontificale ne faisaient pas fi de l'immunité et de la *tuitio* royale. Gérard, qui a soumis au Siège Apostolique son monastère de Vézelay, a prié aussi Charles le Chauve de le recevoir sous la défense de l'immunité royale [4]. Charles le Simple accorde le même privilège au monastère d'Aurillac donné par Géraud

1. Plus haut, p. 10, n. 3.

2. Il a été prié par l'abbé Grinferius « sub apostolica deffensione universa ejusdem monasterii mitteremus ». Le pape décide que le cœnobium « sub apostolica deffensione illesum semper valeat permanere » (*Anal. juris pont.*, X, 307) Cf. bulle de confirmation par Benoît VII, J W. 3815, p. 314). On a vu (fasc. 2, p. 19, n. 4), que Charroux a été remis par son fondateur aux mains de Charlemagne.

3. « sub inviolabili apostolici privilegii tuitione et defensione » (*Anal.*, X, 310). Les moines possèdent des diplômes de Louis le Pieux et de Charles le Chauve plaçant Montiérender sous la défense de leur immunité. Ils ont fabriqué en outre, après 980, un faux diplôme de Charles qui les autorise, si le roi ne leur fait pas justice, à en appeler au Siège Apostolique (M. Prou, *Un faux dipl. de Charles le Chauve*, 20 et 27).

4. Cf. fasc. 2, p. 51.

aux Saints-Apôtres. Louis IV prend, en 939, sous son mainbour le monastère Saint-Pons de Tomières soumis deux ans plus tôt à l'église romaine [1]. Le souverain, pas plus que le pontife romain, en accordant lui aussi sa *tuitio* à des moines, ne croyait empiéter sur les droits du protecteur qu'ils avaient déjà. De part et d'autre, rois et papes confirmaient, en vertu de leur autorité propre, l'indépendance de la communauté et lui assuraient le bénéfice de leur patronage associé à celui qui s'exerçait déjà sur elle. Silvestre II déclare que comme l'abbaye de Stavelot et de Malmédy fut défendue tant par l'autorité de ses prédécesseurs que par l'immunité des rois, il la reçoit sous la même *tuitio* de son immunité. [2]. Benoît VII décide que le monastère de Nienburg jouira de la même liberté que les établissements, qui dans la même région sont sous la tutelle des papes et le mainbour des empereurs [3].

De ces protections parallèles et semblables [4], qui s'offraient ainsi aux établissements monastiques, celle du Siège Apostolique parut être d'un plus haut prix. Tout ce qu'on pouvait attendre du patronage royal, la *tuitio* pontificale l'apportait dans la même mesure. Le mainbour exercé par le palais qu'on recherchait avidement jadis, avait perdu, dès la deuxième moitié du IXe siècle, sa valeur juridique. Le privilège pontifical impliquait en fait et concédait même ou confirmait expressément l'immunité [5]. Il stipulait en faveur des moines toutes les libertés qu'énonçaient les diplômes royaux, mais qu'ils ne procuraient pas toujours et que les rois violaient souvent eux-mêmes, en particulier le droit d'élire parmi les leurs un abbé.

1. Cf. plus haut, p. 7.

2. J W 3928 : « abbatiam Stabulensem vel Malmundariensem... semper tam nostrorum praedecessorum auctoritate quam regia immunitate defensam, sub eadem immunitatis nostrae tuitione suscipimus » (Migne, CXXXIX, 283).

3. 26 avril 983 : « tali... libertate qualem alia monasteria habent quae nostrae tutelae nostroque privilegio roborata illis partibus sunt ac mundiburdio domni nostri imperatoris videntur esse subjecta » (J W 3818).

4. Cf. O Lerche, *Die Privilegierung... durch Papsturkunden* : « Für der deutsche Kirche ist der päpstliche Schutz eine bewusste Analogie zum Königsschutz » (p. 160).

5. P. Fabre observait (p. 47) que Nicolas I défend d'exiger des moines de Vézelay aucun impôt, redevance, même en matière de justice, privilège qui est l'une des clauses essentielles de l'immunité et que, lorsque plus tard Charles le Chauve place le monastère sous la défense de son immunité, il ne fait que confirmer pour son compte *une concession déjà faite* par le pontife (p. 49). Au Xe siècle, les papes accordent expressément l'immunité. En 931, c'est bien le privilège traditionnel que Jean X entend conférer aux moines de Cluny : « Immunitatem vero ita vobis concedimus, sicut locis sanctis ubique reverentia debetur, ut nullus vestra mancipia aut res quaslibet... distringere aut invadere... praesumat » (Migne, CXXXII, 1057). Silvestre II place Stavelot sous la protection de son immunité (n. 2). Comme le privilège d'immunité paraît dû aux églises, les papes estiment qu'il leur appartient de le leur reconnaître, de le leur conférer, ou confirmer.

La protection pontificale n'entraînait pas pour le monastère qui en bénéficiait les inconvénients qui jadis résultaient pour lui du *mundium* royal. A la vérité, la *tuitio* pontificale, pas plus que la *defensio* royale, ne se distinguait pas essentiellement de la propriété. Les monastères à qui l'on voulait procurer le bénéfice du patronage de l'église romaine, lui étaient cédés d'ordinaire en toute propriété. L'établissement acquittait même un cens, un tribut, une *pensio* qui l'assimile aux autres biens des Saints-Apôtres et qui plus tard sera porté en compte parmi les redevances qui leur sont dues, au livre des cens de l'église romaine [1]. Des monastères qu'elle patronne, il n'était pas fait nécessairement donation explicite. Parfois le fondateur, l'abbé déclare simplement placer l'établissement sous la *tuitio* pontificale et le pape se contente de le prendre sous sa défense. Ainsi le 12 juillet 878, Jean VIII accède à la prière de Ratbert, évêque de Valence, et de l'abbé Gauzmar, qui ont construit sur leur propriété le monastère de Charlieu et ont prié le pontife de le recevoir sous la *tuitio* du siège romain [2]. Charroux, Montiérender sont mis sous la protection du Siège Apostolique, sans qu'il lui en soit fait donation. Les rois, on l'a vu [3], avaient cessé de distinguer les monastères placés simplement sous leur défense de ceux qui leur étaient expressément donnés en toute propriété. Vis-à-vis du Siège Apostolique, ces distinctions étaient aussi sans valeur, mais pour une raison directement opposée. Le droit de propriété acquis par l'église romaine sur un monastère équivalait à un simple patronat : « Très saint père, écrit Richarde, qui a donné aux Saints-Apôtres son monastère d'Andlau, vous êtes, en place de saint Pierre, notre défenseur et patron » [4]. Le cens est expressément acquitté par le monastère en retour de la protection que le Siège Apostolique étend sur lui, et pour reconnaître ce patronage [5]. Louis IV rappellera, sans vouloir, semble-t-il, limiter en rien par là les prérogatives du Siège Apostolique, que Guillaume a donné Cluny aux pontifes

1. Cf. P. Fabre, 1 et suiv., 26 ; O Lerche, 161.

2. Jean VIII à l'évêque Ratbert et à l'abbé Gauzmar : « monasterium Carilocense... quod proprio in praedio vestro a vobis... constructum est, quodque sub ejusdem nostrae sedis tuitione... mittere curaremus » (B. N., Baluze, *Arm.*, 38, f° 247).

3. Cf. fasc. 2, p. 56-7.

4. La reine Richarde, abbesse d'Andlau, adresse au pape les statuts qu'elle a promulgués afin qu'il les confirme : « serenissime papa, écrit-elle, qui in vice sancti Petri... noster estis defensor et patronus... sic firmare dignemini » (*Stat.* 21, Grandidier, *Hist. de Strasbourg*, II, Pr., 165, p. CCCIX).

5. Bulle de Jean XI pour Cluny, 931 : « Sane ad recognoscendum quod praedictum cœnobium sanctae apostolicae sedi ad tuendum atque fovendum pertineat, dentur per quinquennium decem solidi » (Migne, CXXXII, 1057).

romains, pour qu'ils y exercent non une domination, mais une protection [1]. Que le Siège Apostolique fût constitué patron ou propriétaire, il n'exerçait dans tous les cas aucun des droits inhérents au *dominium* d'un laïque.

Ces droits, les souverains les avaient maintenus aussi longtemps qu'ils l'avaient pu. Ils cédaient les monastères en toute propriété ou en bénéfice, taillaient dans leur avoir des bénéfices. De tels abus de pouvoir n'étaient pas à redouter de la part de l'église romaine ; ils étaient d'avance explicitement écartés. Gérard a soumis Vézelay et Pothières à la domination des pontifes romains, afin qu'ils gouvernent ces monastères, à la condition qu'ils ne les cèdent jamais en bénéfice ni n'en fassent l'objet d'un échange [2]. Nicolas I et Jean VIII décident qu'aucun de leurs successeurs ne donnera en bénéfice, n'échangera ou ne baillera à cens, ni retiendra pour lui-même des biens des monastères de Vézelay, de Saint-Gilles, propriétés de l'église romaine [3]. Guillaume d'Aquitaine stipule qu'aucun prince séculier, qu'aucun évêque, ni le pontife du siège romain ne détournera, ne diminuera, n'échangera, ne donnera en bénéfice les biens des religieux de Cluny ni n'établira sur eux un prélat contre leur volonté [4]. Léon VII décide que ce monastère, suivant la lettre du testament de Guillaume, sera soumis exclusivement au siège romain, de telle sorte que jamais son gouvernement ne soit confié à un *canonicus*, à un laïque ou à un moine qui ne vive pas selon la règle [5].

A la protection qu'assurait ainsi la *tuitio* pontificale contre toutes les entreprises du pouvoir laïque s'ajouta souvent

1. 20 juin 939 : « ad tuendum non ad dominandum subjugavit » *(H L*, IX, 590). P. Fabre y voyait (p. 57) une tentative de réaction du pouvoir royal. Il ne nous paraît pas qu'il y ait là de la part du roi la moindre protestation ou réserve.

2. Charte de Gérard : « subdidimus... pontificibus urbis Romae ad regendum, ordinandum, non tamen ut beneficiaria potestate unquam dandi aut procambiendi licentia sit, disponendumque perpetuo commisimus » *(Hist. Vizeliac.*, Migne, CXCIV, 1653) ; lettre au pape Nicolas « ita tamen ut nulli unquam ex beneficiario dono concederet » (col. 1567).

3. Privil. de Nicolas I pour Vézelay, J W 2831 : « ea conditione ut nullus successorum nostrorum... quidquam de eisdem rebus cuiquam beneficiare, commutare aut sub censu concedere vel retinere per futura tempora patiatur» (Migne, CXIX, 1117). Jean VIII dans le privilège pour Saint-Gilles (18 août 878, Migne, CXXVI, 793) étend l'interdiction de ses successeurs aux rois, empereurs et à toute *mundialis potestas*.

4. « neque aliquis principum saecularium,... nec episcopus quilibet, non pontifex supradictae sedis romanae... contestor ac deprecor ne invadat res ipsorum... non distrahat, non minuat, non procambiet, non beneficiet alicui personae, non aliquem praelatum super eos contra eorum voluntatem constituat » *(Gall. Christ.*, IV, Pr., col. 273).

5. Janv. 938 : « Romanae tantum sedi... ita sit subjectum ut nunquam aut canonico aut laico aut etiam abbati monacho nisi regulariter viventi commendetur » (Migne, CXXXII, 1074).

une sauvegarde contre celles du pouvoir épiscopal ; le monastère patronné par le pontife romain obtenait aussi des garanties contre l'ordinaire du lieu. Les clauses dérivaient parfois simplement des anciens privilèges qui limitaient l'exercice du pouvoir épiscopal. Parfois aussi, le pontife romain plaçait sous sa juridiction directe et exclusive le monastère qu'il protégeait. L'exemption vis-à-vis du pouvoir épiscopal, que n'implique nullement à l'origine la *tuitio* pontificale, en devint peu à peu le corollaire nécessaire. Le monastère protégé par les Saints-Apôtres ne relevait plus au spirituel, comme au temporel, que du siège romain [1]. La formule nouvelle de ce qu'on appela la liberté romaine [2] dégageait ainsi peu à peu la portion la plus vivante de l'institut monastique de l'étreinte qu'exerçaient sur lui les rois, les grands seigneurs, les évêques. La liberté romaine parut bien plus enviable que la condition de monastère royal, seigneurial ou épiscopal. La protection des monastères, au lieu de passer des mains des rois dont le pouvoir décroît en celles des seigneurs locaux, laïques ou ecclésiastiques, s'écoule très souvent vers une lointaine puissance spirituelle, se fixe au centre de la catholicité. L'exercice de l'autorité apostolique, affaibli par l'éloignement et par l'assujettissement du siège de saint Pierre aux barons de la campagne romaine, n'était pas toujours un secours, mais ne représentait jamais une menace. C'est ainsi que le courant qui portait les églises vers Rome tendit à les affranchir de toute oppression séculière, du *dominium* du roi comme de celui des grands.

Le mouvement réformiste soustrait aussi un nombre considérable de monastères au *dominium* royal ou seigneurial par l'attribution qu'en fait le fondateur ou propriétaire, le seigneur, le roi ou l'évêque à une autre communauté, qu'il charge de présider à la réforme et d'en maintenir l'observance. Tous les monastères dont la ferveur religieuse rayonne dans un cercle plus ou moins étendu ont ainsi groupé autour d'eux un nombre variable de monastères réformés par leurs soins et qui ont été placés dans ce dessein sous leur dépendance. Cluny surtout prélude, dès le Xe siècle, au développement inouï que va prendre sa congrégation [3].

Souvent aussi, on a voulu assurer à un établissement le double avantage d'appartenir à la fois au Siège Apostolique

1. Cf. P. Fabre, 84-93.
2. P. 76.
3. Plus haut, p. 10, n. 2.

et à une communauté animée de l'esprit réformiste. Il jouira de la liberté romaine et en même temps sera établi sous le patronage d'une église qui, plus voisine et appartenant au même institut, veillera plus efficacement sur la maison. Étienne, vicomte de Gévaudan, a donné à l'église de Rome et au monastère de Saint-Chaffre une part de ses biens pour y construire le monastère de Langogne qui, sous l'honneur de Saint-Pierre, sera soumis aux moines de Saint-Chaffre ; ils acquitteront un cens à l'église romaine [1]. Le monastère de Confolens est venu en leurs mains dans les mêmes conditions [2]. L'établissement fondé par Rodolfe près du lac d'Yverdun avec le secours d'Odilon a été placé par lui sous l'*ordinatio* et la *potestas* de l'abbé de Cluny ; mais les habitants du lieu paieront un cens à la sainte église de Rome, au tombeau de saint Pierre [3]. Adélaïde décide que les moines de Cluny posséderont le monastère de Romainmotier qui, comme Cluny, a été donné au Siège Apostolique [4]. Les pontifes romains se prêtent eux-mêmes à ce partage de leur droit. Charlieu a été remis à la sainte église romaine pour demeurer à perpétuité sous sa *tuitio* ; l'abbé Odon, sur l'ordre apostolique, a obtenu par privilège du roi Hugues que le monastère appartiendrait aux moines de Cluny [5]. L'île de Lérins, déclare Benoît VII, est, en vertu des décrets de Grégoire le Grand, sous le droit et la sujétion de l'église romaine ; le pape cède le bien des Saints-Apôtres à l'abbé Maieul et à ses successeurs, à charge d'acquitter un cens [6]. Il n'y a pas, en pareil cas, partage de la propriété ; elle est reconnue à l'église romaine ; les moines associés à son œuvre de protection, ont reçu et tiennent d'elle à cens les monastères qui lui appartiennent.

Ainsi, à la faveur de l'affaiblissement du pouvoir souverain et de l'influence croissante des réformistes, un nombre

1. Charte d'Étienne, 998 : « ea ratione ut sub honore sancti Petri sit sancto Theofredo subjectum ». L'abbé de Saint-Chaffre acquittera tous les trois ans un cens de 15 sous à l'église romaine (Chevalier, *Cart. Saint-Chaffre*, 376, p. 130-2).

2. 988-96 : « ad monasterium (Confolens) construendum quod foret semper in subjectione monasterii (Saint-Chaffre), tali tenore ut quinto semper anno tres solidos abbas de sancto Theofredo persolvat in censum sancto Petro de Roma » (55, p. 49).

3. 20 févr. 998, *Chartes de Cluny*, 2453, III, 534-5.

4. 929 : « monasterium ita possideant, ut quamvis apostolicae sedi sicut et Cluniacus delegatum sit... » (379, I, 359).

5. 948-54, 730, p. 686.

6. 22 avril 978, Migne, CXXXVII, 332. Suivant une notice du cartulaire de Lérins, datée par les éditeurs de 798 ? mais qui est d'époque beaucoup plus basse, « quia eadem provincia de regalibus beati Petri esse dinoscitur », le pape Étienne II décida que Lérins offrirait comme *pensio*, lors de l'*ordinatio* de ses abbés par les pontifes romains un évangéliaire décoré d'or et d'argent (Moris, Blanc, *Cart. de Lérins*, 290, I, 293).

considérable de monastères s'émancipent de toute domination séculière. Les idées d'indépendance, de réforme et de régularité travaillent à vider de son contenu le droit de souveraineté, à réduire le *dominium* du roi, du seigneur, à n'être plus qu'un droit de garde ou de haute avouerie. L'assujettissement de monastères à une autre église répond souvent à l'attraction qu'elle exerce sur eux en vertu précisément du mouvement de réforme et du souci d'échapper à toute domination séculière. L'usage qui se répand de céder des monastères soit à l'église romaine, soit à des communautés animées, comme celle de Cluny, du prosélytisme réformiste, multipliait le nombre et affermissait la résistance des établissements qui se libèrent par là de toute intervention étrangère, celle du roi, comme celle du seigneur local et de l'évêque [1].

A la vérité, l'incorporation d'un monastère dans l'avoir d'une autre église n'était pas toujours pour lui un progrès vers l'affranchissement. Les monastères que les évêques en particulier assujettissaient à leur évêché perdaient par là toute indépendance et les communautés se plaignaient souvent d'être sacrifiées aux intérêts de l'église dont elles étaient membres, du prélat qui la gouvernait et des *milites* qu'il entretenait.

Par cette voie pourtant aussi se continuait vis-à-vis de la royauté et des grandes seigneuries ecclésiastiques le mouvement qui détache du pouvoir laïque l'institut monastique. Évêques et abbés recueillent ainsi une part des droits qui échappent aux mains du roi. Ils arrondissent le temporel épiscopal ou abbatial en disputant une ancienne abbaye royale au grand qui l'a fixée dans sa seigneurie, ou en incorporant à l'avoir de leur église une abbaye qui ne relevait jusque-là que du roi [2]. Au Xe siècle comme précédemment, maintes

1. Lorsque, vers 863, Gérard donnait Pothières et Vézelay à l'église romaine, afin d'en assurer la protection, il s'en réservait l'usufruit et le patronage et en outre demandait à Charles le Chauve d'étendre sur ces monastères la défense de son immunité. Au contraire quand, en 910, Guillaume remet Cluny aux Saints-Apôtres, il exclut formellement tout *dominium* royal ou l'intervention d'une puissance séculière quelconque « non fastibus regiae magnitudinis nec cujuslibet terrenae potestatis jugo subjiciantur » (*Gall. Christ.*, IV, Pr. col. 273). Louis d'Outre mer, à la prière de Raimond de Toulouse, prend Saint-Pons sous la *tuitio* de son immunité ; il stipule que le monastère ne sera sous la *potestas* d'aucun autre juge que l'abbé et le comte Raimond (*H L*, V, 73, col. 184) ; le mainbour du roi, la *potestas* du comte sont donc à certains égards maintenus par lui ; mais Raimond exclut toute domination séculière, celle du comte et de sa famille comme celle du roi (plus haut, p. 86, n. 2).

2. C'est ainsi qu'Adalbéron, archevêque de Reims, a réussi à évincer le comte Roger de l'abbaye de Saint-Thierry : « abbatiam sancti Theoderici de manu cujusdam Rogeri qui tunc comitatus dignitatem circa easdem regni partes administrabat, licet plurimum repugnaret, extorsit, eamque sanctae Remensi ecclesiae. episcopali regi-

abbayes royales sont devenues l'appartenance d'un évêché ou d'une autre abbaye par l'effet d'une concession faite par le roi en toute propriété [1]. Les évêques réussirent, sans doute aussi par usurpation, à recueillir des monastères, que la main débilitée des monarques ne pouvait plus retenir. De même que les seigneurs s'efforçaient d'incorporer à leur *beneficium* les abbayes du pays, les évêques travaillaient à réunir à leur évêché celles dont souvent eux-mêmes ou leurs prédécesseurs avaient obtenus du roi la jouissance en bénéfice. Cette possession continuée à ce titre aux mains de plusieurs prélats successifs a fini par faire adjuger à l'évêché la propriété d'un monastère [2]. Les communautés monastiques avaient souvent cherché à s'affranchir vis-à-vis de l'évêché à la faveur du patronage royal ; quand il se révéla inefficace, elles se tournèrent parfois d'elles-mêmes vers l'évêque ou du moins furent exposées de nouveau à subir ses entreprises. En 889, l'abbé du monastère d'Ebersmunster, qui « appartenait au droit royal », aurait prié le roi Arnoul de remettre à perpétuité à la garde des évêques de Strasbourg sa personne et son abbaye dévastée de toutes manières, afin par là d'assurer la sauvegarde du monastère [3]. Suivant le chroniqueur, l'évêque a commis une usurpation, mais il l'a sans doute mise sous le couvert d'une demande de secours que lui aurait adressée l'abbé [4]. Saint-Chaffre qui, au IXe siècle, avait pu maintenir contre les prétentions des évêques du Puy sa qualité de monastère royal, devient au Xe une dépendance de l'évêché [5]. Les archevêques de Trèves s'efforcent, sans y réussir d'ailleurs, de se saisir de Saint-Maximin [6]. Évêques et abbés,

mine moderandum destinavit » (*Mirac. s. Theod.*, *H F*, IX, 129). Il s'agissait d'ailleurs d'un ancien monastère épiscopal soustrait précédemment à l'évêché.

1. Cf. fasc. 2, p. 9, n. 4. C'est ainsi que, à en croire Richer (*Gesta Senon. eccl.*, II, 1, *S S*, XXV, 269), l'archevêque de Metz, Angilram ayant demandé à l'empereur l'abbaye de Senones, « ita monasterium quod prius imperiale extiterat, ex tunc manu episcopi degere compellitur. »

2. Cf. fasc. 2, p. 155-7.

3. 13 juin 889 : « deprecans ut se et abbatiam suam multis modis vastatam in manus Baltramni... committeremus perpetuo custodiendam... Pro ejusdem abbatiae majori conservatione eam Argentinensi ecclesiae suoque possessori Baltramno episcopo ejusque successoribus committimus » (Grandidier, *Hist. de Strasbourg*, II, Pr. 159, p. CCXCIII). Le monastère, ajoute Arnoul, était « ad nostrum jus pertinens. »

4. Cf. *Chron. Ebersh.*, 14, *S S*, XXIII, 438. Les données du diplôme paraissent être de bon aloi, bien que l'acte, sous la forme présente, ne soit pas authentique (Cf. B M 1817).

5. Cf. fasc. 2, p. 157, n. 3.

6. *Contin. Regin.*, 950 : « Ruodbertus pro acquirenda abbatia sancti Maximini multum laboravit, sed Deo propitio non praevaluit » (*S S*, I, 620). Agapit II délivre

comme les seigneurs laïques, fixent ainsi en leurs mains quelques-unes des abbayes qui échappent à l'action des rois.

A la fin du VIIIe siècle, eu égard au *mundium* et au *dominium* qui s'exerçaient sur les établissements religieux, on les répartissait en deux grandes classes : celle des monastères épiscopaux, celle des monastères royaux[1]. Le pouvoir royal couvrait alors et absorbait tout ce qui échappait au pouvoir épiscopal et souvent même frustrait les évêques de la jouissance de leurs monastères. Deux siècles plus tard, la décadence des institutions monarchiques d'une part, d'autre part les premiers souffles de la réforme monastique opèrent de nouveaux classements. Un grand nombre de communautés animées de l'esprit réformiste tendent à se soustraire à tout *dominium* royal ou seigneurial, exercé à titre de propriétaire par un laïque ou une autre église. Telles croient pouvoir défendre par elles-mêmes leur autonomie, d'autres n'acceptent que le patronage de l'église romaine ou le secours d'un autre organisme religieux, zélé pour la restauration de la règle. On peut à cet égard distinguer les monastères qui s'isolent dans leur pleine indépendance, ceux qui relèvent du Siège Apostolique, sont placés sous sa *tuitio* et acquittent un cens en reconnaissance de cette protection, ceux enfin qui dépendent de Cluny ou d'une autre communauté animée de l'esprit réformiste et à titre de membres de cette congrégation jouissent de son statut de liberté. Il n'y a pas d'ailleurs de ligne rigide de démarcation entre ces classes de monastères. On estime que la protection de l'église romaine, comme précédemment celle du roi, est le gage de la pleine indépendance. Un certain nombre de monastères jouissent à la fois de la *libertas romana* directement sollicitée et des avantages que procure l'union sous le gouvernement des abbés de Cluny.

D'autres monastères n'ont pu se soustraire à l'ancien concept du *dominium* exercé du dehors, corrigé dans une mesure variable par l'idée nouvelle d'avouerie ; ceux-là se répartissent en quatre classes, les monastères royaux, seigneuriaux, épiscopaux, les *cellae* qui dépendent d'une abbaye. Le nombre des premiers est à cette date assez restreint ; mais la royauté dispose d'un droit extensible dont la portée s'accroîtra avec les progrès de son prestige. Le reste est recueilli soit par la seigneurie laïque, soit par la seigneurie ecclésiastique, évêché

un privilège aux moines « vexatos a Rotberto... eo quod... monasterium sibi commissae ecclesiae... vellet subdere injuste ». Le pape décide que le monastère « sub regia tantum potestate permaneat » (28 févr. 950, Beyer, 197, I, 257).

1. Cf. fasc. 2, p. 3.

ou abbaye. Mais parmi les monastères assujettis à une église épiscopale ou à une autre communauté, beaucoup tendent à échapper au *dominium*, à la jouissance pure et simple qui appartient ailleurs à l'évêque ou à l'abbé. Les monastères cédés à l'église romaine, ceux qui sont acquis par Cluny et d'autres congrégations réformées se rattachent à la classe des monastères affranchis du joug séculier.

Le *dominium* que se partagent, dès la fin du Xe siècle, sur les évêchés le roi et les grands seigneurs, n'est pas attaqué encore par l'esprit réformiste ou ne l'est pas au même degré que les droits qu'ils exercent sur leurs abbayes. Seule, la pratique simoniaque de conférer l'évêché à prix d'argent, devenue courante là surtout où les grands seigneurs disposent des sièges épiscopaux, est incriminée par les membres les plus zélés du clergé. L'abbé de Fleury, Abbon dissuade son disciple Bernard d'acheter deniers comptants l'évêché de Cahors qui lui est offert à cette condition par le comte de Toulouse et l'archevêque de Bourges. A ce propos toutefois, Abbon réveille des échos qu'on n'avait plus entendus depuis le temps où Wala soutenait devant Louis le Pieux la cause de la pleine indépendance des églises. L'abbé de Fleury écrivait à son élève : « Une église peut-elle être la possession d'un autre que de Dieu seul ? Qui est son maître sinon Dieu ? Elle a besoin aux temps présents de deux avoués, l'un au temporel, l'autre au spirituel ; mais elle ne regarde ni l'un ni l'autre comme un seigneur qui puisse la vendre ou l'acheter [1]. » Aux yeux d'Abbon, le grand seigneur qui donne investiture de l'évêché ne devait pas plus en être le maître au temporel que ne l'est l'archevêque qui confère le sacre et les pouvoirs d'ordre à l'évêque élu. Au *dominium* du *senior* sur l'évêché comme sur l'abbaye doit se substituer un simple patronat.

Les services que rendent aux églises leurs avoués et autres protecteurs pourront être reconnus au prix non pas d'une domination exercée sur elle, mais d'une simple rémunération, sous forme d'une concession de terres ou de droits utiles, d'un bénéfice tenu de l'église. Dans l'esprit des réformistes, c'est seulement dans de telles conditions, afin d'assurer à l'église

1. *Aimoini vita Abb.*, 10 : « Cujus vero possessio est ecclesia nisi solius Dei ? Quis ejus dominus nisi Deus ? Quia etsi praesens ecclesia indiget duobus advocatis, uno in rebus temporalibus, altero in spiritualibus, neutrum tamen habet ut dominum qui eam vel vendere possit vel emere » (Migne, CXXXIX, 598). De son côté, Rathier de Vérone écrit : « Nullus per potestatem saecularium ecclesiam obtineat » (*Synodica*, 9, Migne, CXXXVI, 561) ; ce commandement adressé à ses prêtres n'a pour objet que les églises rurales ; mais le principe qu'il contient est susceptible de s'étendre aux évêchés, aux abbayes et M. Fliche observe avec raison (*La réforme grégor.*, 80) que Rathier condamne formellement déjà l'investiture laïque.

des soutiens, qu'il est permis au prélat de consentir des aliénations. On lit au Dialogue sur l'état de la sainte Église que celle-ci, sur le conseil des rois et des grands, a choisi pour chaque église des vidames, avoués, défenseurs et autres auxiliaires. Des biens ecclésiastiques leur sont attribués, afin que fidèlement et sans lui chercher noise, ils s'attachent au service de la sainte Église et obéissent au commandement des pontifes[1]. Le pape Agapit ordonne qu'aucune puissance n'attribue à personne des biens du monastère d'Homblières, sauf pour des motifs de défense et de protection ; l'abbé du monastère en sera juge et l'aliénation ne sera faite que par sa permission[2]. Les avoués et défenseurs ne doivent rien réclamer en supplément de ce qui leur est traditionnellement attribué. Charlemagne et Louis le Pieux pour comprimer leurs convoitises auraient établi cette loi qu'ils se contenteraient de leurs anciens bénéfices et n'importuneraient pas les oreilles des pontifes de leurs sollicitations[3]. Abbon de Fleury s'élève contre les prétendus défenseurs des églises et monastères qui pensent être non pas des avoués, mais des maîtres et après le passage de l'ennemi dévorent tout ce qu'il a laissé de reste[4].

C'est donc surtout la formation d'un courant déjà puissant d'idées réformistes qui, dès le Xe siècle, tend à émanciper les églises du pouvoir séculier. Pour une large part, le mouvement est nouveau et se fait sentir presque exclusivement au sein des communautés monastiques. Sous une forme qui n'en dérive pas et lui fait plutôt échec, mais dont les origines rejoignent pourtant la résistance opposée, dès le temps de Louis le Pieux et de Charles le Chauve, aux empiétements séculiers, les églises et monastères s'organisent d'autre part pour opposer au siècle une barrière construite suivant ses méthodes. L'objet que se proposent à cet égard les clercs et les moines n'est pas directement, expressément l'élément spirituel propre à

1. « ex consilio regum vel optimatum per sanctos sacerdotes elegit sibi in singulis ecclesiis vicedominos, advocatos, defensores et caeteros adjutores quibus tantum de rebus eccesiae delegatum est ut sine querela fideliter servitio sanctae ecclesiae et imperio pontificum obedirent » (p. 376).

2. 955, J W 3672 : « neque ex rebus ejusdem cellae quidquam sibi aliquis usurpet, non rex, non comes, non episcopus, nec quilibet princeps... nisi forte tuendi et defendendi causa et hoc non nisi ejusdem loci regularis abbatis fiat permissione » (Migne, CXXXIII, 930).

3. *Dial. de statu eccl.* : « Sed Karolus et Hludowicus, jam intelligentes hanc quam patimur avaritiam, ad comprimendam ambitionem hanc dederunt legem, ut antiquis essent contenti beneficiis et de crementis et auctionibus pontificum aures non inquietarent » (p. 376).

4. *Coll. can.*, 2, *de defensoribus ecclesiarum vel monasteriorum* : « qui se putant non jam advocatos vel dominos, dum post abscessum hostium consumunt quidquid fuerit residuum » (Migne, CXXXIX, 477).

l'établissement ecclésiastique et que les réformateurs des Xe et XIe siècles s'efforcent surtout de dégager. Il s'agit au contraire du temporel édifié sur les mêmes bases, constitué par les mêmes éléments dans l'honneur ecclésiastique comme dans l'honneur laïque. L'Église, qui à certains égards commence à réagir contre l'étreinte de la féodalité, tend aussi à s'y adapter et à s'assurer en son sein une plus grande sécurité, une place plus large et toute l'indépendance que comportent les pratiques et les règles du nouvel état social. Les évêques et les abbés profitent ainsi, en tant que seigneurs, de l'affaiblissement du pouvoir royal ; comme les grands laïques, ils s'efforcent d'affermir leur autorité, d'élargir leur domaine, de maintenir et d'accroître leurs libertés. La seigneurie ecclésiastique achève de se constituer. Les prélats fixent autour de leur siège ou dans la mense de leurs moines ou chanoines tous droits utiles ou régaliens à leur portée, honneurs laïques ou ecclésiastiques, biens profanes ou droits sacrés qu'ils réussissent à ressaisir sur les laïques usurpateurs ; ils recueillent, eux aussi, abbayes, églises, dîmes, comme comtés, châteaux, terres et péages. L'abbé de Fleury-sur-Loire, visitant en Gascogne la *cella* que possédait son monastère à la Réole, disait en souriant à ses compagnons : « Je suis maintenant plus puissant que notre seigneur le roi de France, moi qui possède une telle maison dans une région où personne ne reconnaît son autorité [1]. »

Les seigneurs ecclésiastiques, évêques, abbés usent et quelquefois abusent, comme les seigneurs laïques, des monastères et basiliques traditionnellement inclus dans leur évêché ou abbaye ou qu'ils réussissent à y incorporer soit par usurpation, soit grâce à une libéralité d'un roi ou d'un seigneur. L'organisation du temporel épiscopal ou abbatial se conforme au moule qu'impose le siècle à la société ecclésiastique ; aussi l'évêque et l'abbé, seigneur des clercs et moines qui habitent les *cellae* et desservent les basiliques de son évêché ou de son abbaye, se comporte à bien des égards comme le seigneur laïque propriétaire et souverain d'églises. L'évêque dispose à son gré et parfois lui aussi en faveur d'un bénéficier, d'un vassal laïque, des abbayes placées sous le *dominium* de son église [2].

1. *Aimoini vita Abbonis*, 20 : « laeto nobis arridens vultu : Potentior... nunc sum domino nostro rege Francorum intra hos fines ubi nullus ejus veretur dominium, talem possidens domum » (Migne, CXXXIX, 410).

2. En août 941, l'archevêque de Tours, Théotolon autorise la nonne Hildegarde à céder à cens un bien « ex rebus abbatiae sancti Lupi, quam ipsa per nostrae largitionis donum tenere ac regere videtur » (A. Salmon, *Notice sur S. Loup.*, 16 ; *Coll. Housseau*, n° 172, f° 209). Le *locellus* où repose saint Louan, sis dans le faubourg du château de Chinon et qui est « ex ratione matris ecclesiae Turonicae sedis », a été

Lui aussi taille des bénéfices pour ses parents et ses fidèles dans l'avoir des monastères épiscopaux, au grand mécontentement des communautés. Cette distribution de bénéfices aux dépens des moines par les évêques est pratiquée surtout en Lorraine où les évêchés sont propriétaires de nombreux et riches monastères[1] ; mais le même abus apparaît dans toutes les régions de la *Francia*[2]. Ainsi se perpétuent et s'enracinent

donné par les archevêques au comte de Blois, Thibaut et à son père (Chartes de l'archevêque Ardouin et du comte Thibaut, 973, Martène, *Thes. nov. anecd.*, I, 91-2 ; cf. Marchegay, *Livre noir S. Florent*, 44-5, *Arch. d'Anjou*, I, 250-1). En 949, l'évêque de Chartres dispose en faveur des chanoines de Saint-Père d'une vigne avec l'assentiment de Graulfus, «qui abbatiam sancti Carauni tenere videtur per auctoritatem nostrae largitionis » *(Vet. Agan.*, I, 5, éd. Guérard, *Cart. S. Père*, I, 33). En 968, un certain Erveius, « qui abbatiam sancti Carauni per largitionem domni Odonis episcopi tenere videmur », dispose de biens « consentiente seniore nostro Odone » ; il est stipulé que les cens « ad seniorem perveniant » (II, 3, p. 57-8). En juin 969, Roricon, évêque de Laon, cède à Saint-Vincent de Laon, à la prière du noble chanoine Rainon, une terre « quam de nobis in beneficio tenebat..., hoc est dimidiam abbatiam sancti Hylarii et ecclesiam ejus cum altari ex integro ». Le frère de Rainon avait l'autre moitié (Poupardin, *Cart. S. Vincent*, 5, p. 188-9.)

1. L'évêque de Trèves, Ratbod a « divisé » entre les siens les biens du monastère de Mettlach *(Mirac. s. Liutwini*, 6, 7, *S S*, XV, 1263). Au cours du Xe siècle, les biens de Saint-Martin de Trèves sont « distributa... ab episcopis » *(De calamitate s. Martini*, p. 741). En 995, l'évêque de Verdun rend aux moines de Saint-Vanne « quaedam a malevolis subtracta et in beneficiis donata ». Plus loin, l'évêque avoue qu'il est l'auteur de leur dépossession ; il s'agit en effet d'une église « quam sub tempore illo fidelissimus noster Arnulfus beneficio tenebat » (Bloch, *Die älteren Urk. S. Vanne*, 31, dans les *Mémoires de la soc. d'archéol. lorr.*, X, 415). L'évêque de Toul, Lugdelmus disposait semblablement des biens de Saint-Epvre « tanquam sua sibi accipiens et libitu disponens » *(Mirac. s. Apri*, 20, *S S*, IV, 516). L'évêque de Metz, Robert rend aux chanoines de Saint-Arnoul « quicquid et ad nostrum indominicatum per nostros seu fideles fuerat distributum » (886, *Hist. gén. de Metz*, IV, 46). L'évêque Adalbéron a dû stipendier d'abord exclusivement à ses frais les moines rétablis par lui à Gorze, « quia necdun facultas ei fuerat ut de possessionibus monasterii quae jam abhinc longe retro beneficio secularium cesserant eis aliquid restitueret » *(Vita Ioh. Gorziensis*, 95, *S S*, IV, 364). Ces biens étaient tenus par des vassaux de l'évêque, en particulier Vétéranus, « miles senioris nostri domni Adalberonis,... infestus valde religioni nostrae eo quod teneret plurimum terrae de abbatia nostra » *(Vita s. Gorgonii*, 15, Mabillon, *A S*, III, II, 191), le comte du palais Hamédéus qui retenait « longo jam retro tempore beneficii nomine » une possession du monastère et qui, en plus du bénéfice tenu de l'évêque, occupait des biens des moines « sub precaria vel prestaria » *(Vita Ioh.*, 110, p. 368), le comte Adelbert, qui « possessionum quicquid exterius fuerat... ex beneficio episcopi cui militabat... tenebat » (36, p. 347). C'est à cet Adelbert que l'évêque dut enlever la terre même de Gorze pour la rendre aux moines, « que res utique ad vim non minimam spectare videbatur » (38, p. 348). Adalbéron pourvoyait sa famille aux dépens du même monastère. La *villa* de Warengeville était tenue en bénéfice par son frère Gozlin (99, p. 365). Comme ce frère lui était « carior ceteris », l'évêque ne voulait pas entendre parler d'une restitution et il fallut une intervention de saint Gorgonius pour l'y décider *(Vita s. Gorg.*, 9, p. 189). Adalbéron avait en effet plusieurs frères à qui il n'avait rien pu donner, n'ayant ni le droit ni l'intention de déposséder ceux qui retenaient les biens de l'évêché. Aussi aurait-il voulu les substituer aux bénéficiers défunts dont les moines de Gorze réclamaient les biens *(Vita Ioh.*, 110, p. 368). Son frère Gozlin lui répétait sans cesse que les moines avaient abondance de biens et qu'il lui fallait songer aux siens (114, p. 369).

2. On a vu, n. 2 de la p. précéd. qu'aux diocèses de Tours, Chartres, Laon, les abbayes de Saint-Loup, de Saint-Louan, de Saint-Caraunus sont tenues des évêques

jusque dans la seigneurie d'église les abus que le mouvement réformiste attaquait. Les prélats engagent à leur service et à celui de leurs églises un nombre considérable de *milites* qu'ils pourvoient de terres appartenant à l'*honor* ecclésiastique. Sous cette forme encore on voit ainsi revivre la sécularisation. L'auteur du Dialogue sur l'état de la sainte Église est préoccupé surtout du préjudice causé au temporel épiscopal par les libéralités que l'évêque a coutume de faire à sa parenté et à ses amis et que son successeur est impuissant à révoquer [1]. Du moins, ces bénéficiers sont exclusivement les hommes du prélat ; ils ont pris la place des *milites* possessionnés jadis par les Carolingiens pour le service de la royauté. Par là, l'église se dégage des empiétements du souverain, roi ou grand seigneur ; elle entretient sa propre milice au lieu d'alimenter celle du prince. Elle dispose elle-même de son temporel pour sa défense et celle des intérêts généraux du royaume ou de la chrétienté. Au prix d'une sorte de sécularisation interne que l'église dirige à son gré, elle échappe ainsi à celle qui lui était infligée du dehors au nom du souverain.

en bénéfice. Des biens soustraits à l'*indominicatum* de ces *cellae* ou du monastère épiscopal dont elles dépendent servent aussi à constituer en faveur d'autres fidèles du prélat des bénéfices. Roricon, évêque de Laon, expose que les moines de Saint-Vincent, « sicut etiam aliis fit locis », réclamaient la terre des *villae* du saint « quam nostri fideles a longis temporibus in beneficio tenebant » (juin 969, Poupardin, *Cart. S. Vincent*, 4, p. 189). Une charte de l'évêque de Chartres, Eudes cède aux chanoines de Saint-Père un bien de Saint-Caraunus ; ils paieront un cens « seniori ejusdem abbatiae » (*Vetus Agan.*, I, 4, p. 58). L'archevêque de Tours, Théotolon autorise en juillet 939 son fidèle, l'archidiacre Dodaldus, à céder à cens une terre « ex rebus sancti Lupi quas nostrae largitionis in donum tenere videtur » (A. Salmon, p. 14). En février 954, Gunbaldus tenait en bénéfice de l'archevêque Joseph, dont il est le *vassallus ac fidelis*, des terres « ex rebus abbatiae sancti Lupantii (B. N., *Coll. Housseau*, 176, I, f° 213). L'avoir de beaucoup d'autres monastères épiscopaux sert semblablement à pourvoir de bénéfices les fidèles de l'évêque. En nov. 974, Wandalbert, neveu et vassal de l'archevêque Ardouin, tenait de lui en bénéfice des biens « ex abbatia sancti Maximi » (21, p. 243 ; *Coll. Housseau*, 217, I, f° 254) et disputait, en 978, aux moines de Saint-Julien des dîmes « pertinentibus ad abbatiam sancti Hilarii quam in beneficium de supradicto avunculo et seniore meo et archiepiscopo Arduino tenere videbar » (Tarbé, *Examen crit. de diverses chartes*, *R. rétrosp.*, 2e série, IX, 36). Une charte de l'archevêque Archambaud de sept. 991 montre que l'un de ses fidèles avait un bénéfice constitué « de abbatia ecclesie sancti Vincentii... in suburbio Turonicae urbis » (Delaville le Roulx, *Ch. Tourangelles*, 12, dans le *Bull. soc. arch. Tour.*, IV, 355). Ermenthéus, officier de l'évêque d'Orléans, qui administre le monastère épiscopal de Saint-Mesmin de Micy, persuade son maître de distribuer les biens des moines « militibus suis pro libito ». Il se fait adjuger le plus beau morceau « per reliquos satellitum praediorum facta divisione de ipsis reliquiis » (*Mirac. s. Max*, 23, Mabillon, *A. S.* I, 585). Vers l'an 1000, l'archevêque de Lyon, Bouchard restitue aux religieux de Savigny « terras quas antecessores ejus de eadem ecclesia tollentes, cuidam militi, Sigiberto scilicet calvo, dederant » (Bernard, *Cart. Savigny*, 428, p. 231 ; c. 429, p. 232). En déc. 933, l'archevêque de Bourges, Hugues rend aux moines de Saint-Sulpice une terre, qui a été enlevée à la vérité par son oncle Richard, mais dont il confesse partager la faute « peccati contagione » (B. N., lat. 13818, f° 347 ; *coll. Moreau*, XIII, 44).

1. Éd. Dümmler, *Sitzungsber. preussisch Akad.*, 1901, p. 378-84.

CHAPITRE VI

Comment disparaît la pratique des sécularisations propres à l'âge carolingien

Le mouvement d'émancipation qui tend à libérer les églises de la domination exercée sur elles par la puissance séculière leur a permis aussi de mettre en une certaine mesure un terme ou des limites aux détournements que le souverain opérait sur leur avoir. A la vérité, l'éclipse de l'autorité monarchique expose les biens d'église de la part des maraudeurs à des incursions plus hardies, plus fréquentes et qui restent le plus souvent impunies. Toutefois, l'affaiblissement de la royauté, l'organisation de la seigneurie d'église, la poussée du mouvement réformiste libèrent, vis-à-vis du roi et aussi du seigneur régional qui a pris sa place, le temporel ecclésiastique assailli par l'innombrable armée des petits seigneurs. Violemment pressé par en bas, il échappe du moins en partie aux empiétements de l'autorité souveraine et à la contrainte qu'elle exerçait suivant des méthodes tenues longtemps par elle pour régulières et légitimes.

Au temps des derniers Carolingiens et au commencement de l'époque capétienne, elle n'a pas renoncé encore entièrement à la pratique des sécularisations. Le bénéfice royal ou seigneurial ronge parfois à nouveau le temporel ecclésiastique. Nous avons vu, au cours du Xe siècle, les grands seigneurs créer des bénéfices aux dépens des églises épiscopales ou monastiques sur lesquelles ils avaient substitué leur pouvoir à celui du monarque [1]. Les rois des dynasties nouvelles, ceux des maisons qui régnèrent en Provence et en Bourgogne, les premiers rois robertiniens de *Francia*, Eudes et Raoul [2] cèdent en bénéfice des biens de leurs églises, comme l'ont fait les

1. Cf. plus haut, p. 71-79.

2. Cf. fasc. 1, *Les étapes de la sécular.*, 183-4.

Carolingiens. Hugues Capet [1], Robert le Pieux [2], Henri I, Philippe I [3] disposent encore parfois en faveur de leurs fidèles de terres appartenant à des abbayes réputées royales.

Jadis, c'était surtout aux dépens des évêchés que les rois possessionnaient leurs vassaux [4]. Au Xe siècle encore, on voit des seigneurs et des rois céder en bénéfice des biens d'églises épiscopales [5] ; mais les violences à leur adresse deviennent plus rares et elles prennent souvent un caractère qui les distingue des sécularisations prononcées par les premiers Carolingiens. Un roi qui lutte contre un seigneur ecclésiastique s'emparera des biens de son évêché et les cédera à ses gens. En 893, le roi Eudes qui assiège Reims distribue les biens de

1. Cf. plus haut, p. 77, n. 3.

2. Il a cédé à Eudes II, comte de Tours et de Chartres, des biens de son abbaye de Saint-Aignan (Charte d'Eudes : « ego quidem comes Odo qui ex rebus sancti Aniani per largitionem domni Rotberti regis tenere videor », de Grandmaison, *Liber de servis*, 40), des biens de Saint-Martin de Tours à Foulques, comte d'Anjou, qui les a lui-même rétrocédés en bénéfice à l'un de ses fidèles (op. cit., 50). C'est également aux dépens du temporel de Saint-Martin qu'il livre « auctoritate regia » aux moines de Marmoutier« quamdam aream juris mei pertinentem ad abbatiam s. Petri Puellaris, quae est sita in suburbio Castrinovi » (Dipl. inédits de Robert II, publiés par M. Pfister *Études sur le règne de Robert le Pieux*, XLV). Il semble aussi qu'il ait constitué des bénéfices aux dépens de l'abbaye royale de Fleury-sur-Loire. Hugues de Beauvais tenait « beneficio fiscali » une église qu'à sa mort l'abbé Gozlin ne récupéra qu'en la rachetant au roi Robert (*Vita Gauzlini*, 4, *Neues Archiv*, III, 353). Odalric, évêque d'Orléans, tenait « fiscali dono » une autre église qu'il rendit à l'abbé moyennant finances. L'évêque prit en outre la précaution de désintéresser le personnage qui tenait de lui cette église « jure fiscali » ; il lui attribua un autre bien « reciproca vicissitudine sui fisci » (32, p. 364). Cf. Pfister, *op. cit.* 107-8. En 1030, le comte Dreux tenait en bénéfice, « sub advocationis jure », quatre *villae* de Saint-Germain-des-Prés ; son père et ses prédécesseurs y avaient ajouté de nombreuses et mauvaises coutumes à Dammartin. A la prière de l'abbé et des moines, Robert intervient près du comte et obtient de lui désistement de toutes prétentions à Dammartin. Dreux gardera les 4 villae, « quas ei concedimus jure beneficii » (Tardif, *Mon. hist.*, 260, p. 163-4). Ce bénéfice d'avouerie tenu déjà par le père et les ancêtres du comte n'a pas été constitué par Robert, mais sans doute par ses aïeux, ducs des Francs et abbés de Saint-Germain. Le roi estime qu'il lui appartient de confirmer ces dispositions et il déclare céder les biens en bénéfice à l'avoué.

3. L'histoire de la *villa* de Combs, propriété de Saint-Germain-des-Prés, montre l'usurpation se perpétuant du temps d'Hugues le Grand à celui de Philippe I (cf. p. 79). Le duc des Francs, Hugues l'avait cédée en bénéfice à Hilduin et à la mort de celui-ci l'a gardée en ses mains. Le bien resta dans l'*indominicatum* de Hugues Capet et de Robert II, qui le rendit, il est vrai, aux moines, mais en échange d'autres biens dont il disposa. Sous Henri I, le neveu d'Hilduin, Manassés, a réclamé l'héritage de son oncle ; le roi, pour ne pas perdre sa fidélité, lui a rendu Combs et a restitué cette *villa* aux moines au décès de Manassés. Eudes, fils de ce bénéficier, a élevé sous Philippe I de nouvelles prétentions sur la terre. Pour liquider l'affaire, Philippe lui a donné Combs en bénéfice, mais en dédommageant Saint-Germain (Poupardin, 64, p. 104-6).

4. Cf. fasc. 2, *Le droit du roi*, 264.

5. En 969, 977, mention est faite de bénéfices tenus des comtes d'Anjou et de la comtesse de Poitiers, Emma et qui ont été constitués aux dépens de la cathédrale Saint-Maurice d'Angers. Une terre de l'église d'Orléans est tenue, en 975, en bénéfice d'Hugues le Grand (plus haut, p. 76, n. 6 ; 77, n. 1 ; 75, n. 3.

l'église à ses hommes [1]. Ou bien au cours d'une guerre soutenue entre leur seigneur et le souverain, les *milites* d'une église, d'un prélat sont dépouillés de leur bénéfice en faveur des hommes du roi. Lorsque, en 939, Louis IV expulse de Laon l'évêque Raoul accusé de trahison, il dépouille les hommes du prélat des biens de l'évêché et les distribue à ses fidèles [2]. Le grand qui prend possession d'un évêché sous le nom d'un évêque appartenant à sa famille évincera semblablement les hommes du précédent prélat. Comme tuteur de son jeune fils Hugues, Herbert de Vermandois saisit l'évêché de Reims et en distribue les biens à ses partisans [3]. Le château de Coucy ainsi mis à sa disposition est attribué par lui, en 930, à Anseau [4]. En 940, quand Herbert a réussi à s'emparer de la personne de l'archevêque Artaud rival de son fils, il s'empresse d'enlever leurs bénéfices aux parents du prélat prisonnier [5]. Ce n'est plus là disposer régulièrement du patrimoine des évêchés, comme l'avaient fait Pépin, Charlemagne, Charles le Chauve. Par coup de force, au cours d'hostilités, un roi ou un grand seigneur dépossède les hommes d'un grand ecclésiastique afin d'enrichir les siens propres.

A partir de la fin du Xe siècle, quand les seigneurs et les rois disposent des biens d'une église, c'est plutôt aux dépens d'une abbaye royale ou comtale. Souvent, on ne saurait dire si le grand seigneur ou même le roi dispose des biens de l'abbaye à titre de souverain ou en qualité d'abbé. Le bénéfice qu'il cède peut être une largesse du recteur du lieu aussi bien que du souverain du pays. L'abbaye royale ou comtale, même si le roi ou le comte a déposé le titre d'abbé, est tenue pour membre du patrimoine de la famille souveraine [6]. Le roi, le grand

1. Suivant la plainte adressée par l'archevêque Foulques au pape Formose « Odo civitatem Remensem obsederit... et res ecclesiae Remensis suis satellitibus dederit » (Flodoard, *Hist.*, IV, 3, *S S*, XIII, 561).

2. Flodoard, *Ann.*, 939 : « Rodulfum Laudunensem episcopum proditione insimulatum castro eicit, sed et homines ipsius rebus episcopii privat et easdem res suis hominibus confert » (éd. Lauer, 73) ; cf. Richer, *Hist.*, II, 17, *S S*, III, 591.

3. Plainte présentée par Artaud à Ingelheim : « Qui comes ad eamdem urbem regressus, res episcopii, prout sibi placuit, fautoribus suis dividit, caeteris abstulit et... quos voluit rebus exspoliavit » (Flodoard, *Hist.*, IV, 35, p. 586).

4. Flodoard, *Ann.*, 930, p. 45.

5. 940 : « Ludowicus rex,... assumpto secum Artoldo archiepiscopo cum propinquis ipsius... quorum beneficia Heribertus comes abstulerat » (p. 77).

6. La plupart des bénéfices constitués en terres d'église au Xe siècle par des seigneurs sont créés aux dépens de leurs abbayes (plus haut, p. 73 et suiv.). Les inféodations de terres d'église faites par Hugues Capet, Henri I, Philippe I concernent les abbayes royales de Saint-Riquier et de Saint-Germain-des-Prés (plus haut, p. 77, n. 3 ; p. 104, n. 3). Tous les faits rapportés plus haut de Robert le Pieux (p. 104, n. 2) ont pour objet le temporel d'une abbaye royale. Robert déclare céder un terrain

seigneur se considère comme propriétaire des abbayes tenues en son fisc, au même degré que des églises rurales de ses domaines et il dispose semblablement de leur avoir, à titre de propriétaire, plutôt qu'à titre de souverain [1]. Il semble du moins que dès lors les églises épiscopales aient échappé à la servitude, que leur avaient imposée les Carolingiens et qui pesait sur elles au IXe siècle, plus encore que sur les établissements monastiques, d'entretenir sur leurs terres la milice des bénéficiers royaux [2].

Dans la mesure où des bénéfices continuent d'être établis par les rois et les seigneurs aux dépens de leurs églises, le caractère de ces concessions n'est plus exactement celui des *precariae verbo regis* des temps carolingiens. Au cours du Xe siècle, disparaissent les formules et les pratiques qui donnaient aux sécularisations une apparence régulière et conféraient aux bénéfices royaux un statut spécial. Après l'âge carolingien, il n'est plus fait mention du *verbum regis* ; on ne voit pas que jamais un ordre du roi ou d'un grand seigneur contraigne un prélat à céder un bien de son église. La formalité des précaires souscrites par commandement du prince est totalement tombée en désuétude. Ni de nouveaux précaires

« juris mei » appartenant à l'abbaye de Saint-Pierre le Puellier, dépendance de Saint-Martin dont il est le roi abbé. A Saint-Germain-des-Prés, Marmoutier ,Saint-Martin de Tours, les ducs de *Francia* ou premiers rois Capétiens, quand ils cèdent en bénéfice des biens de l'abbaye (*plus haut*, p. 75, n. 2, 4, 5 ; p. 104, n. 2 et 3), usent de leur droit de recteur laïque du monastère. C'était sans doute plutôt en qualité d'abbé de Saint-Martin que parce qu'il était devenu roi, qu'Eudes disposait, en faveur d'un fidèle et sans l'assentiment du chapitre, de la *cella* de Saint-Clément (Charte de Robert, 22 mai 899, Mabille, *Les invas. norm.*, Pièces just. 8, dans la *Bibl. éc. chartes*, XXX, 441). Conrad et Rodolfe III, rois de Bourgogne, administrent le temporel de Saint-André-le-Bas et de Saint-Maurice, parce qu'ils en retiennent l'*abbatia* en leurs mains (fasc. 2, p. 180). C'est à titre d'abbé de Sainte-Geneviève que Grisegonelle pourvoit son fidèle Gislard (*plus haut*, p. 76, n. 4) ; c'est en qualité de comtes abbés soit de Saint-Médard, soit de Saint-Quentin qu'Herbert II et Albert de Vermandois disposent des biens de l'abbaye (p. 74).

1. Abbon de Fleury écrit que les *rectores plebium* détournent les *dotes ecclesiarum*, « suis militibus aut pro donativis erogant aut vice beneficiorum dispertiunt » (*Ep.* 14, Migne, CXXXIX, 440). Il s'agit ici des églises rurales possédées par les laïques.

2. M. Pfister estime que Robert II donnait parfois en fief des terres épiscopales (p. 110 et 204) et il signale le fait qu'Hugues de Beauvais, favori du roi, tenait un domaine de Sainte-Croix, cathédrale d'Orléans, qui fut rendu par Robert à l'église. Helgaud nous apprend en effet que le saint roi restitua par son don (suo reddidit dono) la terre de Sainte-Croix « quam Fulco episcopus pro adjutorio sui Hugoni potentissimo Belvacensi dederat » (*Vita Rotberti*, *H F*, X, 1058). C'est le roi qui a rendu justice à l'église ; mais l'aliénation avait été faite non pas par lui, mais par l'évêque d'Orléans, qui avait jugé utile de s'attacher à ce prix un vassal d'importance. On ne voit pas que Robert ait ordonné à Foulques de céder ce bien à Hugues. Peut-être le roi a-t-il profité, pour en opérer la restitution, de la vacance du siège qui suivit la mort de Foulques. L'évêché étant en sa main, il pouvait révoquer la concession faite imprudemment par l'évêque défunt.

ne sont institués sur son ordre, ni les anciens ne sont renouvelés. Dès le Xe siècle, on l'a vu, quand un seigneur cède en bénéfice le bien d'une église qu'il a usurpée sur les rois, il est rare que mention soit faite de la double dîme [2]. Cette charge, pas plus que celle de l'entretien des édifices, n'est plus imposée aux bénéficiers mis en possession soit par les seigneurs, soit par le roi. Quand, aux Xe et XIe siècles, ils cèdent en bénéfice des biens de leurs églises, ils n'imposent plus aux occupants les conditions qui, au temps des Carolingiens, caractérisaient la jouissance du bien d'église procurée par le commandement du roi. Ainsi, toutes les pratiques si originales des VIIIe et IXe siècles, qui faisaient de la spoliation des églises une institution normale et bien définie, intimation du *verbum regis* au prélat, incorporation au fisc et cession en bénéfice du bien d'église prononcées par le souverain, souscription par l'occupant de lettres de précaire qui constatent les droits de l'église, acquittement de charges spéciales, les dîmes et nones, le cens, la contribution aux travaux d'entretien des églises, distinction des concessions en précaire ordonnées par le roi et des bénéfices ordinaires, toute cette ordonnance compliquée est abolie au Xe siècle.

Ces formes régulières étaient naturellement inconciliables avec le pillage qui sévit. Le roi et les grands qui le dépouillent d'une part des droits régaliens, ceux qui possèdent les églises ne sont pas les seuls qui en usurpent les biens. La troupe des déprédateurs, que ne contient plus l'autorité royale protectrice des églises, monte dès lors de toutes parts à l'assaut de leur temporel. La sécularisation des biens d'église, loin d'être arrêtée, s'aggrave au cours de ces temps d'anarchie ; elle fait sauter les barrières qu'avaient posées les législateurs carolingiens. Les pillards n'ont aucun souci de se mettre en règle avec les prescriptions des Conciles et des Capitulaires. Ils prétendent d'ordinaire posséder en toute propriété les biens d'église qu'ils ont saisis et s'ils les cèdent en bénéfice, ils entendent par là faire acte de propriétaires et les droits de l'église sont totalement méconnus.

Lorsque les biens sont usurpés par le roi ou le seigneur qui tient l'église sous son *dominium*, les restrictions et les règles d'antan disparaissent semblablement. D'ordinaire sans doute, l'aliénation n'est faite qu'à titre bénéficiaire ; le maître de

1. L'ordre donné par le roi Raoul à la mort d'un bénéficier de Saint-Symphorien de renouveler le précaire en faveur d'un autre fidèle royal (fasc. 2, p. 199-200) nous paraît être chronologiquement la dernière trace du *verbum regis*.

2. On n'a pu en rapporter plus haut (p. 72) que deux exemples.

l'église n'a pas intérêt à la priver de son droit de propriété, puisque l'église est à lui. Mais l'autorité du roi n'est plus en état d'imposer la rédaction d'une précaire, l'acquittement d'une double dîme aux bénéficiers mis en possession par un autre que lui. Les rois eux-mêmes ne prirent plus garde aux prescriptions de leurs prédécesseurs. Ils jouirent des églises conservées en leurs mains comme le faisait le seigneur des églises usurpées sur eux, dans la mesure où les résistances du clergé, qu'il ne fallait pas s'aliéner, le leur permettait. Quand ils en cédaient les biens en bénéfice, ils ne distinguaient pas plus que les seigneurs ce bénéfice de ceux qu'ils accordaient aux dépens de leur domaine. Le maître de l'église disposait des biens de celle-ci comme d'un bien propre ; ses bénéficiers ne dépendaient plus que de leur seigneur et la spoliation prenait le caractère d'un pillage sans règle et sans mesure. Avec l'autorité du législateur a disparu ainsi toute l'ancienne législation. Les églises souffrent toujours et de plus en plus des violences, mais il n'en existe plus de forme régulière, tolérée par le clergé, réglementée par ordonnance royale. L'ingénieux équilibre de spoliations et de compensations qu'avaient institué Pépin et Charlemagne a été rompu d'une part en raison de l'impatience des usurpateurs, d'autre part de l'attitude intransigeante des victimes.

Le clergé en effet ne s'est pas soucié de soutenir l'édifice qui s'effondrait ; s'il avait intérêt peut-être à maintenir les compensations et réserves instituées en sa faveur, il souhaitait bien plus encore échapper aux sécularisations. Comment aurait-il travaillé à sauvegarder le caractère du bénéfice royal, alors qu'il refusait au pouvoir souverain le droit de créer des bénéfices à ses dépens ? A ses yeux, il s'agissait non d'une pratique régulière, mais d'une violence condamnable. Il ne la distinguait pas du vulgaire brigandage sacrilège. Le bénéfice librement octroyé par le prélat, aux conditions posées par lui, révocable à son gré, était le seul que le droit ecclésiastique tînt pour valable et légitime. L'Église rejetait la distinction qu'avait établie le capitulaire d'Héristal entre les précaires *verbo regis* et les bénéfices spontanément concédés par l'évêque ou l'abbé ; elle s'accommodait de l'oubli que le pouvoir souverain en fit lui-même à la fin de l'époque carolingienne.

L'éclipse de l'autorité royale permet aux chefs des églises de réagir avec un succès croissant contre les abus qu'elle avait introduits dans la dispensation des biens d'église. Les prélats ressaisissent sur les bénéfices les droits dont les avait privés le *verbum regis* ; ils constituent autour d'eux une vassalité, qui dépend d'abord de l'église et du prélat et se substitue au groupe des fidèles royaux que l'ordre du souverain mettait jadis en possession des biens ecclésiastiques. Sans être entièrement aboli encore au XIe siècle, le bénéfice royal ou seigneurial est plus rarement constitué aux dépens des églises. L'évêché, sinon l'abbaye royale ou seigneuriale, s'y dérobe sans doute déjà totalement. Les *milites* de l'évêché sont désormais uniquement les hommes de l'église et du prélat. Moins fréquemment établi en terres d'église, le bénéfice royal ou seigneurial perd le caractère régulier d'antan ; la mainmise du roi ou du seigneur sur les biens de ses églises ne se distingue guère de la violence infligée par un déprédateur sans titre. L'église s'en défend surtout en pratiquant elle-même très largement les concessions bénéficiaires. Le soin que prennent les prélats de dispenser eux-mêmes des terres aux hommes qui les servent, la vassalité qu'ils constituent pour la protection des églises et de leurs biens leur permet d'échapper de plus en plus aux distributions qu'en faisait le pouvoir séculier. Ainsi sans doute disparut peu à peu la coutume dont s'autorisaient les rois et les grands seigneurs de céder en bénéfice les biens de leurs églises. Lorsque le mouvement réformiste entreprendra d'arracher aux laïques l'investiture des églises, il n'aura plus à combattre au sujet des bénéfices et des sécularisations de biens ecclésiastiques des pratiques tombées en désuétude et une législation périmée.

Dès lors qu'il n'est plus établi aux dépens des églises de nouveaux bénéfices royaux ou seigneuriaux, les anciens devaient eux-mêmes disparaître. A la vérité, c'est sans doute parce que les bénéfices royaux institués par les premiers Carolingiens perdaient peu à peu leur caractère distinctif qu'on cessait aussi d'en créer. Comment la législation d'antan eût-elle été appliquée à des bénéfices nouveaux, alors qu'elle ne l'était plus déjà à ceux pour lesquels elle avait été promulguée ? En matière de sécularisations de biens ecclésiastiques, l'époque carolingienne aboutit ainsi à une sorte de liquidation totale du passé, qui efface toute trace des précaires *verbo regis* et fait disparaître les conditions et charges qui les caractérisaient.

Des biens ainsi sortis de l'*indominicatum* des prélats, au cours de l'époque carolingienne, une part, la plus considérable sans doute, a été définitivement perdue pour les églises. Nombre de familles dont les ancêtres avaient été investis par ordre d'un roi de domaines ecclésiastiques, les ont gardés à titre de propriété héréditaire. Les conditions mises à la cession en bénéfice royal, les charges que la royauté avait imposées à ceux qu'elle mettait en possession de biens d'église, tout ce qui constituait un titre pour le propriétaire et une protection de son droit a été peu à peu rejeté par les occupants. Ils cessent de souscrire des lettres de précaire, se dispensent d'acquitter les cens, la double dîme, de supporter leur part d'entretien. Ils exploitent le domaine suivant des méthodes qui le désolent et qui le ruinent. Ils administrent le bien et ils en disposent, comme s'ils en étaient propriétaires. La perpétuité, l'hérédité du bénéfice, l'éloignement des temps où le bien a été perdu par l'église, rendent ses droits de plus en plus précaires.

La jouissance d'un bien d'église à titre de bénéfice tenu du roi facilitait singulièrement en effet l'usurpation du droit de propriété. C'est vers ce terme que n'a cessé de s'acheminer l'évolution des bénéfices constitués en terres d'églises par les premiers Carolingiens.

De très bonne heure, la jouissance bénéficiaire avait abrité des usurpations partielles. Il en a été ainsi pour des terres et des hommes appartenant à la *villa* de Neuilly, au temps où cette propriété de l'église de Reims était tenue en bénéfice. En 871, Hincmar en avait obtenu restitution. Mais trois ans plus tard, un procès fut jugé au plaid royal concernant un certain nombre de tenures de colons que divers personnages avaient précédemment obtenues du roi Charles le Chauve et de son père Louis-le-Pieux en toute propriété. Ils avaient trompé ces rois en leur affirmant que terres et hommes appartenaient au fisc. Parmi les usurpateurs figurent précisément Donat et Landrade, sa veuve, qui tinrent longtemps en bénéfice le domaine de Neuilly [1].

Surtout, la possession à titre bénéficiaire d'un bien d'église, en se perpétuant aux mains des membres d'une même famille, comme un héritage qui leur est dû, tend à se transformer en un droit de propriété. Le monastère de Granfel avait été donné en bénéfice par le père du roi de Bourgogne, Conrad à Lutfridus. Puis par hérédité, cette abbaye a passé de la condition de bénéfice à celle de propriété privée [2]. C'est peut-être déjà l'abus que signale le pseudo Symmaque, de la part de ceux à qui les princes ont livré des biens d'église et qui les laissent en héritage à leurs fils et héritiers [3].

1. *De villa Novil.*, *S S*, XV, 1168.

2. Dipl. de Conrad, 9 mars 962 : « ipsius patris nostri culpis exigentibus, cuidam Lutfrido nomine praedictum monasterium concessum est in beneficium : sed non post longa tempora non per beneficium sed per proprietatem in posteram ejus progeniem divisum » (*H F*, IX, 698).

3. Cf. fasc. 1, p. 242, n. 4.

Quand un roi retenait un bien d'église en ses mains à charge d'acquitter un cens et qu'il était ainsi lui-même devenu précariste de l'église, celle-ci avait tout lieu de redouter que son bien ne se perdît parmi les fiscs royaux. Hincmar est obligé d'intervenir sans cesse auprès de Lothaire II, afin que ce roi cesse de disposer comme d'une propriété fiscale du domaine de Douzy, dont les rois carolingiens jouissaient en vertu d'un précaire depuis le temps de Charlemagne [1]. L'archevêque réclame aux rois le cens dû à son église, dans la crainte nettement exprimée par lui que le bien ne devienne alleu, comme il en est arrivé déjà de beaucoup d'autres [2]. Au reste, tout bien saisi par le roi pour être cédé en bénéfice à ses fidèles était par là incorporé au fisc et perdu par conséquent pour l'église. Pour que son droit fût rétabli, il fallait ou bien que le bénéficier le reconnût en souscrivant une lettre de précaire, ou bien qu'un diplôme du souverain le restituât à l'établissement dépossédé.

Quand l'église perd la *vestitura* soit du cens, soit de la double dîme, toute trace est effacée de son droit de propriété. Dès le IXe siècle, on l'a vu, les occupants laissaient tomber les antiques prescriptions [3]. Abbon de Saint-Germain dénonce, dans le premier quart du Xe siècle, les violences infligées aux églises et monastères tant par les rapines que leur infligent les grands, que par les précaires menteurs qu'ils leur imposent, les mainfermes iniques qu'ils se font octroyer : « Lorsqu'ils les ont en mains, ils négligent de rendre le cens qui y est inscrit et de cette manière, ces possesseurs sacrilèges font des biens du Christ leur propriété et leur alleu [4]. »

Le droit de propriété, en dépit du souci que prennent les églises de l'affirmer et de le revendiquer, tombe peu à peu en oubli, à mesure que s'éloigne l'instant où elles ont perdu la jouissance du bien. A défaut d'une restitution obtenue en

1. « ne res ad ipsam (ecclesiam) pertinentes aliquibus personis, sicut eum facere audiebat in proprietatem periculo suo traderet vel colonos ipsius villae absolveret » (Flodoard, *Hist.*, III, 20, *S S*, XIII, 513) ; cf. fasc. 2, p. 233.

2. Lettre à Vulfing citée, fasc. 2, p. 286, n. 7.

3. Cf. fasc. 2 p. 292 et suiv.

4. *Sermo V, de... increm. christian.* : « destruunt praesidia christianitatis, hoc est sedes episcopales et monasteria, praedis scilicet, rapinis, precariis falsidicis, manufirmitatibus iniquis. Habentes enim eas, inscriptum contemnunt reddere censum. Sic autem res Christi transferunt sibi in praedium et allodium possessores sacrilegi : *interdum vero violenter easdem res ecclesiae diripiunt, sibique illicite possident* » (Migne, CXXXII, 774). Abbon distingue ici clairement les deux méthodes d'appropriation : ou les usurpateurs saisissent par violence des biens retenus dans l'*indominicatum* du clergé et des moines, ou ils cessent de remplir les conditions du bail en précaire ou en mainferme qu'ils avaient souscrit et s'adjugent la propriété.

temps utile, le titre des églises propriétaires finit par s'évanouir. On a vu que les domaines restitués ne représentent qu'une modique part de la somme totale de ceux qui furent soustraits par les Carolingiens et leurs fidèles aux églises. Les biens qui n'ont pas été rendus au cours du IXe ou du Xe siècle n'ont certainement pas été recouvrés par la suite. Devenus le bénéfice héréditaire d'une famille, ils perdent leur marque ecclésiastique, se fondent avec le reste du patrimoine d'un particulier, qui le plus souvent est l'héritier des bénéficiers et des usurpateurs d'antan.

Parfois à la vérité, longtemps après que les biens d'une église ont été sécularisés, on les distingue encore du bien patrimonial, quoiqu'on en agisse avec eux comme s'il s'agissait d'un bien propre. Le souvenir persiste que tel domaine est la *res* de telle église et on en rappelle la provenance, on lui applique cette marque d'origine à chaque fois qu'on en dispose [1]. Mention est faite encore de l'ancien propriétaire ; mais il n'exerce plus aucun droit sur sa propriété. On la cède en bénéfice, on l'échange, on la donne à cens ou en toute propriété, on en fait largesse à quelque autre établissement religieux [2], on l'aliène de toute manière, sans que l'ancien propriétaire intervienne. Il ne subsiste plus de son droit qu'un vestige sans valeur, assez semblable aux traces qu'on trouve à l'époque mérovingienne d'un droit de propriété dont les églises jouissaient à l'époque romaine et qui s'était peu à peu effacé [3].

Tel est, pour une part, le terme de la sécularisation des biens ecclésiastiques soufferte sous les Carolingiens. L'église dépossédée a fini souvent par perdre tous les droits qu'elle s'efforçait de maintenir sur les biens dont la jouissance lui avait été retirée. La possession bénéficiaire devenue perpétuelle, héréditaire, cherche à s'exonérer des charges qui la caractérisent, se débarrasse des entraves et des limites qui la restreignent, se transforme peu à peu en un droit de propriété. Il n'est pas

1. Cf. fasc. 2, p. 282-3 ; voir plus haut, p. 76, n. 1, 2. Lorsqu'en sept. 943, un certain Raimond cède aux moines de Vabre « res proprietatis meae... sitas in pago Ruthenico in ministerio sancti Aniani » (*H L*, V, Pr., 78, col. 193), il s'agit peut-être de biens qui avaient appartenu à une église Saint-Aignan.

2. Un privilège du pape Léon VII (janvier 938, J W 3605) confirme au monastère de Cluny des biens que lui a donnés le roi Rodolfe de pieuse mémoire. Le pape signale les églises épiscopales, anciens propriétaires de ces biens, mais c'est seulement pour déclarer que le temps prescrit leurs droits : « quia licet, ut fertur, ad Lugdunensem vel Matisconensem ecclesiam pertinuerint, non est tamen aliquis tam longaevae aetatis, qui unquam in praedictis ecclesiis vestituram de illis villis ullam habere vidisset. Et quia praestitutum legale tempus ad recuperandas hujusmodi querelas pertransiit, omnis repetitio conquiescat » (Migne, CXXXII, 1075).

3. Cf. *La propr. ecclés. à l'époque mérov.*, 311-3.

douteux qu'une portion considérable des biens d'église sécularisés soit au temps de Charles Martel, soit par la suite n'ait fini par être appropriée aux mains des détenteurs et n'ait été ainsi perdue définitivement par les églises.

D'autre part, une réaction poussée avec toutes les ressources qu'offrent aux églises la piété et les remords des envahisseurs, l'autorité du souverain et plus tard l'affaiblissement même de son pouvoir leur a permis de ressaisir plus ou moins complètement leurs droits. Si une forte portion des biens sécularisés a été perdue, une autre a été recouvrée; restitution gracieuse en a été obtenue de ceux qui les avaient cédés ou qui les retenaient en bénéfice. La liquidation du passé se traduit par des pertes, mais le clergé est soucieux surtout d'assurer l'avenir et quand de nouvelles concessions bénéficiaires sont consenties, elles ne font plus échec, mais répondent exactement au plein exercice des droits que méconnaissaient le *verbum regis* et la législation d'Estinnes et d'Héristal. Si parfois encore, aux Xe et XIe siècles, les rois et seigneurs taillent dans l'avoir de leurs églises, si surtout d'innombrables déprédations sont commises aux dépens des établissements religieux par des légions de pillards, aucune de ces violences n'a plus le caractère méthodique et régulier des sécularisations d'antan. Il est admis que le prélat a seul le droit de disposer des biens de l'église, que toute concession en précaire ou bénéfice doit être spontanément consentie et peut être librement retirée par lui. L'auteur du Dialogue sur l'état de la sainte Église ne juge pas superflu d'établir que les bénéfices sont toujours révocables au gré des évêques [1], mais son argumentation n'est plus dirigée contre le *verbum* du souverain, qui ferait obstacle à leur liberté ; l'abus dénoncé ici, c'est l'aliénation consentie par un prédécesseur dont les clients refusent de se laisser dépouiller [2]. En fait, les bénéficiers du roi ont disparu des terres d'église ; les hommes de l'église et du prélat ont pris la place des *vassi dominici*. Tel domaine ecclésiastique tenu longtemps par un fidèle du roi est occupé plus tard par un *miles* de l'église. Les prélats ont réussi ainsi à substituer leurs hommes à ceux du souverain, ils ont transformé le pré-

1. Probatum est igitur res ecclesiae non licere episcopo vel cuilibet ita alienari ut revocari non possint » (p. 381).

2. L'un des interlocuteurs demande ce qu'il faudra faire si l'évêque « qui res alienatas defendere temptat nec regio neque suorum qui esse debuerant fulciatur auxilio » (loc. cit.). La justice du souverain est donc pour l'évêque le premier recours qu'on présume d'ailleurs inefficace. Il faudra faire intervenir les juridictions ecclésiastiques, puis les censures contre ces usurpateurs qui bravent les anathèmes et retiennent les biens envahis « castellis et patronis fortibus muniti » (p. 384).

caire *verbo regis* en un précaire spontanément consenti par eux.

L'évolution subie par le bénéfice royal constitué en biens d'églises, ou plutôt la substitution du *miles* vassal de l'église au *miles* vassal du roi, contribue aussi à expliquer pourquoi la double dîme a disparu. Cette redevance n'avait pas été et ne pouvait être stipulée par les rois à la charge des bénéficiers spontanément investis par le prélat ; seul, le fidèle du roi qui jouissait par sa largesse de biens d'église devait verser au propriétaire les dîmes et nones du revenu. Quand le roi cessa de créer des bénéfices en terres d'église et que seul le prélat possessionna ses *milites*, la source d'où provenaient les doubles dîmes fut tarie. Les biens qui traditionnellement acquittaient cette taxe, continuèrent quelque temps encore de la payer; quelquefois l'église l'exigea des bénéficiers qu'elle mettait en possession. Mais cette redevance, dont l'origine était oubliée, répondait à une conception du bénéfice désormais périmée. La puissance royale affaiblie cessait de l'imposer ; ainsi les charges caractéristiques du précaire *verbo regis* disparurent-elles avec lui.

Toutes les institutions de l'âge carolingien qui réglaient le détournement des biens d'église pour les usages profanes ont été abolies de la même manière au cours du Xe siècle. Tout concourait à détruire cette législation. Les souverains qui en auraient pu souhaiter le maintien n'étaient plus assez forts pour l'imposer. Le clergé répugnait au joug et le rejetait. Ceux pour qui avait été créé le bénéfice royal constitué en terres d'église souhaitaient s'affranchir des charges qu'il leur imposait. Le pillage, la dépossession pure et simple des églises convenait bien plus à des temps d'anarchie que les règles qui commandaient, mais limitaient la spoliation des temps carolingiens. Les seigneurs ecclésiastiques offraient, spontanément, à des conditions librement débattues entre les parties, des bénéfices aux hommes qui consentaient à les servir. L'affaiblissement du pouvoir souverain, les progrès de leur indépendance les affranchissaient de l'intervention du roi ou du grand seigneur dans les concessions bénéficiaires.

Les mêmes causes qui entraînent la disparition des précaires *verbo regis* ont fait naître la vassalité ecclésiastique. Dès le IXe siècle, le clergé acceptait qu'une part de ses biens constituât des bénéfices en faveur des *milites*, à condition qu'ils fussent les hommes de l'église. Ces hommes d'armes seront pourvus par elle d'une terre, casés *(casati)* par la largesse du prélat. A mesure que celui-ci prend place dans l'organisme social nouveau, il a besoin, faisant figure d'un seigneur, des services d'hommes qui le reconnaissent pour tel et qu'il lui faut rémunérer. Les biens d'église alimentent encore une milice séculière, mais c'est le groupe de fidèles qui se forme autour du prélat, des vassaux de l'évêché ou de l'abbaye, de la seigneurie d'Église.

[illegible]

[illegible]

CONCLUSION

Lorsqu'au VIIIe siècle, les Carolingiens l'emportèrent sur les familles rivales, ils mirent la main sur les évêchés, abbayes, biens d'église usurpés par elles. Les églises et leurs ressources, les prélats et leurs revenus furent dévoués au service du prince. L'aristocratie resta nantie et continua de s'enrichir des dépouilles ecclésiastiques, mais par le bienfait du souverain. La disposition des églises autonomes et de leurs biens devint un droit régalien. Évêchés, abbayes sont retenus parfois aux mains du prince ; leurs biens sécularisés sont maintenus en son fisc. C'est lui qui attribue l'évêché au clerc désigné par les électeurs et souvent par lui-même ; c'est lui qui cède abbayes, biens d'église en bénéfice à ses fonctionnaires, à ses soldats, pour leur permettre de subsister, les attirer ou les retenir dans sa fidélité. Des évêchés, des abbayes, portion de son *regnum*, des prélats qui les tiennent de sa libéralité, il exige des services et des secours pour le gouvernement et la défense de son royaume.

Dès lors une confiscation dont les Carolingiens réglèrent diversement la nature, la méthode et la mesure, suivant les temps et circonstances, n'a plus cessé de frapper le temporel ecclésiastique, soit l'organisme entier, évêché, abbaye, soit les membres qu'on en détache, les biens sécularisés, le capital dont disposent les églises ou leur revenu, les biens-fonds enlevés à la jouissance du propriétaire ou le rendement des terres qui lui sont laissées. La propriété d'église devient un complément, une annexe de la propriété fiscale ; dans l'une comme dans l'autre, le souverain puise semblablement à son gré pour lui-même et pour les siens. Les églises supportèrent ainsi la plus grosse part des frais qu'entraîna le rétablissement de l'autorité monarchique et c'est à leurs dépens qu'elle se soutint.

La sécularisation dirigée par les Carolingiens, prit alors quelques-uns des caractères d'un régime normal et stable. L'attribution, le retrait, le passage en régale des évêchés, des abbayes étaient soumis à des règles qui conciliaient à certains égards le droit royal et la discipline canonique.

Des privilèges, qui accordaient la libre élection des évêques et des abbés, les protégeaient contre des intrusions et une déposition irrégulière, limitèrent l'exercice des droits régaliens. Les charges des églises et des prélats furent peu à peu fixées par la coutume, converties ou réduites par privilège. Au sujet des biens d'église cédés en bénéfice, les Capitulaires stipulaient des garanties légales, des dédommagements de toute nature en faveur de l'établissement dépossédé. Son droit de propriété est reconnu, protégé ; l'occupant doit souscrire et renouveler des lettres de précaire, payer cens et double dîme, contribuer à l'entretien des édifices. Le législateur ne fixe pas, à la vérité, de limites à l'expropriation des églises. Toutefois, à cet égard même, mesure fut en général gardée. Après le temps de Charles Martel, la quantité de biens détournee au service public est proportionnée en quelque manière aux ressources des églises et la sécularisation réserve et respecte leurs besoins essentiels. Carloman avait décidé que les établissements trop pauvres pour supporter aucun dommage obtiendraient restitution intégrale. Pépin fournissait aux moines une « consolation » qui leur permît de subsister ; sous son règne fut fait un partage méthodique des biens d'église qui satisfaisait aux besoins du clergé et du prince. Le régime des menses institué par Louis le Pieux en faveur des communautés régulières équilibrait aussi les parts faites aux dépenses publiques ou ecclésiastiques. La série des restitutions et compensations se croise sans cesse avec celle des sécularisations. Soucieux de rétablir et maintenir l'ordre dans l'Église et dans l'État, d'accorder leurs intérêts et leur piété, les Carolingiens ont combiné la méthode et l'arbitraire, associé la discipline, la protection, le privilège avec l'usurpation.

Du régime ainsi fondé l'ordonnance fut troublée par diverses causes dont l'action devint plus sensible à mesure que le pouvoir central s'affaiblissait. C'était d'abord la résistance du clergé, qui cherchait à s'affranchir du joug, à limiter les sacrifices qu'on réclamait de lui pour la chose publique, à leur donner une forme qui se conciliât mieux avec l'indépendance des églises. Le besoin croissant que les rois avaient de son appui les inclinaient d'ailleurs à des concessions. Mais à l'heure même où leur autorité fléchissait, pouvaient-ils renoncer au supplément de ressources qu'ils s'étaient habitués à tirer des églises ? Le voudraient-ils, leurs fidèles laïques ne le permettraient pas. Les luttes engagées par le clergé sont soutenues surtout contre les grands qui ne veulent renoncer ni aux abbayes ni aux biens ecclésiastiques tenus en bénéfice.

D'autre part à la faveur de l'affaiblissement des rois, l'aristocratie reprend vis-à-vis des églises le travail d'envahissement dont les Carolingiens avaient arrêté les progrès et confisqué les profits. Au VIIIe siècle, les églises supportaient seules le dommage qui résultait pour elles de la sécularisation des charges et des biens ecclésiastiques. Au Xe siècle, la royauté pâtit comme elles des entreprises des grands sur le temporel des églises ; ils dépouillèrent à nouveau les établissements religieux que ne protégeait plus efficacement le bras du souverain et disputèrent à celui-ci ce qu'il avait lui-même usurpé sur les églises, les droits régaliens qu'il exerçait sur elles.

Le bénéfice des sécularisations opérées au cours de l'époque carolingienne tend ainsi à s'écouler hors des mains royales. Un grand nombre d'abbayes, d'évêchés leur sont arrachés. Elles n'ont plus la force de saisir des biens d'église pour en constituer des bénéfices, d'imposer uniformément aux églises et aux prélats les charges précédemment acquittées dans toute l'étendue du royaume.

Tout pourtant ne fut pas perdu sinon pour la famille carolingienne, du moins pour celle qui la supplanta sur le trône. Les derniers Carolingiens ne disposaient plus effectivement que d'un nombre restreint d'abbayes ; les premiers Capétiens y ajoutèrent celles dont leur famille était nantie avant de saisir la couronne. Le droit royal s'est maintenu en outre sur un nombre considérable d'évêchés de la France du Nord, du centre et de l'est. Au XIe siècle, les rois interviennent dans les élections épiscopales et abbatiales, confèrent l'évêché, l'abbaye, exercent le droit de régale, réclament des églises et des prélats un service pécuniaire et militaire dans un rayon qui s'infléchit et s'interrompt, mais dépasse très largement les limites du domaine. Ainsi, une part de l'édifice construit par les Carolingiens a subsisté et pourra dans l'avenir reprendre un nouveau développement.

Ce qui échappe momentanément à la royauté est recueilli en partie par la féodalité. Par la seule voie du bénéfice, nombre d'abbayes passent en la possession des grandes familles ; l'ancêtre a tenu du roi l'abbaye ; le descendant en est devenu le propriétaire ou le souverain ; ou bien il garde l'abbaye dans son *indominicatum*, ou bien il la cède en bénéfice comme le faisaient jadis les rois. Les évêchés que la royauté n'a pu retenir tombent aux mains des puissants seigneurs qui vont peu à peu constituer les grands États féodaux. Les services de cour, l'aide, voire les obligations militaires sont accaparés par eux à peu près dans la mesure où ils échappent à la royauté. Ainsi, subsistent ou s'éparpillent entre les mains des usurpateurs quelques-uns des droits régaliens auxquels l'évêché, l'abbaye avaient été assujettis au cours de l'époque carolingienne.

Il n'en est pas de même du droit que s'était arrogé le souverain de partager, de démembrer le temporel d'un évêché, d'une abbaye et de constituer à ses dépens des bénéfices royaux réglementés par un statut particulier. Les premiers rois capétiens, les grands seigneurs cèdent encore quelquefois en bénéfice les biens d'église, mais cette pratique tombe peu à peu en désuétude au cours du XIe siècle et elle a perdu dès la fin du Xe le caractère régulier qu'elle avait pris précédemment. Toute la législation carolingienne qui concernait ces sécularisations est en fait abrogée ; on ne trouve plus trace par la suite ni des précaires passés sur l'ordre du souverain, ni du bénéfice tenu du roi ou du seigneur, ni des cens, doubles dimes, charges d'entretien imposés aux occupants.

D'une part à la vérité, il en résulta pour les églises un nouveau dommage. La liquidation du passé fit pour elles table rase de la plus grande part des biens sécularisés à l'âge carolingien. L'éclipse de l'autorité royale les privé de toutes les garanties et compensations qu'elles avaient obtenues à cet égard. Les restitutions se font rares et de la part du roi ne sont guère effectives. La propriété est le plus souvent perdue après l'usage. Passant de mains en mains à titre héréditaire, la possession bénéficiaire dont le caractère n'est plus maintenu par la formalité du précaire se transforme en propriété. Les églises cessent de percevoir les redevances, prescrites par les Capitulaires et qui reconnaissaient leur droit, dont le taux élevé leur procurait un dédommagement.

Elles n'échappent nullement d'ailleurs à la fin de l'époque carolingienne aux sécularisations. L'anarchie qui renaît les expose à un redoublement de violences ; la horde des petits et des grands seigneurs leur fait subir sans cesse des vexations et des spoliations, contre lesquelles il n'est plus de recours. Mais si les pillards les rançonnent, il s'agit de coups de force qui ne s'autorisent pas des lois, d'une règle, du pouvoir souverain. Terme sera mis à ces violences lorsque l'ordre sera rétabli. La sécularisation des biens ecclésiastiques cesse d'être un droit régalien, au moins sous la forme que lui avaient donnée les Carolingiens, et pour un temps, car à différents âges et sous diverses formules, les légistes sauront ressaisir et exploiter le droit, auquel les Carolingiens avaient déjà prétendu, de disposer des biens des églises.

De l'affaiblissement du pouvoir central, à la fin de cette période, les églises ont tiré elles aussi parti. Si elles regrettent un patronage qui cesse de s'exercer efficacement, elles échappent aux usurpations du monarque ; évêques et abbés sont comme les grands laïques et à un titre particulier, les héritiers des Carolingiens. Les églises, elles aussi, recueillent ce que la royauté laisse échapper, non seulement des droits que le souverain avait exercés seul jusque là et qui sont désormais partagés entre la royauté et la féodalité laïque ou ecclésiastique, mais aussi des droits que la discipline canonique refuse au pouvoir laïque et qui avaient été usurpés par lui. Au Xe siècle, sous la poussée de l'esprit réformiste, l'*abbatia* des monastères réguliers est réservée à un abbé légitime de même profession, comme l'évêché avait été, au temps de Pépin et de Carloman, retiré des mains laïques. Le comte abbé disparaît ; résignant l'*abbatia*, il se contente d'être le *senior* des moines. Le *dominium* royal ou seigneurial est attaqué par les idées d'indépendance qui travaillent les communautés monastiques ; sur les abbayes il tend à se transformer en une simple avouerie ou garde. Évêques et abbés disputent aux seigneurs et aux rois la possession des monastères, s'efforcent de rattacher au temporel de leur église les abbayes usurpées par les laïques, se réservent le droit de céder en bénéfice les biens de leur église. Aux fidèles du roi ou du grand seigneur, pourvus par lui de biens d'églises, les prélats substituent leurs propres *milites*.

La vassalité de l'église remplace celle du souverain laïque. L'évêché, l'abbaye s'est constitué en seigneurie. L'église en tant que propriétaire, le prélat comme chef de fidèles s'adaptent au nouvel ordre social et s'y taillent une place à leur gré.

Au total, les églises n'ont réagi encore que dans une mesure limitée contre les pratiques d'accaparement laïque inaugurées à l'époque carolingienne. Elles n'ont fait échec qu'aux règles qui régissaient les bénéfices royaux créés à leurs dépens. La disposition des évêchés n'est pas disputée au pouvoir séculier. Les églises n'échappent ni aux spoliations seigneuriales, ni à la nécessité de céder elles-mêmes spontanément des biens en bénéfice à des vassaux laïques ; elles s'enracinent de plus en plus à un sol qui les soutient et les nourrit, mais en même temps les tient attachées et les empoisonne. Le grand mouvement d'émancipation, qui, au temps de la querelle des Investitures, essayera d'arracher aux mains laïques églises et biens d'église, évêchés, abbayes, bénéfices ecclésiastiques, églises rurales, dîmes et oblations, n'appartient pas à cet âge. On en perçoit à peine au dedans des cloîtres les lointains signes avant-coureurs.

A la vérité, les principes qui inspireront plus tard les tenants de cette cause, ont été énoncés déjà. Leurs idées sont en germe dans les propos que Paschase Radbert met dans la bouche de Wala, dans les anathèmes que le pseudo-Isidore prête aux anciens pontifes contre les spoliateurs des églises, dans les écrits où Abbon proteste contre l'achat des églises qui n'ont d'autre propriétaire que Dieu. Il a été dit dès l'époque carolingienne que les églises sont libres et relèvent du seul Seigneur, que leurs biens sont exclusivement affectés à une destination sacrée. C'est plus tard seulement qu'en vertu de ces principes on formulera des condamnations à l'adresse de tous ceux qui, au nom du sceptre et de la force, usurpent les droits de l'autel.

A aucun moment, la victoire n'est complète contre l'esprit, les principes et les méthodes de sécularisation. A l'époque carolingienne, comme à celle qui suivit, au temps où le clergé ne discute pas le droit régalien qui s'exerce sur les évêchés et abbayes, comme en celui où la querelle des Investitures porte directement la controverse sur ce point, l'Église a dû se contenter d'une transaction. Il a toujours fallu dès lors faire une part au pouvoir séculier, lui laisser exercer sur les églises et sur leurs biens sinon un droit de propriété ou un titre bénéficiaire, du moins un droit de patronage et d'usage, qui pourra être limité, corrigé, réglé, mais ne sera pas aboli. Les églises n'échapperont jamais plus totalement à la mainmise qui a sévi à leurs dépens au cours de l'époque carolingienne, à l'assujettissement des évêchés, abbayes, bénéfices ecclésiastiques vis à vis du pouvoir séculier, au détournement des biens d'église à des usages profanes, au service public qui absorbe églises et prélats. Les chaînes dont furent chargées les églises sous les Carolingiens ont pu être desserrées, allégées ; jamais elles ne seront brisées, aussi longtemps que les églises garderont leur statut juridique traditionnel.

On peut se demander si le détournement des églises et des biens d'église aux usages du siècle n'était pas le fruit naturel des progrès de l'établissement temporel des églises ? Au sentiment d'Adalhard, c'est parce que le clergé et les moines avaient accaparé une trop large part de biens profanes, qu'ils ont été asservis à la servitude du siècle. La sécularisation aurait ainsi réagi contre les progrès de la propriété d'église. Déjà un roi mérovingien se plaignait que toute la richesse dérobée à son fisc passât aux églises. Sous les Carolingiens, le fisc aurait ressaisi ce que Chilpéric estimait lui avoir été dérobé. Les mêmes craintes qui plus tard ont fait poser des limites à l'accroissement de la main-morte, n'ont-elles pas induit les Carolingiens à séculariser les biens d'église ? On s'expliquerait ainsi le souci que paraissent avoir eu parfois les Carolingiens de procéder à une sorte de partage méthodique, à rendre ou à laisser aux églises l'indispensable, à détourner leur superflu pour les usages publics.

Si la sécularisation est, à certains égards, une reprise du siècle sur les églises de la part trop large qu'elles lui dérobaient, jamais pourtant des raisons de cet ordre n'ont été invoquées par les Carolingiens ; les polémistes qui défendent les églises n'ont pas songé à réfuter de tels arguments. Le prince n'a fait appel en ce temps qu'à son droit et à la nécessité. D'une part, il estime qu'évêchés, abbayes lui appartiennent ; on disait à Louis III, au témoignage d'Hincmar, que les biens d'église étaient à lui ; il pouvait donc disposer et de l'église royale et de son temporel. D'autre part, admettant en principe l'affectation exclusive du temporel aux dépenses ecclésiastiques, les Carolingiens estimèrent ne pouvoir dans la pratique faire autrement que de céder des biens d'église en bénéfice et d'exiger de dispendieux services des prélats, leurs fidèles. Pour soutenir leurs guerres, subvenir aux dépenses de leur palais, fonder ou raffermir leur autorité, ils ont cherché des ressources, faute d'en trouver ailleurs, là où s'était constituée une fortune, dont ils ne contestaient ni la légitimité, ni l'indépendance théorique, mais dont le détournement leur parut être une nécessité. Ils avaient à défendre leur pouvoir, leurs États, l'Église elle-même ; ils en demandèrent les moyens à la propriété ecclésiastique. La sécularisation, sous toutes les modalités qu'elle prit, fut la rançon énorme exigée de l'Église pour le salut de la société et le sien propre et, même à ce prix, la royauté ne put faire face au péril qui menaçait et qui engloutit tout l'édifice social. C'est cette excuse, qui aux yeux de princes, souvent énergiques et avisés, toujours, semble-t-il, pieux et dévoués aux intérêts religieux, les autorisait à porter la main sur les églises et sur les biens d'église.

Inévitable et nécessaire peut-être, la sécularisation qui frappe les églises sous les formes multiples que nous avons décrites ne les atteignait pas seulement dans leur temporel et blessait d'autres intérêts encore que les leurs propres. La mainmise des souverains sur l'évêché, l'abbaye ravale les fonctions et le ministère sacrés ; les charges publiques absorbent le temps, les forces, les ressources du prélat ; l'invasion du laïcisme dans l'Église compromet son action religieuse et morale. Des mesures de rigueur dictées par la défiance ou l'impiété, une dépossession complète lui eussent été à cet égard moins dommageables que les compromis passés entre la discipline ecclésiastique et les besoins du siècle. Le temporel des églises qui cesse d'être subordonné au spirituel le domine, le commande et fait peser sur lui tout le poids des convoitises séculières. Le fardeau devient si lourd qu'il se trouvera, au temps de la querelle des Investitures, des réformateurs épris d'idéal qui voudront le lui faire déposer. L'effort aura du moins pour effet de rétablir l'équilibre et d'affranchir dans une large mesure le spirituel de l'invasion séculière que le temporel avait déchaînée sur les églises.

Les intérêts religieux qu'elle lèse avaient au reste une portée universelle et qui dépassait de beaucoup ceux des églises. Les sécularisations épuisent ou réduisent la réserve formée en vue d'objets dont le souci apparaissait alors sous la forme religieuse seule. Si le trésor qu'avait amassé la foi et qu'elle s'efforce sans cesse de reconstituer eût pu être épargné, les clercs et les moines en eussent affecté une part plus large aux hôtelleries, aux écoles qu'ils entretenaient, à l'assistance de leur clientèle d'indigents, à l'entreprise de la construction et de la décoration des sanctuaires. Appauvrir les églises pour solder des fonctionnaires et des armées était peut-être une nécessité politique et militaire, mais ne constituait pas un gain total dans le bilan social. C'était détourner aux dépenses ordinaires et communes de la caste militaire et féodale naissante la dotation de l'élément spirituel, intellectuel, moral, artistique de cette société. La religion était le seul frein des passions et le seul guide des esprits ; monastères et églises épiscopales conservaient dans leurs écoles, leurs bibliothèques et archives ce qui subsistait des sciences et des lettres antiques et des notions du droit. Il n'y avait d'autre support des institutions de bienfaisance que la propriété d'église. Elle était ainsi appelée à féconder un champ d'activité très vaste, aussi étendu que l'idéal religieux. En y ensemençant la violence, dont la racine ne périra pas, en livrant à l'invasion d'appétits vulgaires ce domaine réservé qui désormais n'y échappera plus, les souverains de l'âge carolingien ont peut-être cédé à une nécessité qui les excuse, mais qui dommageable pour l'Église, entraînait aussi pour la société de ce temps un grave préjudice.

INDEX BIBLIOGRAPHIQUE COMPLÉMENTAIRE

Les ouvrages déjà signalés dans l'Index du t. I, *La propriété ecclésiastique en France aux époques romaine et mérovingienne*, ne figurent pas dans cette liste, destinée à compléter les indications bibliographiques sommaires des notes.

§ I. — Editions et recueils de textes.

ACHERY (DOM LUC D'), *Spicilegium sive collectio veterum aliquot scriptorum qui in Galliae bibliothecis delituerant*, Paris, 1655-77, 13 in-4° ; — Paris, 1723, 3 in-f°.

BERNARD A., *Cartulaires de Savigny et d'Ainay*, Paris, 2 in-4°, 1853-56 *(Collection des documents inédits)*.

BERNARD A. et BRUEL A., *Recueil des chartes de l'abbaye de Cluny*, Paris, 1876-1903, 6 in-4° *(Collection des documents inédits)*.

BLANC E. et MORIS H., *Cartulaire de l'abbaye de Lérins*, Paris, 1883-1905, 2 in-4° *(Société des Lettres, sciences et arts des Alpes-Maritimes)*,

BLOCH H., *Die älteren Urkunden des Klosters S. Vanne zu Verdun*, dans l'*Annuaire de la société d'histoire et d'archéologie lorraine*, 1898, in-4°.

BORMANS S. et SCHOOLMEESTERS E., *Cartulaire de l'église Saint-Lambert de Liége*, Bruxelles, 1893-1900, 4 in-4°.

BROUSSILLON, comte BERTRAND DE, *Cartulaire de l'abbaye de Saint-Aubin d'Angers*, 1896-1903, 3 in-8° *(Documents historiques sur l'Anjou*, publiés par la *Société des sciences d'Angers*, t. I-III).

BOURASSÉ, abbé J., *Cartulaire de Cormery* dans les *Mémoires de la société archéologique de Touraine*, t. XII.

CANAT DE CHIZY P., *Cartulaire du prieuré de Saint-Marcel-les-Chalon-sur-Saône*, Chalon, 1894, in-8°.

CHAMPEVAL J. B., *Cartulaire de l'abbaye d'Uzerche*, dans le *Bulletin de la société des lettres, sciences et arts de la Corrèze*, 1887-1897 ;

— *Cartulaire des abbayes de Tulle et de Roc-Amadour*, dans le *Bull. Corr.*, 1887-1902.

CHAVANON J., *Adémar de Chabannes, Chronique*, Paris, 1897, in-8° *(Collection de textes pour l'étude et l'enseignement de l'histoire)*.

CHEVALIER, l'abbé U., *Cartulaire de l'abbaye de Saint-André-le-Bas de Vienne* (IX-XII), Vienne, 1869, in-8° *(Collection de cartulaires dauphinois*, I).

CIPOLLA CARLO, *Codice diplomatico del monastero di San Colombano di Bobbio*, t. I, Rome, 1918, in-8° *(Fonti per la storia d'Italia*, n° 52).

Codex Laureshamensis diplomaticus ex aevo maxime carolingico publié par l'*Academia Theodoro-Palatina*, t. I, Mannheim, 1768, in-4°.

COURSON, A. DE, *Cartulaire de l'abbaye de Redon*, Paris, 1863, in-4° *(Coll. des doc. inedits)*.

Delaville le Roulx, *Chartes Tourangelles* dans le *Bulletin de la société archéologique de Touraine*, t. IV.

Deloche M., *Cartulaire de l'abbaye de Beaulieu en Limousin*, Paris, 1859, in-4° *(Coll. des doc. inédits)*.

Desjardins G., *Cartulaire de l'abbaye de Conques en Rouergue*, Paris, 1879, in-8° *(Documents historiques publiés par la Société de l'École des chartes)*.

Doniol H., *Cartulaire de Brioude (Liber de honoribus sancto Juliano collatis)*, Clermont-Ferrand, 1863, in-8° *(Académie des sciences, belles-lettres et arts de Clermont-Ferrand)*.

Dronke E., *Codex diplomaticus Fuldensis*, Cassel, 1850, in-4°.

Dünmler, E., *Dialogus de statu sanctae ecclesiae*, dans les *Sitzungsberichte der preussischen Akademie*, 1901.

Duru L. M., *Bibliothèque historique de l'Yonne*, Auxerre, 1850-63, 2 in-4°.

Font-Réaulx, Jacques de, *Cartulaire du chapitre de Saint-Étienne de Limoges*, Limoges, 1922, in-8° *(Bulletin de la Société archéologique du Limousin*, t. LXIX).

Gaudentius A., éd. de la *Collectio de ecclesiis et cappellis* d'Hincmar de Reims dans la *Bibliotheca iuridica medii aevi*, t. II, Bologne, 1892.

Germer Durand E., *Cartulaire du chapitre de l'église-Notre-Dame de Nîmes* (876-1156), Nîmes, 1874, in-8°.

Gingins la Sarra, F. de et Forel F., *Cartulaire du chapitre de Notre-Dame de Lausanne* rédigé par le prévot Conon d'Estanger, Lausanne, 1851, in-8° *(Mémoires et documents de la Société d'histoire de la Suisse romande*, t. VI).

Gingins la Sarra, F. de, *Cartulaire de Romainmotier*, Lausanne, 1844, in-8° *(Mém. et doc. rom.*, t. III).

Grandmaison, Ch. L. de et Salmon A., *Liber de servis Majoris monasterii*, Tours, 1864, in-8° *(Mém. de la soc. archéol. de Touraine*, t. XVI).

Grellet-Balguerie Ch., *Cartulaire du prieuré de Saint-Pierre de la Réole en Bazadais* du IXe au XIIe siècle *(Archives historiques de la Gironde*, t. V, 1864).

Guérard B., *Cartulaire de Saint-Victor de Marseille*, Paris, 1857, 2 in-4° *(Coll. doc. inédits)*.

— *Cartulaire de Saint-Père de Chartres*, Paris, 1840, 2 in-4° (*Coll. doc. inédits*).

— *Cartulaire de l'église Notre-Dame de Paris*, Paris, 1850, 4 in-4° (*Coll. doc. inédits*.

Gundlach W., éd. de la *Collectio de ecclesiis et capellis* d'Hincmar de Reims sous le titre: *Zwei Schriften des Erzbischofs Hinkmar von Reims*, dans le *Zeitschrift für Kirchengeschichte*, herausgegeben von Th. Brieger, Gotha, 1889, t. X.

Halkin J. et Roland C. G., *Recueil des chartes de l'abbaye de Stavelot-Malmédy* (644-1200), Bruxelles, 1907, in-4° *(Commission royale d'histoire)*.

Halphen L. et Lot F., *Recueil des actes de Lothaire et de Louis V, rois de France* (954-87), Paris, 1908, in-4°.

Halphen L. et Poupardin R., *Chroniques des comtes d'Anjou et des seigneurs d'Amboise*, Paris, 1913, in-8° *(Coll. de textes pour l'étude de l'histoire)*.

Havet J., *Lettres de Gerbert*, Paris, 1889, in-8° *(Coll. de textes pour l'étude de l'histoire)*.

Herbomez A. d', *Cartulaire de l'abbaye de Gorze*, Paris, 1898-1901, in-8° *(Mémoires publiés par la Société des antiquaires de France, Mettensia* t. II).

Hinschius P., *Decretales Pseudo-Isidorianae et Capitula Angilramni*, Leipzig, 1863, in-4°.

Historiae patriae monumenta, edita jussu regis Caroli Alberti, *Chartae*, t. I et II, Turin, 1836-53, 2 in-f°.
Jaffé P., *Monumenta Carolina, Bibl. rerum germ.*, IV, Berlin, 1867, in-8°.
Kurze, éd. *Thietmar de Mersebourg, Chronicon*, Hanovre, 1889, in-8° *(Monumenta Germaniae in usum scholarum)*.
Lalore C. (abbé), *Collection des principaux Cartulaires du diocèse de Troyes*, Troyes, 1871-83, 7 in-8°.
Lauer P., éd. *Flodoard, Annales*, Paris, 1906, in-8° *(Coll. enseign. hist.*, fasc. 39).
— *Recueil des actes de Louis IV, roi de France*, 936-54, Paris, 1914, in-4°.
Lesort A., *Chronique et chartes de l'abbaye de Saint-Mihiel*, 709-1065, Paris, 1909, in-8° *(Mémoires publiés par la Soc. des antiquaires de France, Mettensia*, t. VI).
Lokeren, A. van, *Chartes et documents de l'abbaye de Saint-Pierre au Mont-Blandin à Gand*, Gand, 1869, 2 in-4°.
Mabille E., *Cartulaire de Marmoutier pour le Dunois*, Chateaudun, 1874, in-8°.
Mabillon (dom J.), *Vetera Analecta*, 2e éd., Paris, 1723, in-f°.
Marchegay P., *Archives d'Anjou*, recueil de documents et mémoires inédits sur cette province, Paris, Angers, 1843-54, 3 in-8°.
— *Chartes mancelles de l'abbaye de Saint-Florent près Saumur*, dans la *Revue historique et archéol. du Maine*, t. III.
Marchegay P. et Mabille E., *Chroniques des églises d'Anjou*, Paris, 1869, in-8° *(Soc. de l'hist. de France)*.
Marchegay P. et Salmon A., *Chroniques des comtes d'Anjou*, Paris, 1856, in-8° *(Soc. de l'hist. de France)*.
Marion J., *Cartulaires de l'église cathédrale de Grenoble*, dits *cartulaires de Saint-Hugues*, Paris, 1869, in-4° *(Coll. doc. inédits)*.
Martène, dom E. et Durand, dom U., *Veterum scriptorum et monumentorum amplissima collectio*, Paris, 1724-33, 9 in-f°.
Merlet R., *La chronique de Nantes* (570-1049), Paris, 1896, in-8° *(Coll. de textes pour l'étude de l'histoire)*.
Métais, abbé Ch., *Marmoutier, Cartulaire blésois*, Chartres et Blois, 1891, in-8°.
Mohr, Th. et C. von, *Codex diplomaticus, Sammlung der Urkunden zur Geschichte Cur-Raetiens*, Chur, 1848-65, 4 in-8°.
Monumenta Boica, Monachi, 1763, 42 in-4°.
Morel, abbé E., *Cartulaire de Saint-Corneille de Compiègne*, Compiègne, 1894-1904, in-4° *(Société historique de Compiègne)*.
Muratori L. A., *Rerum italicarum scriptores*, Milan, 1723-51, 28 v. in-f°.
— *Antiquitates Italiae medii aevi*, Milan, 1738-42, 6 in-f°.
Neugart, *Codex diplomaticus Alemanniae*, 1791, in-4°.
Pelicier P., *Cartulaire du Chapitre de l'église cathédrale de Châlons-sur-Marne, par le chantre Warin*, Paris, 1897, in-8°.
Pérard E., *Recueil de plusieurs pièces curieuses servant à l'histoire de Bourgogne*, Paris, 1664, in-f°.
Perlbach M., *Codex traditionum der Bonner Münsterkirche S. Cassius und Florentius* dans le *Neues Archiv*, t. XIII, 1887.
Prarond E., *Joannis de Capella Cronica abbreviata sancti Richarii*, Paris, 1893, in-8°.
Prou M., *Raoul Glaber, Les cinq livres de ses histoires* (900-1044), Paris, 1886, in-8°, *(Coll. de textes pour l'étude de l'histoire)*.
— *Recueil des actes de Philippe Ier, roi de France* (1059-1108), Paris, 1908, in-4°.

Ragut, M. C., *Cartulaire de Saint-Vincent de Macon*, Macon, 1864, in-4°.
Redet L., *Cartulaire de l'abbaye de Saint-Cyprien de Poitiers*, Poitiers, 1874, in-8° (*Archives historiques du Poitou*, t. III).
— *Documents pour l'histoire de Saint-Hilaire de Poitiers*, Poitiers, 1848, in-8° (*Mém. de la soc. des antiquaires de l'Ouest*, 1847).
— *Chartes des VIII*e *et IX*e *siècles provenant de l'ancienne abbaye de Noaillé près Poitiers*, dans la *Bibliothèque de l'école des Chartes*, t. II.
Richard A., *Chartes et documents pour servir à l'histoire de l'abbaye de Saint-Maixent*, Poitiers, 1886-7, 2 in-8° (*Arch. hist. du Poitou*, t. XVI et XVIII).
Roncière, Ch. de la, *Vie de Bouchard le Vénérable par Eudes de Saint-Maur*, Paris, 1892, in-8° (*Coll. de textes pour l'étude de l'histoire*).
Roserot, *Diplômes carolingiens originaires des archives de la Haute-Marne*, dans le *Bulletin de la Société des sciences historiques et naturelles de l'Yonne*, t. XLVII, 1893.
Salmon, *Recueil des Chroniques de Touraine*, Tours, 1854, in-8°.
Tardif J., *Monuments historiques, Cartons des rois*, Paris, 1868, in-4°.
Thillier J. et Jarry E., *Cartulaire de l'église cathédrale Sainte-Croix d'Orléans*, Orléans, 1906, in-8° (*Mémoires de la société archéol. et hist. de l'Orléanais*, t. XXX).
Traube L., *Audradus Modicus*, *Die Fragmente des Liber revelationum*, dans les *Abhandlungen der bayerischen Akademie der Wissenschaften*, Philos.-philol., Klasse, XIX, 1892.
Troya, *Codice diplomatico Longobardo*, Napoli, 1852, in-8°.
Ughelli F., *Italia sacra*, éd. Coletti, Venise, 1717-33, 10 in-f°.
Van Drival (abbé), éd. de *Guimann*, *Cartulaire de l'abbaye de Saint-Vaast d'Arras*, Arras, 1875, in-8°.
Vermer (J.-J.), *Chartes de l'abbaye de Jumièges*, t. I, Rouen, 1916, in-8°.
Waitz., *Annales Bertiniani*, Hanovre, 1883, in-8° (*M. G., in usum scholarum*).
Weiland L., *Constitutiones imperii*, t. I, dans les *Mon. Germ.*, série in-4°, Hanovre, 1893.
Wilmans, *Die Kaiserunkunden der Provinz Westfalen*, Munster, 1867, in-8°.
Wirtembergisches Urkundenbuch, Stuttgart, 1849, 4 in-4°.

§ II. — Ouvrages et travaux cités

Baluze E., *Histoire généalogique de la maison d'Auvergne*, Paris, 1708, 2 in-f°.
— *Historia Tutelensis*, Paris, 1717, in-4°.
Beugnot, *Mémoire sur la spoliation des biens du clergé attribuée à Charles Martel*, dans les *Mémoires de l'Académie des Inscriptions*, t. XIX, 2e P.
Besly J., *Histoire des comtes de Poitou et ducs de Guyenne*, Paris, 1647, in-f°.
Besson M., *Contribution à l'histoire du diocèse de Lausanne sous la domination franque*, 534-888, Fribourg, 1908, in-8°.
Blume K., *Abbatia*, *Ein Beitrag zur Geschichte der kirchlichen Rechtssprache* (*Kirchenr. Abhandl. von U. Stutz*, 83 Heft), Stuttgart, 1914, in-8°.
Bourgeois E., *L'assemblée de Quierzy*, dans *Études dédiées à G. Monod*, Paris, 1896, in-8°.
— *Hugues l'abbé*, dans les *Annales de la faculté des lettres de Caen*, 1895.
Bruel A., *Essai sur la chronologie du cartulaire Saint-Julien de Brioude*, dans la *Bibl. école des chartes*, t. XXVII.

BRUNNER H., *Deutsche Rechtsgeschichte*, Leipzig, T. I, 2e éd. 1906 ; t. II, 1re éd. 1892, in-8o.
— *Forschungen zur Geschichte des deutschen und französischen Rechtes*, Stuttgart, 1894, in-8o.
BULLIOT J. G., *Essai historique sur l'abbaye de Saint-Martin d'Autun*, Autun, 1849, 2 in-8o.
CALMET A., *Histoire ecclésiastique et civile de Lorraine*, Nancy, 1728, 3 in-fo.
CARTIER E., *Mélanges historiques*, Tours, 1842, in-8o.
CATEL, G. DE, *Histoire des comtes de Toulose*, Toulouse, 1623, in-fo.
CARO G., *Ein Urbar des Reichsguts in Churrätien aus der Zeit Ludwigs des Frommen*, dans les *Mitteilungen des Inst. œsterreich. Geschichtsforschung*, XXVIII.
CHAUME M., *Les origines du duché de Bourgogne*, Dijon, 1925-7, 2 in-8o.
COLLIETTE L. P., *Mémoires pour servir à l'histoire du Vermandois*, Cambrai, 1771, 3 in-4o.
DESJARDINS G., *Évêques de Rodez au IXe siècle*, dans la *Bibliothèque de l'École des chartes*, t. XXIV.
DESCHAMPS G., *Le privilège d'Emmo*, dans *Le Moyen âge*, 1912.
DUCHESNE L., *Fastes épiscopaux de l'ancienne Gaule*, Paris, t. III, 1915, in-8o.
DÜMMLER E., *Geschichte des ostfränkischen Reiches*, 2e éd., Leipzig, 1887-8, 3 in-8o.
DUMAS AUGUSTE, *Quelques observations sur la grande et la petite propriété à l'époque carolingienne*, dans la *R. hist. du droit*, 1926.
DUVIVIER CH., *Recherches sur le Hainaut ancien, du VIIe au XIIe siècle*, Bruxelles, 1865, in-8o.
ECKEL A., *Charles le Simple*, Paris, 1899, in-8o *(Bibl. École H. Études*, fasc. 124).
FABRE P., *Études sur le Liber Censuum de l'église romaine*, Paris, 1892, in-8o *(Bibl. École d'Athènes et de Rome*, fasc. 62).
FAVRE ED., *Eudes, comte de Paris et roi de France* (882-98), Paris, 1893, in-8o *(Bibl. École H. Études*, fasc. 99).
— *La famille d'Évrard*, dans *Études d'histoire du moyen-âge dédiées à G. Monod*, Paris, 1896, in-8o.
FLICHE A., *La réforme grégorienne*, I, *La formation des idées grégoriennes*, Louvain, 1924, in-8o *(Spicilegium Lovaniense*, fasc. 6).
FONT-RÉAULX, J. DE, *Les diplômes carolingiens de l'église cathédrale Saint-André de Bordeaux*, dans *Le Moyen âge*, 1915-6, 2e série, t. XIX.
— *Cartulaire du chapitre de Saint-Étienne de Limoges*, IXe-XIIe siècles, Limoges, 1922, in-8o *(Bulletin de la soc. archéol. et histor. du Limousin*, t. LXIX).
FOURNIER P., *Étude sur les Fausses Décrétales*, dans la *Revue d'histoire ecclésiastique*, t. VII et VIII.
GIRY A., *La donation de Rueil à l'abbaye de Saint-Denis*, examen critique de trois diplômes de Charles le Chauve, dans les *Mélanges Julien Havet*, Paris, 1895, in-8o.
— *Étude de quelques documents angevins*, dans les *Mémoires de l'Académie des Inscriptions*, t. XXXVI, 2e P., 1901.
— *Études carolingiennes* dans *Études dédiées à G. Monod.*
GRANDIDIER, *Histoire de l'église et des évêques princes de Strasbourg*, Strasbourg, 1776-8, 2 in-8o.
HALPHEN L., *Le comté d'Anjou au XIe siècle*, Paris, 1909, in-8o.
— *A propos du capitulaire de Kierzy*, dans la *Revue historique*, 1911.
HEMEREUS C., *Augusta Viromanduorum vindicata et illustrata*, Paris, 1643, in-4o.
Histoire de l'abbaye royale de Notre-Dame de Soissons (dom M. GERMAIN), Paris, 1675, in-4o.

Histoire de Metz par les bénédictins de la congrégation de Saint-Vanne (dom J. François et dom Tabouillot), Metz, 1769-75, 4 in-4°.
Historische Aufsätze Karl Zeumer zum sechzigsten Geburtstag als Festgabe dargebracht von Freunden und Schulern, Weimar, 1910, in-8°.
Hubert R., *Antiquitez historiques de l'église royale Saint-Aignan d'Orléans*, Orléans, 1661, in-4°.
Imbart de la Tour P., *Les élections épiscopales dans l'église de France du IXe au XIIe s.*, Paris, 1890, in-8°.
Inama Sternegg K. T. von, *Deutsche Wirtschaftsgeschichte bis zur Schluss der Karolingerperiode*, 2e éd., Leipzig, 1909, in-8°.
Jérome, abbé L., *L'abbaye de Moyenmoutier*, Paris, 1902, in-8°.
Joranson E., *The Danegeld in France*, Rock Island, 1923, petit in-4°.
Kroell M., *L'immunité franque*, Paris, 1910, in-8°.
La Borderie, A. Le Moyne de, *Histoire de Bretagne*, Paris, 1896-9, 3 in-4°.
Lauer Ph., *Louis IV d'Outre-mer*, Paris, 1900, in-8° *(Bibl. École H. Études*, fasc. 127).
Leclère C., *Les avoués de Saint-Trond*, Paris, 1902, in-8° *(Recueil de travaux, Université de Louvain*, fasc. 9).
Le Cointe, *Annales ecclesiastici Francorum*, Paris, 1665, in-f°.
Lerche O., *Die Privilegierung der deutschen Kirche durch Papsturkunden bis auf Gregor VII*, dans l'*Archiv. für Urkundenforschung*, III, 1911.
Lesne E., *Hincmar et l'empereur Lothaire*, dans la *Revue des Questions historiques*, 1905.
— *L'origine des menses dans le temporel des églises et des monastères de France au IXe siècle*, Lille, 1910, in-8° *(Mémoires Facultés Catholiques de Lille*, fasc. VII).
— *Nicolas Ier et les libertés des monastères des Gaules*, dans *Le Moyen âge*, 1911.
— *La dîme des biens ecclésiastiques aux IXe et Xe siècles*, dans la *Revue d'histoire ecclésiastique*, 1912-3, t. XIII et XIV.
— *La lettre interpolée d'Hadrien Ier à Tilpin et l'église de Reims au IXe siècle*, dans *Le Moyen âge*, 1913.
— *Évêché et abbaye, Les origines du bénéfice ecclésiastique*, dans la *Revue d'histoire de l'église de France*, 1914.
— *Les ordonnances monastiques de Louis le Pieux et la Notitia de servitio monasteriorum*, dans la *Revue d'histoire de l'église de France*, 1920.
— *Les origines du droit de régale, Évêché et abbaye en régale à l'époque carolingienne*, dans la *Revue historique du droit*, 1921.
— *Les bénéficiers de Saint-Germain-des-Près au temps de l'abbé Irminon*, dans la *Revue Mabillon*, 1922.
— *Les diverses acceptions du terme « beneficium » du VIIIe au XIe siècle, contribution à l'étude des origines du bénéfice ecclésiastique*, dans la *Revue historique du droit*, 1924.
— *L'économie domestique d'un monastère au IXe siècle, d'après les Statuts d'Adalhard, abbé de Corbie*, dans les *Mélanges d'histoire du moyen âge offerts à M. Ferdinand Lot*, Paris, 1925, in-8°.
— *Une source de la fortune monastique, Les donations à charge de pension alimentaire du VIIIe au Xe siècle*, dans les *Mélanges de philologie et d'histoire*, publiés à l'occasion du cinquantenaire de la Faculté des Lettres, Lille, 1927, in-8° *(Mém. Fac. Cath. de Lille*, fasc. XXII).
Levillain L., *Examen critique des chartes mérovingiennes et carolingiennes de l'abbaye de Corbie*, Paris, 1902, in-8°.
— *Les réformes ecclésiastiques de Nominoë*, dans *Le Moyen âge*, 1902.
Lévy-Bruhl H., *Les élections abbatiales en France*, Paris, 1913, in-8°.

LOT FERDINAND, *Les derniers Carolingiens, Lothaire, Louis V, Charles de Lorraine* (954-91), Paris, 1891, in-8° (*Bibl. École H. Études*, fasc. 87).

— *Études sur le règne de Hugues Capet et la fin du X° s.*, Paris, 1903, in-8° (fasc. 147).

— *Une année du règne de Charles le Chauve*, dans *Le Moyen âge*, 1902.

— *De quelques personnages du IX° siècle qui ont porté le nom d'Hilduin*, dans *Le Moyen âge*, 1903.

— *Le sénéchal Alard*, dans *Le Moyen âge*, 1908.

— *Conjectures démographiques sur la France au IX° siècle*, dans *Le Moyen âge*, 1921.

— *Les tributs aux Normands et l'Église de France au IX° siècle*, dans la *Bibl. École des chartes*, 1924.

LOT F. et HALPHEN L., *Le règne de Charles le Chauve*, Paris, 1909, in-8° (*Bibl. École H. Études*, fasc. 175).

MABILLE E., *Les invasions normandes dans la Loire et les pérégrinations du corps de saint Martin*, dans la *Bibl. de l'École des chartes*, t. XXX, 1869.

MANTEYER (G. DE), *Les origines de la maison de Savoie en Bourgogne* (910-1060), Rome, 1899, in-8° (Extrait des *Mélanges d'archéol. et d'hist. de l'école française de Rome*, t. XIX) ; *Notes Addit.*, Paris, 1901, in-8° (extrait du *Moyen âge*, 1901).

MARCA, P. DE, *Marca Hispanica sive Limes Hispanicus*, Paris, 1688, in-f°.

MÉNARD L., *Histoire de la ville de Nîmes*, Nîmes, 1750-8, 7 in-4°.

MERLET R., *Guerre d'indépendance de la Bretagne*, dans la *Revue de Bretagne et d'Anjou*, 1891.

— *L'émancipation de l'église de Bretagne*, dans *Le Moyen âge*, 1898.

MORICE et TAILLANDIER, DOM, *Histoire ecclésiastique et civile de Bretagne*, Paris, 1756, in-f°.

NAZ RAOUL, *L'avouerie de l'abbaye de Marchiennes*, 1038-1262, Paris, 1924, in-8°.

— *L'avouerie de l'abbaye de Saint-Amand en Pévèle*, dans les *Mélanges de philologie et d'histoire*, Lille, 1927, in-8° (*Mém. Fac. Cath. de Lille*, fasc. XXII).

PARISOT R., *Le royaume de Lorraine sous les Carolingiens*, Paris, 1899, in-8°.

— *Les origines de la Haute-Lorraine et sa première maison ducale* (959-1033), Paris, 1909, in-8°.

PERELS, E., *Die Ursprünge des Karolingischen Zehntrechtes*, dans l'*Archiv für Urkundenforschung*, III, 1911.

PERGAMENI CH., *L'avouerie ecclésiastique belge*, Gand, 1907, in-8°.

PFISTER C., *Études sur le règne de Robert le Pieux* (996-1031), Paris, 1885, in-8° (*Bibl. École H. Études*, fasc. 64).

— *L'archevêque de Metz, Drogon*, dans les *Mélanges Paul Fabre*, Paris, 1902, in-8°.

PŒSCHL, A., *Bischofsgut und Mensa episcopalis, ein Beitrag zur Geschichte des Kirchlichen Vermogensrechtes*, Bonn, 1908-12, 3 in-8°.

POUPARDIN R., *Le royaume de Provence sous les Carolingiens*, Paris, 1901, in-8° (*Bibl. École H. Études*, fasc. 130).

— *Le royaume de Bourgogne* (888-1038), Paris, 1907, in-8° (fasc. 163).

PRENZEL A., *Beiträge zur Geschichte der Kriegsverfassung unter den Karolingern*, Leipzig, 1887, in-8°.

PROU M., *Un diplôme faux de Charles le Chauve pour l'abbaye de Montier-en-Der*, Paris, 1915, in-4°, Extrait des *Mémoires de l'Académie des Inscriptions*, t. XL, 1915.

PUECKERT W., *Aniane und Gellone, Diplomatisch-Kritische Untersuchungen zur Geschichte der Reformen des Benedictinerordens in IX und X Iahrhundert*, Leipzig, 1899, in-8°.

— *Ueber die sogenannte Notitia de servitio monasteriorum*, dans les *Berichte der sächs. Gesellschaft d. Wissensch. zu Leipzig*, philol. hist. Classe, XLII, 1890.

RICHARD A., *Histoire des comtes de Poitou*, Paris, 1903, 2 in-4°.

ROTH P., *Die Saekularisationen des Kirchenguts unter den Karolingern*, Erlangen, 1865, in-8°.

SACKUR E., *Die Cluniacenser in ihrer kirchliche und allgemeine geschichtliche Wirksamkeit bis zur Mitte des XI Iahrhunderts*, Halle, 1892-4, 2 in-8°.

SCHROERS, *Hinkmar Erzbischof von Reims, sein Leben und seine Schriften*, Fribourg en B., 1884, in-8°.

SIMSON L., *Iahrbücher des fränkischen Reichs unter Ludwig dem Frommen*, Leipzig, 1874-6, 2 in-8°.

STUTZ U., *Lehen und Pfründe*, dans le *Zeitschrift der Savigny Stiftung für Rechtsgeschichte*, German. Abth. 1899, XX.

— *Karls des Grossen Divisio von Bistum und Grafschaft Chur*, dans les *Historische Aufsätze Karl Zeumer*.

— *Das Karolingische Zehntgebot, zugleich ein Beitrag zur Erklärung von c. 7 und 13 des Kapitulars von Heristall*, dans le *Zeitschrift des Savigny Stiftung für Rechtsgeschichte*, German. Abth., 1909, XXIX.

TANGL M., *Studien zur Neuansgabe der Bonifatius-Briefe*, dans le *Neues Archiv*, XL, 1916 et XLI, 1919.

TARBÉ P., *Examen critique de diverses chartes relatives à la Touraine*, dans la *Revue rétrospective*, 2e série, t. IX, 1837.

URSEAU CH., *Cartulaire noir de la cathédrale d'Angers*, Angers, 1908, in-8° (*Documents historiques sur l'Anjou* publiés par la *Société d'agric., sciences et arts d'Angers*, V).

VIDIER A., *Notice sur des actes d'affranchissement*, dans *Le Moyen âge*, 1907.

VOGEL W., *Die Normannen und das fränkisches Reich, bis zur Gründung der Normandie* (799-911), Heidelberg, 1906, in-8°.

VOIGT, K., *Die königlichen Eigenklöster im Langobardenreiche*, Gotha, 1909, in-8°.

— *Die Karolingische Klosterpolitik und der Niedergang des westfränkischen Königtums, Laienäbte und Klosterinhaber*, Stuttgart, 1917, in-8° (*Kirchenr. Abhandl. von U. Stutz*, 90 und 91 Heft).

WARICHEZ J., *L'abbaye de Lobbes*, Louvain, 1909, in-8°.

INDEX

DES NOMS DE LIEUX ET DE PERSONNES

cités dans les trois fascicules du tome II

Les chiffres romains indiquent le fascicule ; les chiffres arabes les pages, les caractères plus petits désignant les notes.

A

B

D

H

I

J

O

T

U

V

W

ERRATUM

Fasc. 1, p. 63, 4e ligne, *lire* « en dehors des », *au lieu de* « c'est-à-dire les ».

10e ligne, la phrase « Celui-ci n'avait disposé... » doit être tout entière supprimée.

p. 251, n. 1, 5e ligne, *lire* « Étienne VI », *au lieu de* Étienne V.

Fasc. 2, p. 131, ligne 20, *lire* « Raoul » *au lieu de* « Rodolphe ».

p. 137, n. 3, ligne 3, *lire* « Rodolfe » *au lieu de* « Robert ».

p. 148, n. 6, 3e ligne, *lire* «Saint-Germer», *au lieu de* «Saint-Germain».

p. 219, ligne 23, *lire* « Lyon », *au lieu de* « Laon ».

p. 352, ligne 28, *lire* « roi Eudes » *au lieu de* « roi Robert ».

TABLE DES MATIÈRES

IMPRIMATUR :

Insulis, die 19 Oct. 1927.

† H. R. QUILLIET
epũs Insul.
Univ. Cath. Insul. Cancellarius.

IMPRIMÉ PAR DESCLÉE, DE BROUWER ET Cie
41, RUE DU METZ, LILLE. — 4.541

www.ingramcontent.com/pod-product-compliance
Ingram Content Group UK Ltd.
Pitfield, Milton Keynes, MK11 3LW, UK
UKHW012032240726
13965UKWH00002B/745

9 782013 402514